早わかり
ベトナムビジネス

ベトナム経済研究所 編　窪田光純 著【第3版】

B&Tブックス
日刊工業新聞社

はしがき

　このたび、「早わかりベトナムビジネス　第 3 版」を出版させていただくことになった。まず、関係者のご好意に対し御礼を申し上げたい。このことは、ベトナムに関心を持っていただいている企業家が多数おられるということである。その選択に間違いはないと私は考えている。

　グローバル社会が進展すると企業はやむを得ず海外に進出する。ここで大事なのは海外の進出先や提携先の選定である。この場合、最も重要な要因は相手の国が友好国かどうかということだ。短期的すなわち目先の選定要因は、インフラや労働力そして政府からのインセンティブやマーケットなどであり、たとえ友好国でなくとも経済的な効率を考慮して進出することが多い。しかしながら、この選択は長期的な視野で見た場合には失敗事例を招くことが多い。一時期、投資や進出の成果が出たとしても安定的な成果は期待できない。人件費が高騰したり、組合運動が起こったり、政府のインセンティブが切られたり、マーケットが閉鎖されたり、当初予想しなかったマイナス要因に悩まされることもある。これに反日などの国民感情が重なると予想以上の苦戦を招く。これまで 40 余年にわたって主としてアジア諸国への投資や貿易取引などのコンサル業務を行ってきたが、成功か失敗かの最大の要因は友好国かどうかが鍵となる。私はこの体験を読者の皆様と共有したいのである。

　さて、ベトナムは我が国にとっては最大で最高の友好国だ。我が国は新生ベトナムの国づくりに大きな貢献をしてきたが、このことをベトナム政府も国民も高く評価してくれている。このことは、本文の中でもいろいろ書かせていただいたし、あわせてベトナム国民の友好的な国民性などについてもいろいろ書かせていただいた。日越両国の友好と信頼は今後一層拡大していくものと予想される。企業家の皆様は、是非この友好関係を活用して成果を上げていただきたいと思うのである。

　2015 年末から ASEAN 諸国は 1 つの経済圏をスタートさせる。ASEAN10 カ国が 1 つの土俵の上でハンディなしで相撲を取ることになる。本文でも書かせていただいたが、この経済圏の形成はベトナムにとっては大きな試練となろう。

ベトナムはこの難局を乗り切ってくれるだろうが、我々もこの時期、精一杯の理解と支援を送りたいものだ。しばらくは ASEAN の草刈り場になるかもしれないが、必ず輝かしい将来が展望できる国になるはずだ。何よりもベトナムの地政学的な優位性を忘れるわけにはいかない。これからはアジアの時代が来る。そのアジアの中で地政学的に考えるとベトナムを超えられる国はほかにはない。ベトナムの将来に期待し、我が国との共生と共存を考えなければならない。

　今回の改訂版で特に留意したことを最後に指摘しておきたい。まず、ベトナムという国や政治そしてベトナム文化や国民性を多面的に分析してみたことだ。第2章でいろいろな角度から少々くどいと言われるかもしれないが分析を試みてみた。ご精読いただきご参考に供したい。また特別寄稿では経済人のベトナム論を掲載させていただいた。毎年ベトナムを訪れ、大統領や首相などベトナム要路とも親交の深い中垣先生のご好意により玉稿を掲載させていただいた。大変光栄なことであり、改めて感謝申し上げる次第である。

ベトナム経済研究所　所長
窪田　光純

目　　次

はしがき……………………………………………………………………ⅰ

第1章　2015年ASEAN統合でベトナムはどう変貌するか

- 工業化の遅れで苦境に立つベトナム ………………………………… 2
- ベトナムにとって2015年は節目の年になる ………………………… 3
- 生き残りをかけた「戦略的業種」とは ……………………………… 4
- 世界に羽ばたく国となるための必要条件とは ……………………… 12

第2章　これだけは知っておきたいベトナム20のキーワード

- POINT0 1　六面体で見るとベトナムがよく見える ……………… 16
- Keyword 1　社会主義の国　〜現在は過渡期の国づくり〜 ……… 16
- Keyword 2　発展途上の国
　　　　　　　〜世界の協力を受け、国づくりの最中〜 …………… 17
- Keyword 3　国際化を促進中の国
　　　　　　　〜グローバル社会に乗り遅れるな〜 ………………… 19
- Keyword 4　国家の安全と格差のない社会建設を目指す国 ……… 21
- Keyword 5　食糧自給のできる国　〜自給率160％の食糧大国〜 … 22
- Keyword 6　エネルギー自給のできる国
　　　　　　　〜石油、石炭、希少金属に恵まれた国〜 …………… 24
- POINT0 2　ベトナムの原点からひも解く ………………………… 26
- Keyword 7　ドイモイ（刷新）政策導入の効果 …………………… 26
- Keyword 8　日本のODAと米国のエンバーゴ解除 ………………… 27
- Keyword 9　無視できない越僑の存在 ……………………………… 29
- Keyword 10　強固なトロイカ体制 …………………………………… 30

- Keyword 11　国営企業の存在は悪ではない……………………………30
- Keyword 12　外国投資に役立った外資系工業団地…………………32
- POINTO 3　ベトナムビジネス8つの戒め………………………34
- Keyword 13　最大公約数的な情報が全てではない…………………34
- Keyword 14　進出動機を明確にせよ……………………………………34
- Keyword 15　ベトナム人を過度に信用するな………………………37
- Keyword 16　申請書などは日本語に訳してよく確認せよ…………40
- Keyword 17　成功事例や先入観をもう一度見直そう………………41
- Keyword 18　貨幣価値の違いと本質を認識しよう…………………42
- Keyword 19　従業員は叱って使うな……………………………………43
- Keyword 20　ベトナムの商習慣を知っておこう……………………44

第3章　ベトナムの基礎知識

1　ベトナム社会の概要……………………………………………48
- 国家概要……………………………………………………………48
- 国土と行政区画……………………………………………………48
- ベトナムの人口……………………………………………………49
- ベトナムの気候……………………………………………………55
- 国家予算……………………………………………………………57
- カントリーリスク…………………………………………………58

2　ベトナム経済の概要……………………………………………60
- ベトナム経済の特徴………………………………………………60
- 生産品の特徴………………………………………………………63
- インフレ率…………………………………………………………63
- 失業率………………………………………………………………66
- 越僑パワー…………………………………………………………66

● 目　　次 ●

第4章　投資動向と投資環境

- 新規投資 …………………………………………………………… 70
- 国別投資 …………………………………………………………… 72
- 業種別投資 ………………………………………………………… 74
- 地域別投資 ………………………………………………………… 74
- 日本からの投資状況 ……………………………………………… 77
- 外国投資の準拠法 ………………………………………………… 79
- ベトナムの税制 …………………………………………………… 80
- 日越租税条約 ……………………………………………………… 82

第5章　ベトナムの貿易

- 貿易取引の推移 …………………………………………………… 84
- 貿易品目 …………………………………………………………… 85
- 貿易相手国 ………………………………………………………… 90
- 対日貿易 …………………………………………………………… 92
- 貿易取引の将来像 ………………………………………………… 93

第6章　ベトナムの注目産業

1　**医療産業** ………………………………………………………… 96
- ベトナムの医療事情 ……………………………………………… 96
- ベトナムの健康保険制度 ………………………………………… 97
- 最近の外資系医療機関の参入 …………………………………… 98
- 病院・診療所運営許可申請 ……………………………………… 99
- 医療機器 …………………………………………………………… 100
- 医療機器の輸入制限（リスト） ………………………………… 101

2　**不動産業** ………………………………………………………… 103

- 旺盛な不動産需要 ………………………………………………… 103
- 不動産関連法の整備 ……………………………………………… 106

特別寄稿　日本の経済人から見たベトナムビジネスへの提言

1　中進国を目指すベトナム経済の今後の改革・向上について ……… 114
- ベトナム経済発展の経過と現状 ………………………………… 114
- ベトナム国の強味と弱味 ………………………………………… 115

2　ベトナム経済のさらなる発展への取り組みについて ……………… 117
- 工業部門の取り組みについて（自立産業、裾野産業の発展）…… 117

3　農業部門（水産・林業分野を含む）の取り組みについて ………… 120
- 農業部門の推移と現状 …………………………………………… 120
- ベトナム農業の更なる改革と改善 ……………………………… 122

4　電力インフラ部門の取り組みについて ……………………………… 124

5　学校教育の充実の重要性と緊急性について ………………………… 129

6　ベトナムビジネスへの提言 …………………………………………… 130
- 国有企業における国有株式売却代の活用について …………… 130
- 電力開発に関連する新規プロジェクトの提案について ……… 130
- 国内炭火力における環境対策について ………………………… 131
- 小水力発電の開発促進 …………………………………………… 132

■　巻末資料　■
- 最新　ベトナム企業法（改正版）……………………………… 133

第 1 章

2015年ASEAN統合でベトナムはどう変貌するか

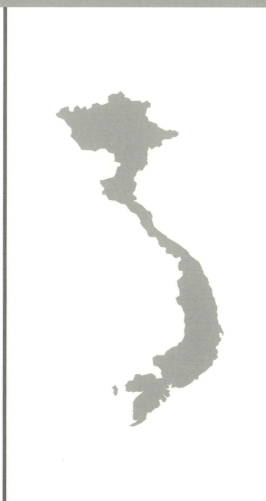

● 工業化の遅れで苦境に立つベトナム

　2015年末、ベトナムを含むASEAN10カ国によるASEAN経済共同体（AEC）がいよいよスタートする。これにより、ベトナムはどのような影響を受けるのだろうか。今後を考える上で大きなターニングポイントになりそうなAECだが、ベトナムはそれにより、どうやらこれまでにない難しいポジションに立たされることになりそうである。

　ASEAN10カ国は、先進国6カ国（シンガポール、タイ、マレーシア、インドネシア、フィリピン、ブルネイ）と、後進国4カ国（ベトナム、ラオス、カンボジア、ミャンマー）からなる。

　シンガポールのように都市国家で1人当たりのGDPが6万米ドルの国から、インドネシアやマレーシアのような多民族国家、そして今後成長が期待されるものの民族対立を抱え発展途上のミャンマーまで、加盟国それぞれに国内事情を有しており経済格差が大きいのがAECの特徴でもある。

　大きく分けると、ASEAN先進国はこれまで積み重ねてきた経済発展によりその国の独自の産業構造があり、今回の統合に十分対応可能である。一方、ASEAN後進国のラオス、カンボジア、ミャンマーの3カ国については、いまだに工業化というスタート台にすらついておらず、労働力の移動や資本市場統合にただ順応していくだけで、十分に国益になるものと予測される。

　さて、残されたベトナムだが、他の9カ国とは大きく異なる性格を持つ。ベトナムは、ASEAN後進国ではあるが、工業化促進という目標を掲げ、これまで外国から資金や技術の導入を積極的に図ってきた。しかし、政府の工業化戦略の欠如により競争力のある産業分野は育成されておらず、いまだに工業国とは言い切れない状況にある。つまり、中途半端な工業化がかえって問題になりそうなのだ。

　IMFは、「AECにより経済の自由化が実現すれば、地域の人達はより高い賃金と労働の機会を求めて、主に所得の低い国から所得の高い国へ積極的な移動が起こる。そのため、各国間の格差縮小が進むので、ASEAN全体で見ると効果が期待できるのではないか」と分析している。

　豊かな国、例えばマレーシアやシンガポールでは、周辺の貧しい国から単純労働者が大量に流入することで、自国民の賃金引下げや社会基盤の圧迫を来た

第1章 2015年ASEAN統合でベトナムはどう変貌するか

すことが憂慮される。一方、貧しい国で過剰な労働力を抱えているミャンマーやカンボジアは、労働力輸出が容易になるというメリットがある。しかし、安い労働力を売り物に外国投資を誘致してきたベトナムは、これまでの売り物がなくなってしまい、外国企業に依存してきた工業化はスピードダウンする可能性が高い。

加盟10カ国のメリットとデメリットを考慮してみると、AECのスタートで一番被害が大きいのは、ベトナムではないかとの見方もある。

● ベトナムにとって2015年は節目の年になる

ASEAN10カ国は、これまで2015年に向けてCEPT（共通効果特恵関税）を導入し、段階的な統合を図ってきた。

まずASEAN先進6カ国が2010年から関税0％をスタートし、ベトナムなど後進4カ国は、2015年から原則0％関税をスタートさせる。なお、後進4カ国に限っては、センシティブ品目の例外措置が2018年まで認められているが、主要品目は2015年の末までに0％関税を達成しなければならない。すなわち、2015年をもって、ASEAN10カ国は同じステージで経済競争することになるのである。

ベトナムは現在、AECの他に多くの国々と二国間FTAやEPAを締結している。日本との間でも2009年10月にJVEPA（日越経済連携協定）を締結した。また、2010年11月にはTPP（環太平洋経済連携協定）交渉に正式参加しているほか、2015年中の合意を目指し調整の進むRCEP（東アジア地域の包括的経済連携）にも、将来的に加わる見通しである。

ここまでブロック化が推進されると、今後はさらに国際化が促進され、一国の意思だけでは動きのとれない状況となる。ベトナムはこの機会にあらためて、長期的な国作りの方向付けや、工業化社会建設に向けた具体策などについての議論を、国を挙げて本格化させなければならない。

ベトナムの場合、2015年から、あらゆる製品や部品、機材などが一挙に関税0％になる。それにより、ベトナム市場にはASEAN周辺国からの商品が堰を切ったように流れこんでくるだろう。一時的に草刈場になることを覚悟しなければならない。当分の間、外国商品の氾濫状態が続き、その後、次第に市場

図表1-1　CEPT適用品目のスケジュール

先行加盟国6カ国		新加盟国4カ国		
シンガポール／タイ／マレーシア／インドネシア／フィリピン／ブルネイ		ベトナム	ミャンマー／ラオス	カンボジア
2003	0〜5％への引き下げ			
2006	↓	0〜5％への引き下げ		
2008	↓	↓	0〜5％への引き下げ	
2010	0％関税達成	↓	↓	0〜5％への達成引き下げ
2015	↓	原則0％関税達成		
2018		関税引き下げの影響の大きい品目の0％関税達成		

＊関税撤廃の時期は、先行加盟国6カ国が2010年、新加盟4カ国は2015年となっている。
＊新加盟国については、状況に合わせた例外措置が認められていて、関税引き下げの影響が大きい品目について、引き下げの時期を2018年にすることが認められている。
出所：ASEAN事務局資料を参考にベトナム経済研究所にて作成

原理に基づいて秩序が作られていき、生産活動や消費活動が市場原理とベトナムの国状を反映して機能するようになり、順次ベトナム型の社会が形成されていくことになろう。

　社会基盤が弱く、技術力が低く、その上、資金力の乏しいベトナムにとって、2015年は社会構造や産業構造、そして国際的秩序を再構築する節目の年になるものと予想される。

● 生き残りをかけた「戦略的業種」とは

　図表1-2のように世界経済のブロック化が進む中、ベトナム政府は生き残りをかけて、今後ベトナムを工業立国にするための戦略業種の選択を協議した。

● 第1章 2015年ASEAN統合でベトナムはどう変貌するか ●

図表1-2　TPPとRCEPの枠組み

環太平洋経済連携協定 (TPP/12カ国)	東アジア地域の包括的経済連携（RCEP/16カ国）
米国　カナダ　ペルー チリ　メキシコ	東南アジア諸国連合 (ASEAN)
豪州　ニュージーランド	タイ　　インドネシア
ベトナム　シンガポール マレーシア　ブルネイ	フィリピン　カンボジア ラオス　　ミャンマー
日本	中国　韓国　インド

出所：ベトナム経済研究所作成

　そして、工業化戦略の策定基準として、①経済統合の深化に伴う競争の激化に勝てる業種、②産業の質的変化に対応できる業種の育成に注力することを決定した。

　特に注目すべきは、産業の高度化に備え、これまでベトナムを支えてきた「労働集約的産業」からの脱却を図り、「知的集約的産業」にできる限り焦点を絞ろうとしている点にある。

　ベトナム政府は、戦略業種の策定について、まず日本に相談を持ちかけた。この問題は、2011年10月の日越首脳で論議され、日本の支援が確定した。翌2012年8月には、ハイ副首相を議長とするハイレベル委員会が設立され、同時に作業部会の協議もスタートした。作業部会では、日本からの専門家やベトナム各省から派遣された高級官僚を中心に3業種の検討から始められ、順次、戦略産業としての適格性を分析し、不適格業種を排除し、最終的に現在の6業種にまで絞り込む結果となった。日本の専門家のうち、中心的な役割を果たしたのは政策研究大学院大学の大野教授であった。当時の谷崎大使（現在、インドネシア大使）と協議しながら強力に推進し、6業種を選定するに至ったのである。

　6業種の戦略産業選定の基準となったのは、①量的インパクトがある産業分野、②質的インパクトのある産業分野、③他の産業分野とのリンケージが強い分野、④投資企業が関心を持つ産業分野、の4つである。

　ベトナム政府は、この4つのポイントのほかに業種選定の前提条件として、

環境保全、法令順守（すなわちベトナムの法令との整合性）などにも考慮し、最終的に戦略業種として次の6業種を選択し日本に育成支援要請を行っている。なお、6業種のうち自動車産業については、作業部会で決定されたものではなく、ベトナム政府から特に要請された産業分野である。

1. 電気・電子産業
2. 農林・水産食品加工業
3. 農業機械産業
4. 造船産業
5. 環境・省エネ産業
6. 自動車産業

　今回、ベトナム側の窓口機関となったベトナム計画投資省（MPI）の研究機関である中央経済管理研究所（CIEM）は、この6業種について「農林・水産加工、農業機械、造船の3分野は、ベトナムに潜在力がありながら生産性が上がらず競争力が向上していない産業である。一方、電気・電子産業や自動車産業は、急成長したものの、裾野産業が未成熟であり組立生産の域から脱していない。環境エネルギーは、ベトナムでは新たな産業だが、国の近代化と工業化には重要な役割を果たすことが予想される」とコメントし、今後、各産業の川下における2～3の裾野産業分野についても協議を行い、支援対象にすることを提案している。
　それでは、今後育成が期待される6業種の現状と課題について分析する。

1. 電気・電子産業
　6業種のうち、ベトナムが育成に最も力を入れたいとしているのは、電気・電子産業分野である。ベトナム政府は、携帯電話や固定電話、テレビ、デジカメ、プリンター、エアコン、扇風機、冷蔵庫や洗濯機などの白物家電までを含めた電気・電子産業を、今後産業の柱に育てたいとしている。これらの分野については、日本企業のこれまでの協力を無視することはできないが、最近、携帯電話分野においては、サムソン電子やノキアの協力もあって、着実に生産台

第1章　2015年ASEAN統合でベトナムはどう変貌するか

数は増加している（2013年の生産台数は12万台）。

　電気・電子産業の現在の集積基地は、ハノイ、バクニン省、そしてハイフォン市を核にしたベトナム北部の周辺地域であるが、今後はハノイ周辺地区に集積するものと予想される。政府が開発を進めているハノイのハイテクパークにも、誘致条件によっては今後進出企業が増加することも考えられる。携帯電話がサムソン電子、ノキアに大きく依存している一方、プリンター分野は、日本のキヤノンが牽引し、ブラザーや富士通、富士ゼロックスなども追随している。

　これらの電気・電子産業は、その多くが日本のノウハウと技術、周辺諸国からの部品供給があって成り立っているものであり、部品を輸入して組み立てて製造し、国内消費と一部を輸出する形態は今後も続くものと予測される。現状ではベトナムは裾野産業が未成熟なため、部品が全て国内調達できず輸入に依存せざるを得ない。しかし、今後ベトナムに部品生産などの裾野産業が根付くようになれば、ベトナムの電気・電子産業は強固なものになるはずである。現在のところ、ベトナムの電気・電子産業は、国際収支、貿易収支という面では、あまり大きな貢献はない。多くの雇用を創出するという経済効果は、評価しなければならないが、技術の集積と部品の国内調達を急ぎたいところである。

2. 農林・水産食品加工業

　ベトナム政府は、育成業種の2番目に農林・水産食品加工業を挙げている。これまでベトナムの食品加工業は、主流のエビのほか、フルーツ缶詰の輸出も積極的に行ってきたが、年間10万トン程度で推移しており、あまり大きな輸出産業には育っていないのが現状である。潜在性のある農林・水産原料を単に輸出するだけでなく、ベトナムブランドとしても育成することは非常に現実的である。

　ベトナムは、コメの輸出国としても世界第2位を誇っているが、政府が推進したいのは、付加価値をつけた農水産品をまず国内市場に供給した上で、残りをASEAN各国ならびに米国、日本、中国、EUに輸出することである。

　現在、日本に輸入されている水産物の多くは冷凍エビである。主流は大正エビで、主に天丼や天ぷらソバなどに使われている。ベトナムは、海岸線が長く、多くの水産資源に恵まれていると思われがちだが、中部から南部にかけては浅

い大陸棚であり、トロール漁業が行えない。そのため、エビやナマズを養殖し、これを加工して輸出する方策を取らざるを得ないのが現状である。今後はこれら主要産品に何らかの付加価値をつけて輸出したいというのが、ベトナム政府の考えである。

　一方、現在はフルーツ缶詰の輸出も行われているが、コーヒー、ビール、タバコの輸出など食料品の少なくとも一次加工をしたもの、できれば完成加工食品を作り、それを市場に提供することを大きな産業の柱にすることも最重要課題である。缶詰生産となれば、製缶工場も誘致する必要があり、生ゴムを輸出するとなると、ゴムのプランテーションの中に多くの小型の一次加工施設を作らなければならない。農産物の加工は主に生産地域の工業化に役立つため、地域経済の活性化につなげたいという考えによるものであろう。

　近年、多くの日本の飲料・食肉・製菓メーカーなどが相次ぎベトナム市場に参入している。今後、農林・水産食品加工業がベトナムの新たな産業分野として浮上することには、現実味がある。

3．農業機械産業

　ベトナム政府は、生産性が低く非効率的な農林水産業にテコ入れすべく、農業機械産業の育成を3番目に選んだ。農村を機械化することにより生産性を上げ、農村の余剰人口を工業化に振り向け、工業分野への労働力の供給を安定化させたいという狙いもある。

　ベトナムの農業の特徴は、地域により大きく異なる点にある。稲作を例にとると、北部では二期作、南部では三期作であり、北部の一部では、棚田での稲作を行っている地域もあり、限られた地域では一期作のところも多い。北部は小規模農業、南部は大規模農業が可能であり、中部は山岳地帯であるため、キャッサバなど特定の農産物の栽培に限られている地域も多い。それゆえ、農業機械を普及させることは、ベトナム全土に一様ではなく、北部・南部の限られた地域を対象とせざるを得ないことを認識しておく必要がある。

4．造船産業

　ベトナムの造船業は、将来的に非常に可能性のある産業である。2013年の

第1章　2015年 ASEAN 統合でベトナムはどう変貌するか

造船竣工量を見ると、世界で第5位にランクされている。

　これまでも、ベトナム政府は、海外で初めて発行した国債で得た資金（7億米ドル）を全て造船業の育成につぎ込んだほど、造船業に大きな期待を寄せてきた。造船公社（ビナシン）が2008年のリーマンショックや、不動産や証券への投資など本業以外の分野への過大投資に失敗し経営破たんしたことで、一時的に大きなダメージを負ったが、造船業がベトナムの主要産業として、ベトナムの工業化の中心的役割を果たしてくれることを期待する声は高い。

　現在、日本では大島造船が全面的支援を行っており、技術支援など細かいところまで支援の枠を拡げている。またこれまで、商社の兼松が、戦争直後の1970年代から友好商社を作り日本の中古船を輸出してきたという経緯もある。今後は、兼松、大島造船、そして、長島プロペラ、三菱重工などの支援を受けながら、足場を固め、さらに躍進するものと期待されている。

　日本からすると、ベトナムに日本の息のかかった造船所を置くことは、大変心強いことである。日本とペルシャ湾、日本と欧州航路、いずれもベトナム沖を通るので、地勢的に優位性がある。例えば、大型船の修繕や、アジア最大と言われる40万トン級の造船が可能なズンクワット造船所はクワンガイ省（ベトナム中部）にある。完成は計画よりも3年遅れたが、ベトナムにおいてこれだけの大型造船所の建造は特筆に値する。

5. 環境・省エネ産業

　ベトナムでも近年、環境への関心が高まっているが、環境・省エネ産業という概念は議論の途中である。そのため、日本としては、環境・省エネ政策の包括的支援や関連法の作成などを支援するのが1つの方法であろう。

　ベトナムでは、依然として環境問題への対策が遅れており、特に産業廃水の垂れ流しや医療廃棄物の放棄など非常に危険な状況が続いている。ベトナムでは、生活廃棄物と産業廃棄物が混合されて処理されていることが多いが、特に医療廃棄物の扱いには注意を要する必要がある。

　今後、日本は省エネと大気、水問題、固形廃棄物などへの十分な産業支援を行う一方、ベトナム各地で進められている上下水道支援のような本来自治体が行うべき公共事業に対しても支援を進めていくことになりそうである。ベトナ

ムでは、井戸を汲み上げるとリンなどの有害物質が含まれていることが多く、飲料水としては適していない。水道設備は一部の主要都市に限られていることから、地方都市は、近くの河川からの水を利用した浄水場を作り、そこで水道の供給を行えるような設備の構築が必要となる。

固形廃棄物に関しては、古紙と廃プラスチックを原料とする固形化燃料（RPF）を製造している日系企業がある。未使用品の活用や廃棄物を原料にした最終処分場の延命が期待できることから、日系企業による海外でのRPF企業の先進事例として注目されている。

今後は大企業、中堅企業を中心に、固形廃棄物分野に多くの企業が進出することが予測される。水の問題に関しては河川の浄水化事業も重要である。将来的に水不足が懸念されている今、現在河川に生放流している生活排水や産業廃水の処理を早期に改善しなければならない。

現在、ベトナムには200近い工業団地があると言われているが、ごく一部の外資系工業団地を除いて、多くの工業団地では、廃水処理することなく生放流しているのが現状である。このままベトナムの工業化が進むと、一層悪循環が進むことになることが懸念されるため、外国企業の誘致や工業化推進と併せて、この産業廃棄物や産業廃水の処理の厳格化を制度化することが必要となる。

6. 自動車産業

自動車産業は、ベトナム政府から特に要請のあった産業分野である。自動車生産9万8,000台（2013年）で、輸入台数は年間約5万台程度で推移している。

ただ、自動車産業の育成については、これまでの5業種とは異なった見方をする必要がある。2015年のASEAN統合後、周辺国からの自動車輸入が急増することが予想され、生産が成り立たなくなる可能性が高いからだ。現地日系自動車メーカーの中には、全ての生産をストップし撤退すると明言している企業もある。今後、日系メーカーはベトナムを生産拠点とするのではなく、販売・メンテナンス等の拠点と考えることになるだろう。

一方、ベトナムの自動車メーカーの育成については、ベトナム政府が国運をかけ、意欲的な支援をすることになるものと見られる。ベトナムでは国内の部品産業が脆弱であるため、これまで部品を輸入に依存してきた。今後は国内で

● 第 1 章　2015 年 ASEAN 統合でベトナムはどう変貌するか ●

生産できる部品点数の少ない低品質・低価格の小型自動車を近隣のラオスやカンボジアなどの低所得国相手に販売していく。こうして、外資メーカーと国内メーカーで、それぞれの棲み分けが進むことになるだろう。

　現在ベトナムには、外資系企業がトヨタをはじめ 13 社が進出している。一方で、国内のメーカーは、チュオンハイ、ビナモーターなど 7 社が操業している。ちなみに 2014 年の新車販売台数は、外資系が 8 万 4,881 台に対し、地場系は 4 万 8,707 台であった。この程度の少量生産のため、生産性は低く収益も芳しくない。

　自動車産業は、2015 年問題を最も深刻に受ける業種になるだろうというのが一般的な見方である。

図表 1-3　メーカー別新車販売実績（2014 年）

	外資系メーカー （13 社）	台数 （台）	シェア （%）
1	トヨタ	41,205	48.5
	トヨタ	40,820	48.1
	レクサス	385	0.5
2	フォード	13,988	16.5
3	ホンダ	6,492	7.6
4	GM	5,134	6.0
5	スズキ	4,386	5.2
6	いすゞ	3,766	4.4
7	メルセデス・ベンツ	2,815	3.3
8	日野	2,756	3.2
9	ビナスター（三菱）	2,302	2.7
10	タンチョン（日産）	1,522	1.8
11	メコン（中国車など）	264	0.3
12	三陽工業（SYM）	249	0.3
13	VMC（中国車など）	2	0.0
	合　計	84,881	100

	国内メーカー （7 社）	台数 （台）	シェア （%）
1	チュオンハイ	42,339	86.9
	Thaco 起亜	11,212	23.0
	Thaco バス	1,335	2.7
	Thaco トラック	20,254	41.6
	プジョー	100	0.2
	ビナマツダ	9,438	19.4
2	ビナモーター	2,686	5.5
3	VEAM	2,409	4.9
4	サムコ	990	2.0
5	ドータイン	262	0.5
6	ビナコミン	21	0.0
7	ビナスキ	na	na
	合　計	48,707	100

出所：VAMA の資料を基にベトナム経済研究所にて作成

今回の6業種の育成支援事業は、2020年に向けてのプロジェクトである。だが、ベトナムは、前述の通り2015年のASEAN統合以降、市場原理によって社会構造や産業構造が大きく変化することが予想される。このような流動化が予想される時期に、今回の6業種の育成がどのような意味を持つのか、注目していきたい。

● 世界に羽ばたく国となるための必要条件とは

　これまで、今後のベトナムの工業化を担う6つの育成業種について見てきたが、ベトナムが世界の中で確固たる位置を占める国になるためには、まだいくつかの課題が残されている。

　1つ目は、人的資源の開発や生産性の向上が不十分であることだ。ベトナムは、この20年来、高度成長を遂げてきたが、その主たる原動力は過度の国際化による投資促進、貿易機会の増加などであった。しかしよくよく分析してみると、自国産業の生産性や競争力は必ずしも高まっていないのが現状である。また、人的資本や生産性といった最も大事な分野が放置されたままになっており、官民を挙げて政策や制度の構築が不可欠な問題であろう。

　2つ目は、マクロ経済を無視してきたこれまでの政策のツケが、ここにきて大きなマイナス要因として浮上していることである。中でも国営企業改革の遅れ、金融政策の遅れ、通貨ドンの不安定さなどについては、政府の強力な指導力が是非とも必要であろう。

　3つ目は、インフラ整備が不十分であることだ。インフラは、ベトナムが今後大きな発展を遂げるためには必要不可欠なものであるが、鉄道、道路、港湾、都市開発など、どの分野を見ても未整備であり、国内物流の発展を難しくしている。ベトナムのインフラ整備は、その多くを海外からのODAなどに依存しているが、今後は国家財政からも予算を増やしていかなくてはならないだろう。

　4つ目は、裾野産業の育成が不十分であることだ。工業立国になるためには、最終組み立てを行うアッセンブリメーカーのみでは成り立たず、製品の部品などを供給し続ける裾野産業あってこそ成立するものである。この裾野産業議論は5年ほど前から行われているが、いまだにどこが裾野産業の育成の担当部署なのか、それすらはっきりしないのが現状である。金型、ネジ1つをとっても、

第1章　2015年ASEAN統合でベトナムはどう変貌するか

JIS規格の承認を取ったものが必要なのだが、このような中小企業の投資にはあまり関心を持たない。ベトナム政府が欲しているのは、大きな組立産業であり、国際的なビッグネームである。しかし、裾野産業を軽視し続けると、2015年問題を乗り切ることは到底できない。

　そのほか、ここで特記しておきたいのが、金融制度の未成熟さがいまだに改善されていないことである。金融制度、特にベトナムドンの不安定要因が、ベトナム進出企業の大きな足かせとなっていることは事実である。マクロ経済をバランス良く保ち、工業化を促進させる円滑で強力な政策が実行されることを期待したい。

　このほか、ベトナムの主要産業には、二輪車産業や輸出の主力である繊維・縫製産業、履物産業、木工品加工産業、素材産業として重要な鉄鋼、セメント、石油産業、最近ベトナム政府の求めているIT・ソフトウエア産業がある。また、今後の発展が予想される業種としては、不動産業、医療産業、観光業などが挙げられる。

第2章

これだけは知っておきたい
ベトナム20のキーワード

Point 1　六面体で見るとベトナムがよく見える

　バランスのとれた21世紀型の国。政治が安定し、食糧が自給でき、エネルギー自給ができ、その上国民が働き者の国。間違いなく強靭な国家に成長すること間違いなし。

Keyword 1　社会主義の国　〜現在は過渡期の国づくり〜

　20世紀は社会主義の崩壊と凋落の時代だった。旧ソ連が崩壊し、東欧諸国も崩壊した。アジアの社会主義国として経済成長を続けている中国も、今や政治体制と経済体制の矛盾に苦しんでいるし、北朝鮮に至っては国際社会の支援なくしては成り立たない国になっている。

　ベトナムは東西対立の時代に、ホー・チ・ミンと共に自らの国づくりに血と汗を流したが、そのときベトナムを支援してくれたのが旧ソ連だったことから、社会主義国として国家建設を進めてきた。現在ベトナムは、世界に数少ない社会主義国として、マルクス・レーニンの理論を引き継いでいる。だが、国際化の速度があまりに速いことや、グローバル化に対応していくためには、かたくなに一党独裁の社会主義に固執することは得策ではないとの意見が政府指導部の内部で討論され始めている。フレキシブルなベトナムの社会主義体制の中で、近い将来、第二政党が誕生することを予想する専門家もいるほどだ。ベトナム政府指導部の情報分析と情報判断は、時代の流れを的確にとらえて、その上敏感であることを考えると、第二政党の誕生もあながち夢ではない。今、世界世論は一党独裁という体制だけを捉えてベトナムを非難することが多い。このような非難から脱却するためにも早期の複数政党制への転換を模索しているとの見方もある。近年、ベトナム指導部は、日本の自民党の派閥を研究し始めた。派閥があることによって、幅広い意見集約ができるからだ。フレキシブルな体制だからこそできるベトナムらしい挑戦だとも言えよう。

　さて、現在、ベトナム社会主義の枠組みの基本は、ベトナム共産党が指導し、国家が管理し、国民が主体という思想である。ベトナム共産党は、国民から選抜された党員によって構成された指導機関であり、国家は憲法によって定められた行政・立法・司法機関を総括し、政府、国会、人民評議会、人民委員会、

人民検察院、人民裁判所から成り立っている。

　ベトナム社会主義の特徴と言えるのは、「ベトナム祖国戦線」などの大衆組織の存在である。99年に制定されたベトナム祖国戦線法には、「ベトナム祖国戦線は共産党によって指導されるベトナム社会主義共和国の政治システムの一部であり、人民政権の政治的基盤である」と明記されている。祖国戦線は党、政府の方針や政策を理解し、協力して遂行する組織である。当初、祖国戦線はベトナム連合戦線や南ベトナム解放民族戦線などが合併して設立されたが、その後、さまざまな階層の利益を代弁する諸団体が当面する共通の問題を協議し、階級的な利益を超えて一体化された。当初から闘争目的を明確にして設立されたため、約30の大衆組織から支持されており、特別な権限と役割を付与された政治・社会組織である。祖国戦線は、ベトナムの特徴的な組織であり、ベトナム共産党の綱領でも最重要組織として規定されている。

　また、ベトナム社会主義の、他国にはない最も大きな特徴は、ホーチミン思想を根底にしていることだ。独立・自由・幸福を達成するための手段として旧ソ連体制の中で社会主義を採用した。そして世界に類を見ないフレキシブルな社会主義国を建国した。もう1つベトナム社会主義の特徴はトロイカ体制を堅持した市場経済の国ということだ。

　政治体制は地域や民族のバランスを考えたトロイカ体制であり、経済は市場経済体制を導入している。かたくなに一党独裁の社会主義にこだわりを持つことは国家の限界を来してしまうという、これまでの歴史的事実を承知しながら、表面上は強い社会主義国家を志向しているが、社会主義国建設は長期的な目標とし、現実は市場経済体制を内外に明示し、外国から積極的に資本や技術の導入を図り、競争原理の下で経済成長と国力の強化を推進することにしている。過渡期の国づくりと言われる所以である。

Keyword 2　発展途上の国　〜世界の協力を受け、国づくりの最中〜

　ベトナムは発展途上の国である。インフラや法制度の整備は遅れているし、いまだGDPも小さい。2014年のGDP成長率は5.98％であったが、GDPはいまだ1,860億米ドル程度であり、1人当たりのGDPも2,028米ドルにとどまっている。経済規模は小さく、外国企業の支援なくしては国家運営もまま

ならない。

　これまで、世界の国々はベトナムの将来性を先取りしてODAを供与し、直接・間接投資を行い、またマーケットとしても可能性と魅力を備えた国として注目してきた。だが、6～7年前までは「あと2～3年でテイクオフできるのではないか」と期待されたものの、その後は高成長が続かず、経済体質を強化できないまま現在に至っている。まだテイクオフできずにいるのである。テイクオフとは、モータリゼーションが起こる豊かさ、すなわち1人当たりのGDPが2,500～3,000米ドルを実現させること、もう少し見方を変えれば、国際社会の中をひとり歩きできる国になることを言う。

　しかし、ベトナムを取り巻く国際環境は厳しく、テイクオフには今しばらく時間がかかりそうである。TPPへの参加、2015年から始まるASEAN統合など国際化がますます進み、経済ブロック化が強化される中での経済運営は課題が山積みである。果たして、経済成長を続けることができるのか、外国企業のベトナム進出を促進し続けることができるのか、貿易は拡大させることが可能なのか。不安定な産業構造と貿易構造を抱えつつも、その改革には外国企業の技術と資金が必要不可欠である。他国に負けない最良の投資環境を提供し続けることは、ベトナムにとって何より重要である。

　一方ベトナムは、テイクオフの基準や常識を度外視して、別の視点から考えてみることができる国でもある。それが、ベトナムの地政学的な優位性だ。具体的に述べると、①国家として国防に優れ、②食糧自給、そして③エネルギー自給を果たし、④政治が安定しており、⑤国民の働く意識も高く、その上、⑥地理的な優位性を備えていることなどが挙げられる。世界でも稀な条件を備えている国なのである。

　ベトナムは発展途上の国なので、先進国の物差しで見ると数々のほころびが目に付く。しかし、全てが不完全なのは発展途上国だからであり、その不完全さをビジネスに仕上げてあげることが先進国企業の仕事でもある。そしてこのプロセスで投資利益が発生するのである。ベトナムは国家建設過程でさまざまな不安や不備や不合理を生んでいるが、これは途上国特有の現象なのであり、これが魅力の源泉とも言える。

● 第2章 これだけは知っておきたいベトナム20のキーワード ●

リー・タイ・トー帝がベトナムの発展を見守っている

Keyword 3 国際化を促進中の国　〜グローバル社会に乗り遅れるな〜

　現在、ベトナムを取り巻く環境はグローバル化の真っただ中にある。
　グローバル化をどう判断するかは立場により見解が異なるところだが、ベトナム国内では「グローバル化により経済成長を実現し暮らしが豊かになった。だから、政府も国民も納得し理不尽で早すぎるグローバル社会に参加している」という認識が強い。
　一方、海外、特に西側諸国では「現在のような早すぎるグローバル化はベトナムには負担が多すぎる。国内の生産体制や資金体制、特に為替政策など不備ばかりが目立つ」と分析している。実際、ベトナムのカントリーリスクを考えると、特に「財政・金融制度」「対外支払い能力」「為替制度の妥当性」は大きな3つの負の要因である。
　また、これまでベトナムは安い労働力を提供する生産基地と見られてきたが、近年、その賃金が上昇する一方で、労働生産性の低さが指摘されるようになってきた。国際労働機関（ILO）が発表した東南アジアの1人当たりの労働生産性（2012年）を見ると、ベトナムの労働生産性は5,250米ドルとASEAN先進

図表 2-1　東南アジアの1人当たりの労働生産性（2012年）

国　名	労働生産性（米ドル）
ブルネイ	100,057
シンガポール	96,573
マレーシア	35,036
タイ	14,443
フィリピン	9,571
ベトナム	5,250
ラオス	5,114
カンボジア	3,849

出所：国際労働機関（ILO）
参考：日本は6万4,383米ドル

国とは大きく水をあけられており、ラオスとほぼ同レベルと分析されている。

　計画投資省傘下の中央経済管理研究所（CIEM）では、「低労働コストを活かした成長は限界に近づいている」とし、新たな成長モデルの構築が必要であると説く。

　これらの課題は、国際化を急ぎ過ぎて裾野産業の育成を忘れてきたツケである。ベトナム政府は、世界情勢を見据え、ベトナムをこれからどんな産業構造の国にしたいのか考えるべきタイミングにきているのだが、政府の政策は明確ではない。

　ベトナムが今一番気にかけているのは、世界の中でのポジション取りである。グローバル化とは、世界の中の自分の位置を確認し、国際社会でいかに生き抜くかを考えることでもある。ベトナムはその荒波に揉まれながらも、TPP交渉や外交でのしたたかさを武器にその存在感を高めていることは特筆すべきことだろう。

● 第2章 これだけは知っておきたいベトナム20のキーワード ●

Keyword 4　国家の安全と格差のない社会建設を目指す国

　ベトナムは社会主義の国であり、格差のない国家を目指している。

　そのため、政治体制・社会体制はあくまでも社会主義を標榜しており、経済体制に限り市場経済を志向している。よってそこには無理があることを認識しておく必要がある。

　ベトナムの国家運営は、ベトナム共産党がその中心的な役割を担っている。その党の基本的な活動方針は「綱領と規約」により定められているが、そこには「我が国は、国際情勢が激変する中で社会主義への過渡期にある」と明記されている。つまりそれは、あくまで社会主義体制を貫くが、今は一時的に市場経済を受け入れているに過ぎない、という意味である。

　また、「ソ連と東欧の社会主義体制が崩壊したことは大きな損失であったが、ベトナムを含む一部の社会主義の道を歩む国々は目標と理想を堅持し、改革と刷新を実施し、大きな成果を達成して引き続き発展しており（中略）、歴史の進化の法則に従い、人類は必ずや社会主義に到達するであろう」とし、資本主義に対してはその矛盾の激化と、経済、政治、社会の危機を指摘している。

　そして綱領には、「社会主義に進むのは、歴史の発展方向に合致した、わが人民の願望であり、ベトナム共産党とホー・チ・ミン主席の正確な選択である。（中略）我が国の過渡期の終結期の総括的な目標は、適切な政治、思想、文化の上部構造を持つ、社会主義の経済基盤の構築を基本的に完成することにあり、これが繁栄と幸福の社会主義国になる基礎を作る。これから21世紀の半ばにかけて、全党、全人民は社会主義志向の現代的工業国の建設に全力を挙げて、奮闘しなければならない」と書かれている。ベトナムは現代的な工業国であっても、社会主義志向であるということを忘れてはならないのである。

　さて綱領では、目標とする社会主義国を実現させるための基本方針として、次の8点を挙げている。

1. 知識経済と天然資源・環境保護につながる国土の工業化・現代化を促進する。
2. 社会主義志向の市場経済を発展させる。
3. 民族色豊かな文化を建設し、人材育成、人民生活向上、社会進歩と公平を実現する。

4. 国防と安全保障、社会秩序と安全を確実に確保する。
5. 独立、自主、平和、友好、協力、発展の対外路線を実施し、積極的に国際統合を展開する。
6. 社会主義的民主主義を構築し、全国民大団結を実施し、祖国戦線を強化、拡大する。
7. 人民の、人民による、人民のための社会主義的法治国家を建設する。
8. 清潔で堅固な党を建設する。

　ベトナムが現在最も大事にしている国内問題の1つが、格差のない社会づくりである。なぜならば、格差は反政府運動の原因になる恐れがあるからだ。そして、その格差を抑えるために重視されている組織が「祖国戦線」という組織である。

　祖国戦線とはベトナム独自の組織であり、政治組織、政治社会組織、社会組織、各階級、各社会階層、各民族、各宗教の代表的個人、外国に居留するベトナム人の政治連盟・自発的連合組織である。また祖国戦線は政治体系の一部分であり、人民政権の政治的基礎とされる。ベトナム共産党は祖国戦線のメンバーであり、祖国戦線の指導者でもある。また祖国戦線は、自発性、民主的協議、各メンバーの強調と行動統一の原則で活動する。

　現在、祖国戦線の議長は共産党の政治局員で前副首相のグエン・ティエン・ニャンである。このことからもこの組織の重要さがわかる。

Keyword 5　食糧自給のできる国　～自給率160％の食糧大国～

　現在、世界では食糧価格の暴騰と暴落が継続的に続いているが、地球環境の変化に伴い、今後は食糧不足が顕著化するものと予想されている。地球上の食糧生産の限界は、ある学説によると24億トン程度だという。これまでは資金があれば食糧を買うことができたが、今後生産が急減した場合はそう簡単にはいかなくなるだろう。

　食糧自給を考える際、カロリーベースで比較されることが多いが、食糧不足を補えるのは穀物ベースである。日本のカロリーベースの食糧自給率は40％と先進国の中では最低レベルだが、穀物自給率では28％とさらに低い数字と

第2章 これだけは知っておきたいベトナム20のキーワード

なっており、危機的状況である（ちなみに、食糧やエネルギーが不足していると言われている北朝鮮でも穀物自給率は65％である）。

さて、一方、ベトナムは食糧自給率は160％（2000年、籾換算）である。つまりそれだけ食糧生産が安定しており、60％も余分があるということである。穀物余剰があるというこの現実はベトナムの国力を示しており、ベトナムの限りない魅力でもある。

ベトナムの穀物生産は毎年増加傾向にある。2013年におけるベトナムの主要穀物生産は4927万トン（国民1人当たり549kg）であった。うち、コメが4408万トンで、トウモロコシが519万トンであり、このほかにキャッサバが974万トン、そしてサツマイモの136万トンを加えると穀物生産の合計は単純計算で6037万トンになる。

ちなみに、コメの生産量で比較すると、日本は年850万トン規模とベトナムの5分の1以下である。このことを考えると、その数字の持つ意味の大きさが実感できるだろう。ベトナムは現在世界一のコメ輸出国であり、毎年タイと首位を争っている。2013年の米輸出は659万トンで、主要相手先は中国であった。

ホイアンの路上販売の女性たち

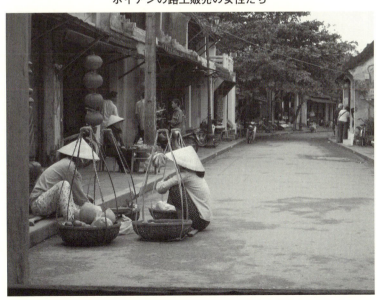

このように、コメはベトナムの主要輸出商品だが、ベトナム政府では2005年よりこのコメを単なる輸出商品としてだけでなく、安全保障のための商品ととらえるようになっている。余剰米の輸出の是非については、「国際化推進のためにはコメによる国際貢献をもっと積極的に行うべきである」との考えがある一方、「コメはベトナムの戦略物資であり、ただ輸出を奨励し、単に外貨を稼ぐ手段であってはならない」との見方もあった。

　現在、世界規模では安定している食糧需給バランスもこれからは大きく崩れ出し、世界中で食糧不足にあえぐ時代がやってくる。すでに穀物生産トップ3である米国、インド、中国では帯水層の水が枯渇している。石油の代替はあっても水の代替はないから、水の問題だけを考えても食糧生産には限度が出てくる。

　食糧は今後の安全保障の大きなファクターであり、イコール国力である。そう考えると、食糧大国ベトナムへの魅力は尽きないのである。

Keyword 6　エネルギー自給のできる国　〜石油、石炭、希少金属に恵まれた国〜

　ベトナムは食糧同様、エネルギーも自給できる数少ない国の1つである。ロシアやイランそしてサウジアラビアのような石油大国ではないし、オーストラリアのような石炭大国でもないが、石油や石炭そして金属資源が豊富な国であることに違いはない。食糧も自給でき、エネルギーも自給でき、そして金属資源も自給できるということは、国家バランスが良い国と言えるだろう。

　ベトナムは原油産出国である。原油埋蔵量は2700億トンと推定されているので、ベトナムに限ってみれば、ある程度の輸出増があっても今世紀は言うに及ばず、1000年あるいは2000年以上枯渇する心配はない。原油のほか、天然ガスも生産しており、2013年における生産量は原油が1670万トン、天然ガスは96億m^3に上る。また、石炭の生産量は4119万トンである。

　石油については、待望のベトナム初の石油精製基地がベトナム中部ズンクワットに完成した後は、ガソリン、ナフサ、石油ガスなどが国内生産できるようになった。ベトナム国内で使用するガソリンや石油化学産業の原料を全て供給できるようになったことは、ベトナムの工業化に大きなメリットを生んでいる。

一方、ベトナムの石炭はホンゲイ炭と呼ばれ、日本では馴染みの深い石炭である。かつては日露戦争の日本海海戦で勝利をもたらすのに大きな役割を果たしてくれたし、第2次世界大戦後の日本の大動脈として東京・大阪間を走った特急列車「さくら」「つばめ」の石炭は煙が出ずに火力の強いホンゲイ炭だったと語り継がれている。今でもホンゲイ炭生産量は増加傾向にあり、今後も継続するものと予想されている。

ベトナム国内では火力発電所をはじめ石炭の需要は年々増加しているが、現在は石炭不足の中国からの輸入要請が多い。生産は毎年40％程度の増加が見込まれているが、主として中国向けなどの輸出は年65％以上増加しており、このままの状態が続くと国内需要分が不足することも憂慮されている。このように考えると、ベトナム政府が取り組んでいる「石炭産業開発計画」は石炭産業の持続的開発条件を創出するために不可欠な戦略と言える。ベトナム石炭・鉱物鉱業グループ（ビナコミン）では、今後ベトナムの国内需要は年々拡大すると予想しており、2020年には5460万トンに達すると見込んでいる。

このように、ベトナムのエネルギー産業（主として原油と石炭）は埋蔵量に恵まれ、このままの状態が続く限り今世紀末までは資源の枯渇はない。ベトナムは21世紀に最も懸念されるエネルギー問題を避けて通れる、世界でも数少ない国の1つである。

原発導入に関しては、日越政府間交渉により日本から2基の原子力発電所の輸出が決定している。ベトナムでは、ニントゥアン省において4基の原子力発電所の建設が決定しており、2基についてはロシアがすでに建設に着手している。日本では、原子力発電所の対越輸出のための会社（国際原子力開発㈱）が設立され人材教育を行っている最中である。今後、導入機種や規模、建設時期などについて決定される見通しだが、ベトナム政府では早期導入を希望しているという。

Point 2　ベトナムの原点からひも解く

6つの原点からベトナムをひも解いてみよう。
これを知らずして、ベトナムビジネスは語れない。

Keyword 7　ドイモイ（刷新）政策導入の効果

　ベトナムの発展過程を見てみると、「ドイモイ」の果たした役割は大きい。社会主義国でありながら、市場経済を導入しており、これが評価されて世界の企業から投資が集まっている。

　ドイモイとは、日本語で「刷新」と訳されているが「新しい国づくりのための変化」のことを言う。1986年12月の第6回ベトナム共産党大会で、従来の概念、思考、行動から脱却して「新しい変化」を決議し、そのスローガンとしてドイモイが採択されたのである。このドイモイは、ベトナムの政治・経済の基本的概念、基本的戦略を大きく転換させることになった。この大転換とは、従来型の社会主義（マルクスレーニン主義）を一部見直して「新しい変化への模索」を開始したことである。

　この時の共産党の改革派がグエン・バン・リン書記長であり、その名は現在、偉業を称える形で各地の道路名に冠されている。

　ドイモイの基本政策は次の4点からなる。①社会主義路線の変更、②産業政策の見直し、③市場経済の導入、④国際協力への参画である。

　まず、①の社会主義路線の変更については、体制の構築は時間をかけて徐々に行うことが良いと決定された。1976年の南北統一以来、ベトナムでは社会主義体制を急ぎ確立することを国家目標としてきた。しかし、社会主義体制特有の官僚主義がベトナムの国づくりにはそぐわず、社会主義への転換を急げば急ぐほど大きな問題が出てくることがわかったため、体制の確立には長時間を費やすべきであるという認識に達したのである。

　②の産業政策の見直しは、まず国家は食糧の自給から始めるべきであるとの議論から開始された。それまでのベトナムは重工業を中心に産業を育成することを産業政策の基本にしてきた。しかし、10年間の重工業優先の工業化政策がベトナムの国づくりにそぐわないものであることがわかってきた。まず、食

糧生産を主体とした農業、水産業を復活させることから始めるべきであるという理論が沸騰したのである。また工業分野では、生活用品や輸入代替商品などの軽工業分野に転換することも併せて議論された。軽工業主体の産業は労働集約的なものが多く、国民に就労機会を与えることになるものとしてこの転換議論は歓迎された。

③の市場経済の導入については、従来の分配経済から180度転換するという、まさに大胆な経済改革であった。これまでの中央集権的な分配経済から、西側諸国の経済体制である市場経済の転換は、基本的な経済改革として注目を集めた。もちろん、国営・公営以外の個人経営や企業経営（私企業）を認め、一部の私有財産も是認するというものであった。このときから、従来の官僚主義的な計画経済は放棄することにした。

④の国際協力については、従来ベトナム一国の利害による行動が多かったことをまず反省し、今後は国際平和の構築に積極的に協力していきたいという抱負を表明した。まずはインドシナ半島の和平に尽力することから始め、国際協力の一助にしたい意向を決議した。それまでベトナムの外交は旧東側諸国に限られてきた。これを西側諸国にまで拡げ、全方位外交模索を開始した。このときの外交姿勢の延長上にあるのがASEANへの加盟であり、その後に続くWTO、TPPなどへの参画である。

Keyword 8　日本のODAと米国のエンバーゴ解除

1991年にソ連が崩壊したため、東側諸国は生きる術を見失っていた。ベトナムも困窮を極めていた。そんな折、翌92年に、日本が世界に先駆けてODAを再開し世界中をあっと言わせた。日本のODA再開の1カ月後、今度は米国がエンバーゴの一部解除を行ったが、これにも世界の国々は驚愕した。日本のODA供与と米国のエンバーゴ解除は、世界の国々そして世界の主要企業がベトナムに対して大きな関心を持つ契機になった。

さて、日本のODA再開について日本政府は異例とも言える支援体制を組み、官民挙げて借款再開を実現した。日本の円借款は「債務延滞国に対しては供与しない」というのが政府の基本的な見解とされてきた。このような政府見解がある以上、まずベトナムの延滞債務を何とかして返還させなければならない。

そこで政府は、①235億円の債務相当額をまずベトナムに貸し付け、その資金で、②延滞債務の返済を行わせ、政府間の債務がなくなった時点で、③円借款を実行する、という方法をとることにした。このような異例とも言える政府の意欲により、再開は実行されたのである。

　①でベトナム政府に対し超短期（3日間）で235億円を融資したのは、当時の日本の都市銀行（東京、第一勧業、東海、三和、大和、富士、さくら、三菱の8行）である。

　このODAの実行で目に付いたのは、日本政府の並々ならぬ意欲であった。政府が都市銀行に対して、いわゆるつなぎ融資を要請したことからも、政府の意欲をうかがい知ることができる。また、この日本政府の決定が、ベトナムの政治的・経済的安定とドイモイ政策の成果を公式的に評価したとも言える。ベトナム政府は、ベトナムの存在感を一層アピールさせることにもなったこの日本のODA再開が、ベトナムの今日の経済発展の原点であるとの認識を持っており、それが日本への尊敬と信頼につながっているという。

高層ビルの立ち並ぶホーチミン市第1区

第2章　これだけは知っておきたいベトナム20のキーワード

Keyword 9　無視できない越僑の存在

　海外で豊富な資金と人脈を有する越僑の存在がベトナム経済に大きなインパクトを与えている。

　それは、かつてはベトナム投資において外国企業をはるかに超えるインセンティブが越僑に供与されていたこと、そして身分保証が法制化されていたことがきっかけであった（現在は特例措置は廃止されている）。ベトナム人は血縁を何よりも大事にする国民である。そのため、故郷に錦を飾る人が多かった。

　外国で暮らすベトナム人、越僑は現在300万人とも350万人とも言われている。華僑や印僑に比べると数は少ないが、ベトナム経済においては無視できない存在である。ホーチミン市のGDPは4,500米ドルとベトナム全体のGDPの2倍以上であるが、実はこの豊かさも越僑に依存しているところが大きい。

　越僑からの送金は年々増加している。2000年では20億米ドル程度であったが、その後は増加を続け、2013年は60億米ドルに達している。これはパリクラブ（主要債権国会議）の支援総額と同規模である。また、送金ベース以外でも、ベトナム入国時に手持ちで持ち込まれた金額も少なくないと思われることから、実際は100億米ドル以上の外資が国内に流入しているものと見られる。

　このように、越僑からの資金量は国家経済を左右するほど大きいため、越僑の動向から目が離せない。かつて、越僑と言えば、ベトナム戦争に勝利した北ベトナムが南ベトナムを支配することに不安を感じ、国を捨てて海外に逃亡した人々であったことから、ベトナム政府は厳しい対応をとり続けていた。しかし、その後ベトナムが世界から注目されるまでに成長し、グローバル化が促進され、投資も貿易も拡張傾向にあることから、現在の政府指導部には自信がみなぎり、もはや越僑の行動に一喜一憂しなくても済むようになったのである。この自信が越僑への協調政策となったと言えよう。

　しかし近年、ベトナム政府が越僑に関して新たに懸念していることがある。それは、ベトナム国籍を捨てる越僑が増えていることである。越僑登録をせず、米国など他国の国籍を取得して代々暮らしていけば、いずれベトナムに流入する資金が縮小し、経済が成り立たなくなる恐れがある。そこで政府は越僑の数を維持するため、2014年春の国会で新たな国籍法を通過させ、登録を簡素化することなどを発表した。

Keyword 10　強固なトロイカ体制

　これまでベトナムは、党書記長、大統領、首相という3頭立てのトロイカ体制により強固な国家指導部体制をとってきた。強固な政治体制は、国家にとって最重要課題である。なぜなら、これを満たしている国すなわち国家としての魅力を備えている国は、イコール安心して投資できる国の代名詞だからである。

　ところが近年、このトロイカ体制に変化が表れ始めている。それは、国会議長を含む4頭立ての体制になってきているからである。これはつまり、国会の権限が強化されつつあることを示している。国際化時代となり、国会において国民の意向を汲み上げ反映させていることを対外的に表明し、民主的国家であることをPRしたいという意向もある。

　国会は年に2回開催され、全国から国民を代表する500名の議員が集まり、会期は1回40日程度である。国会議員はほとんどが兼職のため、常設の国会常務委員会に権限が集中しており、そこでテーマを持って協議され決議されることが多い。

　以前、日本の新幹線導入について、ベトナム政府が結論を国会に委ねたことがあった。その際、国会で反対意見が続出し「時期尚早」と見送られたことは記憶に新しい。政府で結論を出しにくい案件を国会で上手に処理するあたり、ベトナムのしたたかさを感じさせる。

　特に大きな力を持つ、ベトナム共産党政治局員（16名）の序列を見ると、1位がグエン・フー・チョン共産党書記長、2位がチュオン・タン・サン国家主席（大統領）、3位がグエン・タン・ズン首相で、4位がグエン・シン・フン国会議長であるが、この16名の中には、他に国会副議長が2名含まれていることからも、国会重視の姿勢が見てとれる。

Keyword 11　国営企業の存在は悪ではない

　ベトナムは社会主義国のため、国営企業の存在は当然であり、本来であればすべての企業が国営企業であるはずだ。しかしベトナムの場合、国家体制は社会主義であっても経済体制は市場経済を導入しているので、国営企業の他にも民間企業や外資企業も混在している。また、グローバル化が進展中のため国営企業の数は減少傾向にある。しかしながら、重要な産業分野については国営企

● 第2章　これだけは知っておきたいベトナム20のキーワード ●

業が担っていくことにしている。

　シンガポールのリー・クアンユー元首相は、ベトナムの当初の国づくりに対し数々の助言をしてきた。その中で、国営企業について次のように述べている。「国営企業が悪いのではない。国営企業は効率が悪く競争力がないため、悪と言われてきた。効率を上げ生産性を上げれば国営企業でも非難されることはない。シンガポール航空は国営企業だが、世界的に評価が高い企業だ」。

　現在、ベトナム政府は国営企業の再編を最重要課題として民営化、株式化を推進している。2012年の政府統計によると、ベトナムの企業総数は約34万社あり、そのうち約3,308社が国営企業である（2013年の国営企業数は3,135社に減少）。また3,308社のうち、100％国家保有の企業は846社であり、その

図表 2-2　ベトナムの 13 経済グループリスト

	経済グループ名（通称）	売上トップ5	売上高
1	ベトナム石油グループ（ペトロベトナム）	1	350兆2100億ドン
2	ベトナム電力グループ（EVN）	2	138兆5150億ドン
3	ベトナム石油ガスグループ（ペトロリメックス）		
4	ベトナム郵政通信グループ（VNPT）	4	85兆4980億ドン
5	住宅都市開発グループ（HUD）		
6	ベトナム建築グループ（VCG・ソンダ）		
7	ベトナム軍隊通信グループ（ベトテル）	3	138兆7340億ドン
8	ベトナム化学グループ（ビナケム）		
9	バオベト金融保険グループ（バオベトホールディング）		
10	ベトナムゴムグループ（VRG）		
11	ベトナム石炭鉱物グループ（ビナコミン）	5	77兆8470億ドン
12	ベトナム造船グループ（ビナシン）		
13	ベトナム繊維縫製グループ（ビナテックス）		

注：①2012年8月の政府定例会議で13経済グループを順次、整理、合理化し、まず8グループにすることを決議した。そして最終的には4グループまで削減することを決定（早期に再編させるグループとして、HUD、VCG、ビナコミン、ビナシンの4グループを指定）した。
　　②上記13経済グループの自己資本金は、国営企業全体の51％、資産総額は同30％、労働者数は同40％である。

主要な企業は13経済グループに属している。

　しかし、現状では国営企業の民営化は促進しているものの、遅々として進んでいない。国際通貨基金（IMF）は、ベトナム政府が2015年末までに株式化を予定している432社のうち、2014年1～10月に株式化を実現させた国営企業が75社にとどまっていることに懸念の色を示している。

　民営化の方法としては、株式化、合併や買収（M&A）、外国企業との合弁会社設立などがあるが、遅れている要因は国営企業の経営内容が不透明であり、ディスクローズされていない企業がほとんどであるという点にある。国営企業の再編は、国力を回復させ国際化推進に弾みを付けるものでもあることから、国営企業の情報開示を法制化し開かれた企業にする必要がある。それにより、外国資本を導入すれば国益にもなり、良質な資金を取り入れることで資金不足を補うことも可能となる。

Keyword 12　外国投資に役立った外資系工業団地

　ベトナムの外国投資を担っているのは工業団地の存在である。

　日系工業団地が最初に誕生したのは南部のホーチミン市周辺であったが、その後北部のハノイやハイフォン市などにも拡がり、多くの日本企業の投資の受け皿となってきた。ベトナムには、このような日系をはじめとする外資系の工業団地が北部と南部を中心に点在しているが、ベトナム系の工業団地も全国に150カ所以上ある。

　しかし、外国企業の投資が集中しているのは外資系の工業団地である。その理由はインフラが完備されているからにほかならない。最低限度のインフラ、すなわち上下水道や電気、排水処理施設を整備し、美観にまで配慮し「商品化」して販売している。これに対し、ベトナム系の工業団地の多くは荒野のまま、インフラ整備も何も付けないまま売りに出されている。道路ができ上がっている工業団地は良いほうで、図面上だけの工業団地もある。場所によっては、杭が打ってあるだけのものや、縄張りされているだけのもの、中には域内に住居や店、墓などがある場所も見かける。また、日系工業団地には日本語のできるスタッフが常駐し、諸手続きをサポートしてくれるなどの安心感も得られることが魅力である。このような外資系工業団地の存在が、2000年以降の投資

拡大に寄与したものと言えよう。

　これまで日本企業の投資（製造業）を見てみると、多くは日系工業団地に入居して、100％外資で全量輸出というケースが多かった。安い労働力だけを利用するための進出である。しかし最近では、ベトナム系の工業団地に進出する企業も増えている。ベトナム系の工業団地は、土地賃借料が外資系の工業団地よりも安価であり、また最近は以前よりはある程度のインフラ整備も期待できるようになってきているからである。また、全量輸出ではなく、国内市場向けといった投資事業も珍しくなくなっている。

　ベトナムへの日本企業の進出は、今後一層増加すると見込まれているが、これまでと異なるのは中小・零細企業の部品産業などの進出が中心となることだ。すでに大企業の多くはベトナム進出を終わらせており、中小・零細企業でも進出可能なリース工場（賃貸工場）のニーズが拡大中である。一般的な面積は1,000m^2程度だが、700m^2や2,000m^2というリース工場もある。

　リース工場に進出する場合は、製品を生産するための機械や設備を持ち込むだけで、ただちに生産が可能となるため、大きなコストをかけることができない中小・零細企業の需要は今後ますます旺盛になることだろう。例えば、1,000m^2の工場を使用する場合、1カ月の家賃は管理費込みで60万円程度である。40年といった長期にわたる土地代や建設費用も不要である上に、小規模な投資資金で進出することが可能である。また、最初にリース工場での操業を経験し、ベトナムでの生産の可能性を模索した後に、改めて工場建設を検討するという方法もある。いずれにしても、リース工場を上手に活用することもベトナムビジネスの賢い選択肢の1つと言えよう。

Point 3 ベトナムビジネス8つの戒め

Keyword 13 最大公約数的な情報が全てではない

　ベトナムが投資候補先の1つとして多くの企業に認知されるようになり、ベトナムに関する情報が氾濫しているが、その多くは最大公約数的な情報である。多くの場合、その情報の出所は日本政府機関や特定の企業など出所が同じで、状況分析も共有していることが多い。したがって、時間とお金をかけていろいろと歩いてみても、同じような情報しか収集できないことがある。

　日本企業の多くの製造業は、ベトナムを生産現場と考えているから、ベトナム現地法人は生産管理や労務管理だけを志向していることが多い。そのため、独自で情報分析することもなく、ベトナム政府が発表する法改正や5カ年計画などには無関心であることが多い。それよりも予定の生産性を確保することや、労働者の離職を最低限にすることや、海外から送られてくる部品が円滑に通関できるよう税関当局と事前打ち合わせをすることなどの日常業務に忙殺されてしまいがちである。よって、日本から情報収集に訪越する際は、現地法人は全体的な視野に立った情報分析には乏しいことに留意してヒアリングする必要がある。

　一般的に、ベトナムに関する情報収集は最大公約数的なものとなりやすいが、ベトナムの本当の魅力は最大公約数でないところにある。すなわち、1つの側面だけでなく、複数の側面から情報収集し分析することが必要となる。大事なことは、正しい情報と認識を持ってベトナムビジネスをスタートすることである。誤った見方があまりにも多いのであえて提言しておきたい。

Keyword 14 進出動機を明確にせよ

　企業進出の事例を2件紹介する。
〈縫製会社B社の場合〉
　ソフト開発A社の田中社長（仮名）は、信用金庫の担当者からベトナムでの事業展開をアドバイスされ、ホーチミン市に進出した。ベトナム法人の業績は急速に上昇し軌道に載り始めたころ、一時帰国で同窓会に出席、縫製会社B社の一木社長（仮名）と再会した。B社は地元では有名な企業であったが、経

営は火の車で苦労の連続であった。一木社長は田中社長から「俺はベトナムと出会って立ち直れた。君もベトナムでやってみたらどうだ」と進出を勧められた。田中社長の成功に至った苦労話と田中社長からの誘いを会社の経理担当でもある夫人に話したところ、夫人は諸手をあげて賛同した。

翌週、一木社長夫妻はホーチミン市の田中社長を訪れた。会社は100名以上の若い従業員たちがコンピューターを前にして整然として仕事をしていた。何より、自分の会社にない活気に魅かれた。一木社長夫妻は「ベトナムでビジネスを立ち上げ、起死回生を図りたいのでいろいろ指導してほしい」と依頼した。田中社長はあちこちに連絡してくれ、ホーチミン市郊外のある工業団地を紹介してくれた。このようにして、B社という老舗メーカーのベトナム進出が決定した。

一木社長は工業団地の担当者と面談し1ha（1万m²）の土地仮契約をして帰国した。この工業団地は最少単位が1haだからそれ以下では契約できないと言われ、やむを得ず契約した。B社の場合、2,000〜3,000m²でも広すぎると思っていたのだが、ベトナムに進出したい一心で不本意ながら契約したという。また、日本での仕事は全てベトナムに移すこととし、事業資金は先祖代々受け継いできた本社工場を処分して捻出することにした。

さて、ベトナムでB社は成功することができるだろうか。ベトナムは無限の可能性を秘めた国だが、仕事のやり方を間違えると取り返しのつかない結果を招くことを忘れてはならない。ホーチミン市周辺ではすでに労働集約的産業の人材確保は難しく、今後も改善の可能性はない。ソフト開発と縫製では人材供給の状況が異なる。また予定以上の大規模な土地契約や工場建設は無駄なことであり、他に探せばいくらでももっと小規模な土地があるし、リース工場から事業をスタートするという選択肢もある。

この事例は、これからベトナム進出しようとする企業に数々の教訓を残している。

1つ目は、「友人への頼りすぎ」が挙げられる。自らも現地の情勢を十分に調査し、情報を収集することが必要だ。そして、苦境から抜け出すことだけを考えた現状分析の甘さも指摘できよう。

2つ目は、ベトナムビジネスで最も大事なことだが、「入口を間違えるな」

ということである。進出には、業種による制約、地域の選定、事業規模などを冷静に分析する必要がある。そのためには是非専門機関のアドバイスに耳を傾けてほしい。海外進出は、メリットと同時にリスクを伴うことが多いので十分留意してもらいたいものである。

〈D機械の場合〉
　機械加工のC社は、日系企業に部品を供給する目的でハノイ近郊の工業団地に進出した。着実な経営努力により業績は毎年上昇し、今や黒字企業となっている。C社が加盟する工業会の会長企業であるD社もベトナムに関心を持っており、進出の機会を狙っていた。D社の川口社長（仮名）は、C社の業績拡大と高収益化が定着したというニュースを聞き、その後たびたびベトナムを訪問し、ハノイ近郊の工業団地への進出を決定した。川口社長は工業会の会長企業ということもあり、メンツにかけてもこの事業を成功させたいという強い意欲があり、C社よりも広い土地により大きく立派な工場を作ることを社員にも厳命したという。
　会長企業のメンツが投資効率という大事なことを忘れさせていた。工場建設についても、C社からは管理さえしっかりすれば現地の建設会社に発注しても問題ないと聞いていたが、川口社長はメンツにこだわり日本の大手ゼネコンに工事を発注した。でき上がった工場は見事なもので、誰もが「さすがはD社さんですね」と賞賛したという。結果、D社は土地代、工場建設費、機械、材料費など600万米ドル以上の資金を投入したのだが、過剰投資が仇となり苦戦している。メンツを優先した結果、初期投資が大きすぎたのである。
　人間誰しも他人には負けたくないという気持ちは持っているだろうし、立場が上の人ほどこの気持ちは強いのかもしれない。だが、海外投資に限って考えると、メンツを最優先することは避けなければならない。F／S（フィージビリティスタディ）に忠実な投資事業だけが生き残れる厳しい世界であることを忘れてはならないのである。

　なぜベトナムに進出するのか。まずはその進出動機を明確にする必要がある。そしてそれに沿った進出先、進出方法を見極めなければならない。友人や同業

者に誘われて安易な進出はしないことが大切である。

Keyword 15　ベトナム人を過度に信用するな

　ベトナム人を過度に信用し過ぎて失敗したという事例を聞くことが実に多い。しかし、これはベトナム人の国民性などについての外国人の不勉強がその原因になっていることがほとんどである。中には詐欺まがいの事件もあるが、ほとんどの場合は外国人の無知が引き起こした失敗事例である。

　まずは、ベトナム人の国民性の1つを知っておく必要がある。それは「知らない」「できない」と言わない、また「自分の不注意でした。申し訳ありません」と謝らないことである。ベトナム人は彼らが生きてきた歴史の中で、自分の非を認めてしまうことは生きていかれないことを意味していた。ベトナムが長期にわたり中国やフランスの支配下に置かれていた時代からの、苦難と屈辱の歴史が今のベトナム人の国民性を形成しているのである。

　ベトナムの現地法人の日本人経営者からたびたび聞かされる話は、「できないのにできないと言わない」「設計図が読めないのに自分で勝手に解釈し指示を受けようとしない」「この法律がわかるかと聞くとわかると答えるが、よく問いただしてみると全く知らない」「あの人を知っているかと聞くとよく知っていると言うので一緒に案内してもらうと初対面だった」。このような類の話はいろいろあって枚挙にいとまがない。

　特に大勢の中で質問されたときには、10人中10人までが「知りません」とか「できません」とかは言わない。大勢の中で質問攻めにして追い詰めたりすると後でとんでもないしっぺ返しを食うことになる。ベトナムビジネスには、まずベトナム人の国民性や気質などを熟知することが何より大事である。次に事例を紹介しよう。

〈三田社長の場合〉

　三田社長（仮名）は、旅先のハノイで出会ったベトナム人ツアーガイドAさんと出会い、すっかり気に入り一緒に事業をやらないかと持ちかけた。Aさんは喜び、共同経営者として事業をスタートさせることにした。共同事業と言っても、資本金は全額三田社長が出資する100％外資企業とし、事業経営の

すべてをAさんに任せるという計画だ。「私はAさんを信用している。彼宛に送金すれば100％私の会社が設立できるはず。考えてみてください。私の名前で送金するのだから、私の会社にならないわけがありません」。三田社長は2000万円を出資しハノイに会社を設立したが、その会社はAさんが100％出資した私企業であった。当然ながら、その会社は外資企業として申請していないため、利益が上がっても海外送金することはできない。人助けの仕事なのか、あるいはベトナムに友人をつくるための投資なのか、何やら判然としない事例である。

〈四野社長の場合〉

　四野社長（仮名）は、一度の訪問でベトナムが気に入り、その後足しげくベトナムに通っていた。あるとき、ホーチミン市のレストランで実業家だというベトナム人Bさんと知り合った。2人は意気投合し、カラオケで大いに発散した。Bさんは「ベトナムで仕事をやるなら応援しますよ」と事業への協力を約束してくれた。翌日、2人は酒を飲まずにホテルのレストランでビジネスの話をした。「日本は低金利でしてね。日本の資金をベトナムに持ってきて何か仕事をしたいと思っています。必要であれば、Bさんとホーチミン市に合弁会社でも作りましょうか」。するとBさんが「いいですね。では日本から資金を持ってきてください。ベトナムの銀行は金利が高いですから、銀行に預けておくだけでも儲かりますよ。あるいは株を買えば、2倍3倍にもなります。そのためにはまず銀行の口座を作り、ここに日本から送金してください。私が必ず儲けてみせます」。どうもこんな話をして四野社長をその気にさせたらしい。

　四野社長は、これは良い話だ、早くスタートさせて儲けたいと、早速銀行口座を開設した。旅行者でもマルチビザの所有者は銀行口座を合法で開設できる。四野社長は、日本に帰国すると自分の貯金を引き出し、会社の資金を仮払いし、友人から借金して3000万円をベトナムに送金した。その後、四野社長がホーチミン市を訪問するごとにBさんは1万ドルを「これは収益分です」と渡してくれていたが、しばらくして問題が起こった。1つは、ベトナムで儲けた資金が日本に送金できないこと、2つめはパートナーであったBさんとその後連絡が取れなくなってしまったことだ。

第2章　これだけは知っておきたいベトナム20のキーワード

　四野社長は、ベトナムの外為法違反、証券取引法違反、投資法違反などを犯していることを初めて知り、鳥肌の立つ思いだったという。ベトナムビジネスは入口が大事である。事業計画の段階で専門機関に相談し、ベトナム人、ベトナム企業と直接ビジネスする際は、きちんとした紹介者を間に立てることが必要であろう。

〈五山社長の場合〉

　ビジネスパートナーが現地のベトナム人ではなく、日本にいる越僑であってもトラブルは発生する。

　食品メーカーの五山社長（仮名）は、日本で事業を行っている越僑のCさんと知り合い、ベトナムの現状がわかっているであろうCさんに2000万円の現金を渡して、ベトナムに会社を設立してくれるよう依頼した。五山社長は、資本金の全てを自分が出すのだから自分の会社（100％外資企業）だと思っていたが、設立されたのはCさんが社長の私企業だった。五山社長はあるとき「先日出した2000万円のうち、500万円が至急必要となったから送り返してくれ」と申し込んだ。しかしCさんからの返事は「送金許可が出ないので送れません」という一点張りだった。五山社長は「ベトナム政府はなぜ送金を許可してくれないのか。あれは私の金なんだ」と大いに憤慨した。「あの金は私名義の金だから、送金できないはずはない」。

　海外でビジネスを行う場合、あるいは会社を設立する場合、政府の許可やいろいろな法律、規則があるため、送金の方法や設立の方法を間違うと、日本企業あるいは送金した個人とは全く関係のない金になってしまう。五山社長は「ベトナム人だから日本人よりベトナムのことをよく知っているはずだ。そのうえ誠実な男だから彼にまかせよう」と考えた。しかし、Cさんは投資法の存在すら知らなかったのである。「ベトナム人だからベトナムのことは日本人より知っているはずだ」というような誤った認識は早々に捨て去っていただきたい。ベトナム人はわからないことでも「はい、わかりました。やります」と引き受けてしまうから注意しなければならない。

　まずは状況を客観的に見る視点がほしい。相手がベトナム人でなく同じ日本

人であったらどうか。そんなに簡単に信用して何千万もの資金を渡したりしないし、安易な提案などしないだろう。事業計画を専門家に相談しつつ、日本での堅実なビジネス同様の賢さと慎重さをもって、ベトナムビジネスを展開してもらいたい。好意で権限を渡すと永遠に返ってこない。ベトナム人社会の絆は強く、西側諸国の常識は通用しないことを認識しておく必要がある。

Keyword 16　申請書などは日本語に訳してよく確認せよ

　2005年に外国企業の投資法が基本的に改正された。それまでの準拠法は、投資から事業活動、撤退まで全てをフォローする外国投資法のみであった。しかし、ベトナムの国際化、グローバル化に対応するため、外国企業も国内企業も共通の法律を適用する必要が生じた。そこで改正後は投資に関しては共通投資法が、ベトナムにおける事業活動については企業法が新たな準拠法となったのである。

　改正法では、従来の投資申請を行い、認可を受けるシステムとは異なり、少額の投資でも禁止や制限分野でない限り申告で済むようになり、事業計画書の添付が不要となるなど手続きが簡素化された。メリットを歓迎する声が多かったが弊害も生じた。その1つが、手続き代行業者を通じた申請である。投資家が代行業者に必要な情報を提供し、安易に手続きを依頼するケースが増加した。問題は、投資家が代行業者に依存し過ぎて、その内容を日本語に翻訳するなどの確認作業を怠ったことにある。投資家の計画していた事業と異なる内容で投資証明書を取得してしまい、その処理に苦労する日系企業が後を絶たない。

〈A社の場合〉
　資本金と総投資額が不明確。資本金は小さくして総投資額を大きくしたいと考えていたが、総投資額を資本金としてしまい、その分の現金を送金してしまった。減資するのに大変なエネルギー（資金と時間）をかけた。

〈B社の場合〉
　現金を少なくして機械設備などを資本財として投資する予定だった。しかし、現金を資本金とし、機械設備は資本金から輸入したことで税関との間でトラブ

第2章　これだけは知っておきたいベトナム20のキーワード

ルが発生。結局、関税を支払って設備を搬入することになった。

　これらはすべて投資申請書の確認を怠ったために発生したトラブル事例である。建設業者などが投資申請をサービスで行うケースもある。
　いずれにしても、投資家の意志と異なる投資証明書が発行されることがないよう、提出書類を精査し、政府などから発行された書類も全て日本語に翻訳し全社で同意事項とするなど、十分に注意する必要がある。

Keyword 17　成功事例や先入観をもう一度見直そう

　各地で開催されるベトナムセミナーで一番人気なのが進出企業の体験談や、成功事例や失敗事例の紹介である。これらの話は身近な仲間の話だからどうしても関心が高いのだろう。しかし、成功事例や失敗事例だけをいくら参考にしても、実際の進出現場では役に立たない。各企業はそれぞれ業種、投資形態、進出地域、進出時期、事業規模が異なるため、成功事例をそのまま自分たちの企業に重ね合わせることはできない。投資環境は刻々と変わりつつある。成功事例や失敗事例はあくまでも参考として聞くにとどめていただきたい。また、海外投資を安易なことと考え、友人や同業者からアドバイスを受けている企業を多く見かける。だが、投資には複雑な要因があることを認識していただきたい。
　まず、現地で展開する事業について、投資条件を挙げてみよう。
　独資なのか合弁なのか。工業団地なのか一般地域なのか。工業団地であれば外資系かベトナム独資か。労働集約産業か技術集約産業か。北部か南部か、それとも中部なのか。輸出産業なのか内需産業なのか。内需産業でもベトナムに進出している外資企業を相手にするのか、あるいはベトナムの現地市場を相手にするのか。大規模投資なのか小規模投資なのか。リース工場を活用した投資なのか。材料は輸入するのか国内で調達できるのか。等々を考えていくと条件により進出方法が実に多岐にわたることがわかる。他社の成功事例をそのまま受け入れると失敗することの意味がおわかりになるだろう。
　何の業種が向いている国なのか、現在の投資目的は将来にもつながるのか、投資の意味の本質をよく考えてみることが重要だ。

Keyword 18　貨幣価値の違いと本質を認識しよう

　2014年12月24日現在のベトナムドンの通貨レートは、日本円1円に対してベトナムドンは177ドンであった。ちなみに米ドルとベトナムドンは1米ドルが2万1,353ドンである。

　この為替レートがあることを忘れては、ベトナムビジネスは成り立たない。このベトナムのドン安は、ベトナムビジネスにプラス要因とマイナス要因をもたらしている。プラス要因として考えられるのは、人件費やベトナム産材料費そして物価が安いため生産コストを安価に抑えられることである。また日本への輸出商品を考えてみても、ベトナム製の輸出コストが安いから、日本国内での競争力が大きいという側面がある。

　一方、マイナス要因としては、ベトナムのドンが安いため、国内市場では外国製品が高価となり購入意欲が盛り上がらない傾向にあることが挙げられる。国民所得が倍増すれば外国製品に対するニーズも拡大するが、経済成長も歩留まりの現状ではまだ無理である。限りない可能性を秘めているとは言われてい

ホーチミン廟はベトナム人の安らぎの原点

第2章 これだけは知っておきたいベトナム20のキーワード

るが、まだしばらく時間がかかりそうである。

もう1つの側面は、外国人就労者の賃金が高くつくことだ。そのため、たとえ必要であっても就労者の人数を制限しなくてはならない。多数の人員を配置して現地法人から賃金を支払うと、その企業は永遠に赤字会社となる経営体質の弱い会社になってしまう。もしどうしても要員が必要なときは日本の本社からしばらくの間は出張経費や開発費として経費を捻出するなどの「ウルトラC」を考えなければならないだろう。

Keyword 19　従業員は叱って使うな

ベトナム人は誇り高い国民であるので、鼻を折るようなことは慎んだ方が良い。褒めて使用するとよく働くが、叱って使うと反発する（他国の企業などでは社員を叱る、叩くなどし、従業員がストライキで反発するケースが見られる）。特に大勢の従業員を前に叱責すると予想もしないような事態が発生することがある。これは現実にあったことだが、ある工業団地で放火事件があった。会社が警察と協力して調べてみると、犯人は1週間前に解雇した女性の経理課長だった。人望も厚く幹部も大きな信頼を寄せていたので、皆が驚愕した。

実は少し前、彼女に急用ができ、金庫の鍵をしないで帰ったことがあった。これに気づいた日本人の社長が鍵をロックしたため事なきを得た。ただそれだけのことだったのだが、1週間ほどして朝礼の時に社長が「あれだけ有能で賢い経理課長でも金庫の鍵をするのを忘れたことがあった。皆、手落ちのないよう気をつけて万全の注意を払って業務にあたってもらいたい」というような訓示をした。社長にしてみると、経営課長を非難したつもりではなかったのだが、誇り高き経理課長は全社員の前で恥をかかされたと感じたのだろうか、その日のうちに辞表を提出して退社してしまった。そしてそれから1週間後の深夜、事務所に侵入して放火した。経理書類や各種台帳などは消失したが、パソコンは壊されていなかったため、事務には支障はなかったようだ。この事件について、ベトナム人従業員は口をそろえて「社長は間違っている。人前で非難することはなかったはずだ」と言い、日本人社長が悪いのだと指摘した。

このようにベトナム人は絶対に叱ってはいけないし、メンツをつぶすことをすると企業として取り返しのつかないことになるということを肝に銘じて認識

しなければならない。もし注意するのであれば、1対1で話をするなり、食事をしながらでも諭すように話をするのが良い。もしくはベトナム人幹部を通して伝えるのも賢い方法である。その際には、「社長は君を高く評価している」という前置詞を忘れずに言ってもらうと良いだろう。

　また、ベトナム企業との合弁会社の場合、意見の対立や認識の違いが生じることがある。中には紛争にまで発展することもある。この場合、日本企業や外国企業の多くは法律論では我々の主張に理があるとして、弁護士を間に入れて解決しようとすることが多い。しかし、この方法は大抵墓穴を掘ることになる。弁護士を窓口にして法律論で勝っても、事業は停滞し、従業員は離職していくことになる。トラブルが生じた際は、何よりもまず、ベトナム人の心を理解し、理屈ではなく情で解決する方法を考えなければならない。政府は静観し仲介しない。それはベトナム社会が集団指導体制で個人の権限がないからであり、全て合意が必要だからである。

　ベトナム人の国民性をよく理解し、マニュアルをよく理解させ、目的を教え、親切に指導すると、世界一の労働力になる可能性が高いだけに、従業員への対応には注意すべきであろう。

Keyword 20　ベトナムの商習慣を知っておこう

　ベトナムは贈答社会である。贈答品は心を伝えるためのものであり礼儀でもある。例えば、誰かに何かを依頼する際や、企業などを訪問する場合には手土産を持参するのが普通である。ベトナムの訪日団は通常大きな土産物のほかに、小さな品（コーヒーやお茶、絹製品、額入りの刺繍絵など）を持参し、お世話になった人に皆手渡す。そのため、このような訪日団を受け入れる日本企業・機関でも、同様に返礼として記念品を用意すると良いだろう。日本人（企業）が依頼や挨拶のために大臣や市長、局長などを訪問する場合は、相手のランクに応じて贈答品を用意するほか、会議や応接に出てくる皆に個々のお土産を用意すると良い。日本の富士山の額や日本人形、菓子、季節によってカレンダー、また奥様への土産品（日本製の高級化粧品など）が喜ばれることもある。

　仕事を少し進めたり、依頼事項を前進させるためには食事に誘うと良い。一緒に食事をすることは相互信頼の証である。相手が食事に誘ってくれるのは好

第2章 これだけは知っておきたいベトナム20のキーワード

意的に感じてくれている証で、逆に断られれば脈がないと考えてよいだろう。

公式訪問した場合は、公文書で御礼の挨拶をすることが大切である。ベトナム人でも常識的な人は必ず礼状を書いて送付してくる。外国人であってもこの習慣は大事にしたい。

ベトナム人は、付き合いたい相手を自宅に招くことが多い。このような場合、親戚などが集まっていることがあるので、可能であれば奥様や子供たちへのお土産があると良いだろう。このような場では、遠縁の人でも一族の成功者が参加し自分の社会的立場の優位性を誇示することがある。

仕事の話をしている際、大臣や副大臣などに会いたいというと、その人は親戚だとか、よく知っているなどと言われることが多い。外国の投資家は相手の社会的なステイタスや家柄などを誤って信じ込んでしまい失敗することがある。ベトナム人は、よく知らない人や知らない情報を「知っている」と言うことが多いので、この国民性には注意しなければならない。

ベトナム人は人や仕事を紹介した場合、必ず御礼をする習慣がある。これは賄賂ではなくベトナム社会の慣例である。ベトナムにおけるビジネスで、多くの日本人が直面する問題がキックバックやバックマージンなどの仲介手数料であろう。ベトナムではさまざまな取引きにおいて間に入った紹介者が、キックバックやバックマージンを得ることが商習慣としてある。それは会社の業務にさまざまな波及を招く。

また、ベトナムでは、日本では常識とされる「ほうれんそう（報告・連絡・相談）」を実行する習慣がない。多くの従業員はこのような対応をした経験がなく、その重要性が理解できないのが通常である。そのため、勝手な個人の判断で問題を解決しようとし、さらにトラブルを大きくしてしまうケースも見受けられる。「ほうれんそう」の文化を根付かせるためには、その重要性を根気よく伝え、会社全体で取り組む姿勢を維持することが必要である。

ベトナム人、ベトナム企業の特徴として、物事の見方が短期的で（長期的な対応ができない）、計画性が乏しい（将来的な計画より現状で動くことを重視）ことが挙げられる。これは、長期にわたる戦争を繰り返してきたベトナムの歴史から、常に「先のことではなく、今をどうするか」の選択が迫られてきたベトナム人の体質からくるものなのかもしれない。よく言われる言葉で、「明日

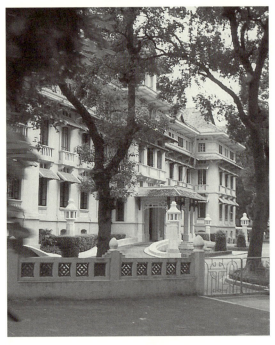

ハノイにある計画投資省（MPI）の建物

の 100 ドルより今日の 10 ドル」というものがある。明日のことはわからないから、100 ドルよりまずは今日もらえる 10 ドルをもらっておいたほうが良い、という考え方である。同様に、名前の知られた一流会社よりも、1 ドルでも給料の高い会社に転職しようとするのも、同じ思考回路と言えるかもしれない。

　ベトナムでは女性の社会進出が多い。国営企業の社長や政府の高官にも女性が多く、大臣 18 名のうち 2 名が女性である。女性社長と知らず対応し失敗した例も多いので気をつけた方が良い。

　ベトナムでのビジネスは午前中に集中することが多い。朝食を家では食べず外部で仕事を兼ねてとる場合や出勤途中で済ませることが多く、朝早くから働く分、午後の仕事の比重は小さい。そのため、大事な商談は午前中に行う方が良い。最近、外国企業の進出が増加しベトナムの習慣（働き方）がすたれてきてはいるものの、国営企業や官庁などでは主要な打ち合わせなどは午前中に集中しているようである。

第3章

ベトナムの基礎知識

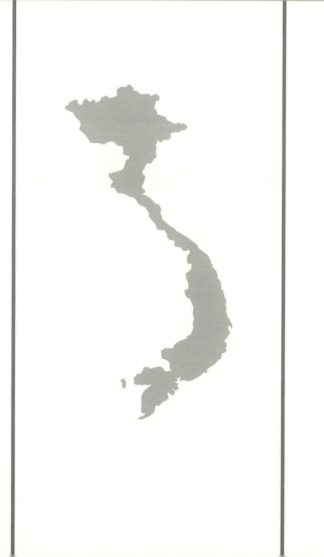

ベトナム社会の概要

【国家概要】

人口：9,073万人（2014年）
　　　ハノイ（首都：約690万人）、ホーチミン市（約780万人）、
　　　ダナン市（約99万人）
面積：33万1,211km2（日本の約90％）
民族：キン族（越人）90％、中国系3％、その他54の少数民族
宗教：仏教80％、カトリック教10％
教育：教育制度は5（小）、4（中）、3（高）制、義務教育は小学校のみ
識字率：男性95.7％、女性91.0％
失業率（都市部）：3.43％（2014年）
気候：北部：亜熱帯（短い冬と春がある）
　　　南部：熱帯モンスーン帯
通貨：ベトナム・ドン
　　　1ドル＝2万1,223ドン、1円＝180ドン（2015年1月26日現在）

【国土と行政区画】

● **行政区画は5直轄市と58省で構成**

　ベトナムの国土は、インドシナ大陸の東側に位置し、東側は南シナ海に面しており、3,000kmを超える海岸線を有している。一方で、西側は標高1,000mから2,000m程度のチュンソン山脈が海岸まで迫っており、北部の紅河デルタと南部のメコンデルタを除いては山がちである。とりわけ中部では平地は少ない。中国と国境を接する北部には、ベトナムで最も高いホアン・リエン・ソン山（標高3,143m）があるなど、山岳地域が続いている。これらの山岳地域には少数民族が多く生活している。

　ベトナムは現在5つの中央直轄市と58の省からなる。中央直轄市と省は日本の県と同等な規模である。省の下に県（日本の郡に相当）、その下に市町村があり、それぞれ役所を持つ。人口は、首都ハノイを有する北部の紅河デルタ、

第3章 ベトナムの基礎知識

ホーチミン市周辺、南部のメコンデルタ、及び中部のダナン市周辺に集中している。もともと、ベトナム北部は人口稠密であり、南部は人口希薄であった。1990年代までは政策的に人口移動を行い、北部紅河デルタの人々を南部の中部高原などに人口を移動させ、国土の均一的な発展を図ってきた。

ベトナムは1986年のドイモイ（刷新）政策導入以降、市場経済化と国際化を推進し、ホーチミン市周辺に工業団地（EPZ・IZ）を作り、積極的に外国企業を誘致した。その結果、産業集積が起こり、人口が増加し、街は活況を呈するようになった。ホーチミン市周辺に次いで現在はハノイ周辺にも工業化の波が押し寄せており、工業化と国際化が進んでいる。したがって、ホーチミン市とハノイの人口は他の地域に比べ急拡大している。

【ベトナムの人口】

● 人口と人口成長率の推移

ベトナムの人口は2003年には8,000万人を突破し、現在9,000万人（うち、都市部は3,003万人）を突破している。ベトナムはASEAN諸国の中でインドネシアに次いで2番目に人口の多い国である。

人口増加率は2004年に1.40％、2006年に1.26％（2014年は1.08％）と低下してきている。ハノイやホーチミン市などでは高学歴化による晩婚化の傾向も見られる。また、2014年の調査によると合計特殊出生率（1人の女性が一生の間に産む子供の数）は2.09で、出生率（1,000人当たりの出生数）は17.2％、死亡率（1,000人当たりの死亡数）は6.9％である。一方、ベトナム人の平均寿命は73.2歳（男性が70.6歳、女性が76.0歳）であった。

現在のベトナムはオートバイが交通手段の主流になっているが、間もなくモータリゼーションが起こるものと予想される。ホーチミン市周辺の豊かさは急拡大しており、新たな大型消費市場としても注目されている。

EPZ・IZ
EPZ（Export Processing Zone）とは輸出加工区の略。IZ（Industrial Zone）とは工業団地の略。EPZには、関税ゼロで生産した製品の100％を輸出する企業が入居。

図表3-1　ベトナムの行政区分地図

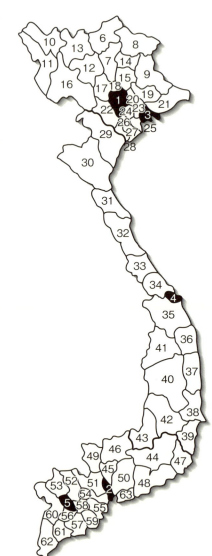

5特別市（中央直轄市）
1 Ha Noi　首都ハノイ
2 Ho Chi Minh City　ホーチミン市
3 Hai Phong　ハイフォン
4 Da Nang　ダナン
5 Can Tho　カントー

58（地方）省
〈北部〉
6 Ha Giang　ハザン
7 Tuyen Quang　トゥイエンクワン
8 Cao Bang　カオバン
9 Lang Son　ランソン
10 Lai Chau　ライチャウ
11 Dien Bien　ディエンビエン
12 Yen Bai　イエンバイ
13 Lao Cai　ラオカイ
14 Bac Kan　バックカン
15 Thai Nguyen　タイグエン
16 Son La　ソンラ
17 Phu Tho　フートー
18 Vinh Phuc　ビンフック
19 Bac Giang　バックザン
20 Bac Ninh　バックニン
21 Quang Ninh　クワンニン
22 Hoa Binh　ホアビン
23 Hai Duong　ハイズオン
24 Hung Yen　フンイエン
25 Thai Binh　タイビン
26 Ha Nam　ハナム
27 Nam Dinh　ナムデイン
28 Ninh Binh　ニンビン
〈中部〉
29 Thanh Hoa　タインホア
30 Nghe An　ゲアン

31 Ha Tinh　ハティン
32 Quang Binh　クワンビン
33 Quang Tri　クワンチ
34 Thua Thien Hue　トゥアティエンフエ
35 Quang Nam　クワンナム
36 Quang Ngai　クワンガイ
37 Binh Dinh　ビンディン
38 Phu Yen　フーイエン
39 Khanh Hoa　カインホア
40 Gia Lai　ザライ
41 Kon Tum　コントゥム
42 Dak Lak　ダクラク
43 Dak Nong　ダクノン
〈南部〉
44 Lam Dong　ラムドン
45 Binh Duong　ビンズオン
46 Binh Phuoc　ビンフォック
47 Ninh Thuan　ニントゥアン
48 Binh Thuan　ビントゥアン
49 Tay Ninh　テイニン
50 Dong Nai　ドンナイ
51 Long An　ロンアン
52 Dong Thap　ドンタップ
53 An Giang　アンザン
54 Tien Giang　ティエンザン
55 Ben Tre　ベンチェ
56 Hau Giang　ハウザン
57 Soc Trang　ソクチャン
58 Vinh Long　ビンロン
59 Tra Vinh　チャビン
60 Kien Giang　キエンザン
61 Bac Lieu　バックリェウ
62 Ca Mau　カマウ
63 Ba Ria Vung Tau　バリアブンタウ

● 第3章　ベトナムの基礎知識 ●

図表 3-2　行政区画一覧（中央直轄市）

5 特別市（中央直轄市）			面積（km²）	人口（千人）
	1	首都ハノイ Ha Noi	3,324	6,937
	2	ホーチミン市 Ho Chi Minh City	2,096	7,818
	3	ハイフォン Hai Phong	1,527	1,925
	4	ダナン Da Nang	1,285	993
	5	カントー Can Tho	1,409	1,222

図表 3-3　行政区画一覧（北部）

58（地方）省				
北　部				
		面積（km²）	人口（千人）	省　部
6	ハザン Ha Giang	7,915	771	ハザン Ha Giang
7	トゥイエンクワン Tuyen Quang	5,867	747	トゥイエンクワン TuyenQuang
8	カオバン Cao Bang	6,708	518	カオバン Cao Bang
9	ランソン Lang Son	8,321	751	ランソン Lang Son
10	ライチャウ Lai Chau	9,069	405	フォントー Phong Tho
11	ディエンビエン Dien Bien	9,563	527	ディエンビエンフー Dien Bien Phu
12	イエンバイ Yen Bai	6,886	772	イエンバイ Yen Bai
13	ラオカイ Lao Cai	6,384	657	ラオカイ Lao Cai
14	バックカン Bac Kan	4,859	303	バックカン Bac Kan
15	タイグエン Thai Nguyen	3,536	1,156	タイグエン Thai Nguyen

図表 3-3 （続き）

		面積（km²）	人口（千人）	省　部
16	ソンラ Son La	14,174	1,149	ソンラ Son La
17	フートー Phu Tho	3,533	1,351	ベトチ Viet Tri
18	ビンフック Vinh Phuc	1,239	1,030	ビンイエン Vinh Yen
19	バックザン Bac Giang	3,850	1,593	バックザン Bac Giang
20	バックニン Bac Ninh	823	1,114	バックニン Bac Ninh
21	クワンニン Quang Ninh	6,102	1,185	ホンガイ Hon Gai
22	ホアビン Hoa Binh	4,609	808	ホアビン Hoa Binh
23	ハイズオン Hai Duong	1,656	1,748	ハイズオン Hai Duong
24	フンイエン Hung Yen	926	1,152	フーイエン Hhu Yen
25	タイビン Thai Binh	1,571	1,788	タイビン Thai Binh
26	ハナム Ha Nam	861	794	ハナム Ha Nam
27	ナムディン Nam Dinh	1,653	1,840	ナムディン Nam Dinh
28	ニンビン Ninh Binh	1,378	927	ニンビン Ninh Binh

図表 3-4　行政区画一覧（中部）

		中　部		
		面積（km²）	人口（千人）	省　部
29	タインホア Thanh Hoa	11,131	3,477	タインホア Thanh Hoa
30	ゲアン Nghe An	16,493	2,979	ビン Vinh
31	ハティン Ha Tinh	5,997	1,243	ハティン Ha Tinh
32	クワンビン Quang Blnh	8,065	863	ドンホイ Dong Hoi

第3章 ベトナムの基礎知識

図表3-4（続き）

		面積（km²）	人口（千人）	省部
33	クワンチ Quang Tri	4,740	613	ドンハ Dong Ha
34	トゥアティエンフエ Thua Thien Hue	5,033	1,124	フエ Hue
35	クワンナム Quang Nam	10,438	1,461	タムキー Tam Ky
36	クワンガイ Quang Ngai	5,152	1,236	クワンガイ Quang Ngai
37	ビンディン Binh Dinh	6,051	1,510	クイニョン Quy Nhon
38	フーイエン Phu Yen	5,061	883	トゥイホア Tuy Hoa
39	カインホア Khanh Hoa	5,218	1,193	ニャチャン Nha Trang
40	ザライ Gia Lai	15,537	1,360	プレイク Play Cu
41	コントゥム Kon Tum	9,690	473	コントゥム KonTum
42	ダクラク Dak Lak	13,125	1,828	ブオンマトゥオト Buon Ma Thuot
43	ダクノン Dak Nong	6,516	553	ザギア Gia Nghia

図表3-5 行政区画一覧（南部）

		南	部	
		面積（km²）	人口（千人）	省部
44	ラムドン Lam Dong	9,774	1,246	ダラト Da Lat
45	ビンズオン Binh Duong	2,694	1,803	トゥザウモト Thu Dau Mot
46	ビンフォック Binh Phuoc	6,872	923	ドンソアイ Dong Xoai
47	ニントゥアン Ninh Thuan	3,358	587	ファンラン Phan Rang
48	ビントゥアン Binh Thuan	7,813	1,201	ファンティエット Phan Thiet
49	テイニン Tay Ninh	4,033	1,096	テイニン Tay Ninh

図表 3-5 （続き）

		面積（km²）	人口（千人）	省　　部
50	ドンナイ Dong Nai	5,907	2,769	ビエンホア Bien Hoa
51	ロンアン Long An	4,492	1,470	タンアン Tan An
52	ドンタップ Dong Thap	3,379	1,680	サデク Sa Dec
53	アンザン An Giang	3,537	2,155	ロンスイエン Long Xuyen
54	ティエンザン Tien Giang	2,509	1,703	ミトー My Tho
55	ベンチェ Ben Tre	2,360	1,262	ベンチェ Ben Tre
56	ハウザン Hau Giang	1,602	774	ビタイン Vi Thanh
57	ソクチャン Soc Trang	3,312	1,308	ソクチャン Soc Trang
58	ビンロン Vinh Long	1,520	1,041	ビンロン Vinh Long
59	チャビン Tra Vinh	2,341	1,028	チャビン Tra Vinh
60	キエンザン Kien Giang	6,349	1,739	ラクザ Rach Gia
61	バックリィェウ Bac Lieu	2,469	877	バックリィェウ Bac Lieu
62	カマウ Ca Mau	5,295	1,220	カマウ Ca Mau
63	バリアブンタウ Ba Ria Vung Tau	1,990	1,053	ブンタウ Vung Tau

出所：ベトナム統計総局
＊面積・人口基準は 2013 年数値。

• 第3章　ベトナムの基礎知識 •

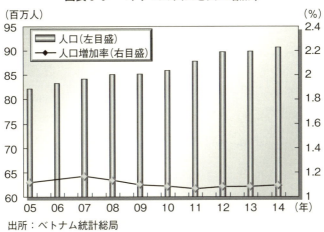

図表 3-6　ベトナムの人口と人口増加率

出所：ベトナム統計総局

【ベトナムの気候】

● 南部・中部・北部で地域差がある

● 南部の気候

　雨季の後半は雨が一日中続くことがあるが、基本的に日本の梅雨のように一日中降り続くことはなく、夕方一時的にスコールのように降っては止んで晴天になる。人々は日中の暑い時間帯を避けて、スコールが終わり涼しくなった夕方以降、買い物などに出かけていく。雨季に入る前の3月から4月頃は降水量が少なく、1年を通して最も暑い時期となる。気温は、1年中常夏であり、冬でも半袖で過ごすことができる。ホーチミン市の東 200km の中部高原に位置するダラットは標高 1,500m であり、ホーチミン市からの避暑地として多くの人が訪れる。

● 中部の気候

　中部では9～12月が雨季にあたり、特に9～11月は毎年洪水災害になるほど雨が降ることもある。また、中部はこの時期に、数回台風の影響を受けることがある。雨季の間はジメジメする日があるが、北部や南部に比べて比較的乾燥している。夏の間は暑く 35 度を超える日も多い。9～5月の時期には最低気温

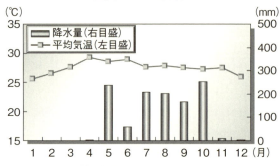

図表 3-7　南部気候

出所：ベトナム統計総局

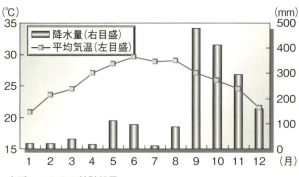

図表 3-8　中部気候

出所：ベトナム統計総局

が20度を下回ることもあり、肌寒い日もある。ただ、気温の低い日が長続きすることはない。中部の主要都市は海岸に近く、南シナ海からの風が強い日がある。とりわけ冬場は、風が強くサーフィンの国際大会が行われるほどである。

- **北部の気候**

　南部と同様、5月から10月頃までが雨季にあたる。10月から2月かけては、気温も15度以下まで下がることもあり、日中は半袖でも夕方になると上着が必要となる。最も寒いときには、セーターなどの防寒対策が必要となり、また、室内でも暖房が必要となるときもある。夏場は気温も30度を超え、最高気温は40度に迫るほどである。また夏の間は湿度も高く、蒸し暑くなる。北部の

第 3 章　ベトナムの基礎知識

図表 3-9　北部気候

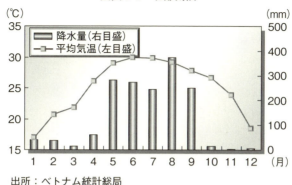

出所：ベトナム統計総局

山岳部に位置する海抜 1,480 メートルの都市、サパは夏でも朝晩はかなり冷え込むので防寒着が必要となる。冬には 0 度以下まで下がることもある。

北部でも年間を通して数回台風の影響を受けることもある。

【国家予算】

● 歳出は社会・経済サービスに重点を置く

ベトナムでは 2000 年より「予算法」が施行されており、国家予算を安定化し、税収を確保することで、健全な財政活動を展開するということを主な内容としている。2012 年の国家予算は歳入が 743 兆ドン、歳出が 905 兆ドンであった。歳入については、国営企業から 143 兆億ドンが納付された。国営企業を健全化することができれば、国家への貢献も大きなものであると政府は考えている。一方、オイル歳入は 140 兆ドンにまで拡大した。しかし原油は国際価格に左右されるため、国の収入を原油に依存する危険性を指摘する声もある。

歳出では、インフラ整備など開発投資よりも社会・経済サービスに重点が置かれ、歳出の 67 ％が充当されている。中でも教育訓練分野が最も多く、152 兆ドンとなっている。この中に含まれるのは教職員給与、教育施設補助、貧困層への学費補助などである。

図表 3-10　ベトナムの国家予算（2012 年度）

（単位：10 億ドン）

歳　入		歳　出	
国内歳入（オイル除く）	467,430	開発投資	195,054
国営企業からの歳入	143,618		
外資企業からの歳入	82,910	社会・経済サービス	610,636
非国営企業からの歳入	93,642	教育・訓練	152,590
農業用地使用税	69	健康管理	54,500
所得税	44,970	科学技術・環境	7,242
ライセンス税	11,820	放送・テレビ	10,535
環境保護税	12,680	年金・社会救済	96,624
各種費用	8,198	経済サービス	61,719
土地・住宅からの歳入	53,952	一般公共管理	87,060
その他歳入	15,571		
オイル歳入	140,107		
関税歳入	127,828	金融積立基金への加算	100
輸出入税・特別消費税	42,028		
輸入における付加価値税	55,809		
援助	7,825		
合　計	743,190	合　計	905,790

出所：ベトナム統計総局
＊歳入の数字は最終報告による

　なお、2014 年 11 月に閉幕した第 13 期第 8 国会で成立した 2015 年の国家予算案は、歳入が 921 兆 1000 億ドン（432 億 7400 万米ドル規模）、歳出が 1147 兆ドン（538 億 8700 万米ドル規模）となっている。赤字の 226 兆ドンは IMF が許容する GDP の 5％相当である。

【カントリーリスク】

● 政治・社会リスクは低いが、経済リスクは高い

　格付投資情報センターが発行した『R＆I カントリーリスク調査（2014 秋号）』では、ベトナムは 2014 年 7 月調査で 100 カ国中で 30 位にランクされた。

● 第3章　ベトナムの基礎知識 ●

図表 3-11　ベトナムのカントリーリスク推移

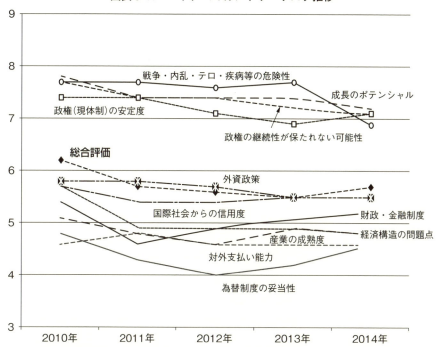

出典：格付投資情報センター『R&Iカントリーリスク調査（2014秋号）』のデータを
　　　基に、当研究所にて作成
＊①各年7月の調査データを採用
　②評点は1〜10点で数字が大きいほどリスクが小さくなる

　項目別で見ると、「成長のポテンシャル」が最も高い評点を獲得しており、次いで「政権の安定度」、「政策の継続性が保たれない可能性」、「戦争・内乱・テロ・疾病等の危険性」の低さなど社会情勢の安定性が評価されている。一方、ほとんどの項目が年々評価を高める中、為替、対外支払い能力、産業の成熟度、経済構造の問題点については相変わらず評価が低い。今後これらの高いリスクを少しでも低減させる努力を続けることが、世界経済システムの中で生き残っていくためには重要になる。

2 ベトナム経済の概要

【ベトナム経済の特徴】

● 国際化に伴い大きな変化

　ベトナムは、1990年代前半にドイモイ路線の一層の進化を受けて経済成長が加速し、9％台の高い成長を達成した。しかしその後、1997年のアジア通貨危機の影響により成長が鈍化し、1999年にはその率が4.8％にまで低下した。2000年以降は成長が回復したが、2007年にWTOに正式加盟するとその勢いは再び鈍化することになる。

　WTO加盟は、ベトナムにとって国際経済という未経験の大きな枠組みの中での経済運営を迫るものであり、ベトナムはさまざまな局面での大幅な政策転換を余儀なくされた。加盟当初は、これを契機に貿易も投資も拡大するとの楽観論の声が大きく、実際に7.13％の高成長を遂げた。しかし、2008年に入ってからは、世界の原油及び食糧の価格高騰のあおりを受け、また国際社会のネガティブ要因から大きな影響を受け、成長が鈍化した。特に最近の経済成長は5～6％の低成長にとどまっており、なかなか中進国からテイクオフできずにいる。一時は不動産や株式のバブル景気に踊らされた感もあったが、現在は国際社会での生き残りをかけた、実質的な国内産業及び企業の強化が急務である。

　2014年11月、ズン首相は政府定例会議で2014年の経済成長率が5.8％超を達成する見込みであると発表した（実際は5.98％）。また、2015年の成長目標を6.2％とし、為替や財政、貿易、インフレが健全に維持されており、マクロ経済は安定性を増していると強調した。しかし実際は、7～8％成長を達成しないと途上国の罠からは脱出できない。おりしも、2015年はASEAN統合の年であり、経済のブロック化は今後ますます進む。そんな中で、ベトナム経済がいかに生き残っていけるかが直面する今一番大きな課題である。

　一方、地域格差の拡大も懸念されている。ホーチミン市、ハノイ、ダナン市などの都市部では、1人当たりのGDPが4,500米ドル、3,000米ドル、2,800米ドル程度で、全国平均（1,896米ドル）を大きく上回っている。しかし、山間部を中心に依然として貧困率は高く、所得格差は縮小する気配もない。

第3章 ベトナムの基礎知識

図表 3-12 ベトナムの主要経済指標

項目	単位	2005	2010	2011	2012	2013	2014
GDP（現行価格）	兆ドン	839	1,980	2,469	2,950	3,584	3,937
GDP成長率	％	7.55	6.42	6.24	5.23	5.42	5.98
1人当たりGDP	米ドル	639	1,168	1.361	1,594	1,896	2,028
物価上昇率	％	8.4	11.75	18.13	6.81	6.04	1.84
輸出	億米ドル	324.4	722	962	1,146	1,322	1,500
輸入	億米ドル	369.8	848	1,057	1,143	1,313	1,480
外国投資件数	件	922	969	1,091	1,100	1,275	1,588
外国投資総投資額	億米ドル	42.7	177	115.6	78.54	143	156
対日輸出	100万米ドル	4,411	7,677	10,600	13,100	13,600	14,700
対日輸入	100万米ドル	4,093	8,969	10,200	11,700	11,600	12,600
日本からの投資件数	件	107	114	208	270	291	298
日本からの総投資額	100万米ドル	437	2,040	1,849	4,007	1,295	1,209

出所：ベトナム政府資料などを基に当研究所にて作成
注：外国投資及び日本からの投資の数字は新規投資のみ（増資分は含まず）

　また、ベトナム経済の特徴として、海外在住ベトナム人（越僑）からの海外送金の存在も見逃せない。年間50億米ドルとも100億米ドルとも言われる巨額の資金が国内に流入しており、それがベトナム経済の底力となって国内投資や消費の拡大につながっている。
　ベトナムの経済はこれまで国際化をすることで成長を続けてきた。国民生活もグローバル化が豊かさに貢献してきた。したがって、ベトナム政府、国民共々、グローバル化を強力に推進することこそ国益につながると認識している。しかし、多国間のFTA、EPAへの積極的な参加は、実力の伴わない（産業集積が欠如し、付加価値が低い）ベトナムには負担になるとの見方がある。だが、ベトナム政府は早期にTPPへの協議に参加するなど国力以上の国際化を進めようとしている。

図表 3-13　GDP 成長率と 1 人当たりの GDP 推移

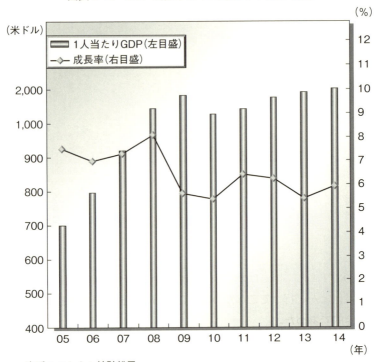

出所：ベトナム統計総局
注：2010年基準価格

図表 3-14　分野別 GDP 成長率

(単位：%)

	2007	2008	2009	2010	2011	2012	2013	2014
GDP 成長率	7.13	5.66	5.40	6.42	6.24	5.25	5.42	5.98
（農林水産）	3.96	4.69	1.91	3.29	4.02	2.68	2.64	3.49
（工業・建設）	7.36	4.13	5.98	7.17	6.68	5.75	5.43	7.14
（サービス）	8.54	7.55	6.55	7.19	6.83	5.9	6.57	5.96

出所：ベトナム統計総局
注：2010 年基準価格

【生産品の特徴】

● 外資の進出で電機などの工業製品の生産が急増

　分配経済の時代には重工業中心の産業育成だったため、経済水準が低いにもかかわらず鉄鋼の生産も行われてきた。近年は、繊維や縫製品などの労働集約型生産物がこれまで中心であった。

　ベトナム国内で消費される消費財は輸入に頼っていたものがこれまで多かった。徐々に国内での原料供給体制や生産設備が整備されることにより生産を開始するなど、輸入代替的な産業も育ちつつある。例えば、これまで化学肥料は輸入が主体であったが、南部に火力発電所が完成し、その副産物として化学肥料原料が供給されるようになったことにより、化学肥料の国産化が開始された。

　1990年代中頃からは活発な外国企業の進出により、電機・電子産業などの製造業による生産品が急増した。しかし、これらの企業の大半は、部品を輸入し製品を輸出する形での進出が中心であり、ベトナム国内市場をターゲットとした生産はほとんど行ってこなかった。これらの外国企業へ供給される部品の生産も限定的であった。

　徐々にでもベトナム国内での裾野産業の育成が進めば、外国企業の部品の国内調達率も上昇し、今後は部品の生産も増加するものと見られる。また、今後ますます日用品や住宅向け建設資材など、ベトナム国内での消費財の生産が拡大するものと思われる。

【インフレ率】

● 今後もインフレ動向には留意

　2000年代に入り、2000年、2001年とマイナス基調にあったインフレ率は、その後、政府の政策通り、ほぼGDP成長率以下に抑制されてきた。しかし、2007年に投機目的の不動産購入の増加や、慢性的な供給不足による不動産価格の高騰を受け再びその率が上昇し、2008年になってもその傾向が続いた。上昇率を品目別に見ると、食品が34％と最も高く、次いで建設用資材（22％）、運輸（15％）などとなっており、特に主食のコメの価格上昇は国民生活に直結するだけに深刻であった。

図表 3-15　工業生産品目

品目	単位	2014年	前年同期比（%）
石炭	1,000 トン	4,349.7	101.1
原油	〃	1,430.0	101.8
天然ガス	100万 m³	930.0	104.8
液化ガス	1,000 トン	55.0	91.7
水産加工食品	〃	185.4	109.4
生乳	100万ℓ	87.5	120.9
粉ミルク	1,000 トン	8.2	96.2
精製糖	〃	245.4	100.6
グルタミン酸ソーダ	〃	21.8	100.5
家畜用飼料	〃	937.2	103.2
漁業用飼料	〃	302.5	107.8
ビール	100万ℓ	296.7	108.1
紙巻タバコ	100万包	395.0	87.5
綿布	100万 m²	30.4	116.9
ポリエステル・人工布	〃	62	105.4
衣服	100万着	264.9	109.1
人工皮靴	100万足	23.6	119.0
尿素肥料	1,000 トン	193.9	105.0
NPK混合肥料	〃	303.7	102.5
化学塗料	〃	54.7	105.9
シャンプー・コンディショナー	〃	6,067.3	102.4
セメント	100万トン	5.7	105.2
粗鋼	1,000 トン	263.8	101.9
積層鋼	〃	358.1	123.0
棒鋼・角鋼	〃	305.2	107.3
携帯電話	1,000 台	19.7	167.5
テレビ	〃	444.4	118.0
自動車	〃	13.5	129.0
バイク	〃	325.4	91.4
発電	100万 kwh	11.3	112.7

出所：ベトナム統計総局

● 第3章　ベトナムの基礎知識 ●

図表3-16　インフレ率（CPI）の推移

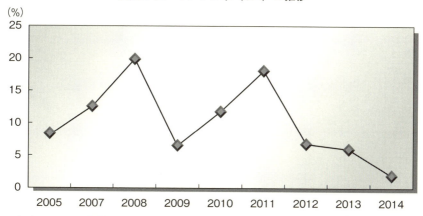

出所：ベトナム統計総局
注：数字は、各年の12月の数値を前年同月と比較したもの。

　このような状況において、ズン首相は関係閣僚会議にてインフレ抑制を最優先課題であるとし、中央政府はもとより地方政府も一丸となってこの難局を乗り切るよう指示した。また、このような異常とも言える物価上昇に歯止めをかけるため、鉄道・バス料金、上下水道料金、電気料金、石炭価格、石油関連価格、セメント価格、学校の授業料、医療費（診療報酬および薬代）などの公共料金の一時的な凍結を指示したこともあった。

　このようなインフレの加速は国民生活に大きな負担となり、労働者の賃上げ要求が多くの外資企業で行われたことは記憶に新しい。その後も、2010年、2011年と再びインフレが加速したが、2012年以降は落ち着きを取り戻している。

　このようなインフレが起こる要因としては、ベトナムの特徴として、現在の資金流通量が国の規模に見合わないほど少ないことが挙げられる。そのため、ベトナム政府が景気を回復させようと資金量を増加させるとインフレが発生する仕組みになっている。インフレは社会主義国特有のものであるが、今後ベトナムが国際化促進を図る中で資金需要がますます拡大することを考えると、インフレが再び加速する可能性が高いことを留意しておく必要があるだろう。

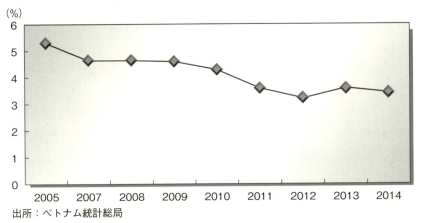

図表 3-17　ベトナムの失業率（都市部）

出所：ベトナム統計総局

【失業率】

● 好調な経済状況を背景に低下傾向にある

　ベトナムの失業率は、アジアの通貨危機が生じたあと 1998 年頃をピークに高まったが、その後、好調な経済状況を背景に失業率は年々低下してきている。地域別にみた場合、都市部での失業率は高く、農村部では低くなっている。就業機会を求めて都市部へ人口が流入しているが、求人と就職のミスマッチが起こっている。ベトナムの失業者は高学歴者にまで及んでおり、とりわけ農村部では大学卒の者が農作物の収穫などの労働集約的な産業に従事するなどの問題が生じている。

　就業機会が最も増加しているのは外国企業や民間企業であり、ベトナムへの投資ブームを受けて、今後もベトナムの労働環境は一層改善していくもとの期待されている。

【越僑パワー】

● 送金額・投資額が増加の一途

　現在、全世界中に 270 万人の越僑が暮らしている。そのうち 30 万人は大卒以上の学歴を持ち、中には世界でもトップクラスの科学者も少なくない。近年、

第3章 ベトナムの基礎知識

越僑の投資は不動産投資にも多い

　ベトナムを訪れる越僑も年々増加している。しかし、海外で得た国籍を捨てる越僑は少ない。

　2004年の越僑によるベトナム国内への送金額は、前年比20％増の32億米ドルと記録的な伸びをみせた。これは2005年の政府開発援助（ODA）28億米ドルに匹敵する額となっている。2005年には、対前年比25％増の40億米ドルとなり過去最高額となった。

　越僑からの送金が増え続ける理由は、ベトナム人の海外就労が増加していることや、ベトナム政府の金融規制緩和を背景に送金サービス会社が増えたことである。なお、現在の送金額は50億米ドルとも100億米ドルとも言われている。

　また、投資環境の改善により、越僑によるベトナムへの投資額はIT関連産業を中心に拡大しており、ベトナムの経済成長に大きく貢献している。現在、ベトナムのパスポートを所持している場合と、ベトナム国籍を持たず旅券に代わる証明書のみ所持している場合のいずれも、越僑の投資手続き基準を統一すること、さらに越僑の技術専門家が市内のハイテク工業団地で勤務する際には、VISA発給や待遇面で便宜を図ることなどが進められている。

● **外国人の入国状況も増加基調にある**

2014年の訪越者を見ると、トップが中国で、次いで韓国、日本となっており、日本からの訪問者は64万人と全体の7.3％を占めている。

宿泊施設も年々増加傾向にあり、2012年現在その数は1万5,000ヵ所となり、部屋利用率は約6割である。

図表3-18　ベトナム訪問外国人の推移

		2013年			2014年	
		千人	前年比増加率		千人	前年比増加率
1	中国	1,908	33.5	中国	1,947	2.1
2	韓国	749	6.8	韓国	847	13.3
3	日本	604	4.8	日本	647	7.3
4	米国	432	−0.26	米国	443	2.7
5	台湾	399	−0.25	カンボジア	404	18.1
6	カンボジア	342	3.1	台湾	388	−2.5
7	マレーシア	340	13.5	ロシア	364	22.4
8	オーストラリア	320	10.3	マレーシア	332	−1.9
9	ロシア	298	71.1	オーストラリア	321	0.5
10	タイ	269	19.1	タイ	248	−8.2
	合計	7,572	10.6	合計	7,874	4.0

出所：ベトナム統計総局

図表3-19　宿泊施設数

	2008	2009	2010	2011	2012
宿泊施設数	10,406	11,467	12,352	13,756	15,381
（前年比増加率）	14.6	10.2	7.7	11.4	11.8
部屋数	202,776	216,675	237,111	256,739	277,661
（前年比増加率）	13.7	6.9	9.4	8.3	8.1
部屋利用率	59.9	56.9	58.3	59.7	58.8

出所：ベトナム観光総局

第4章

投資動向と投資環境

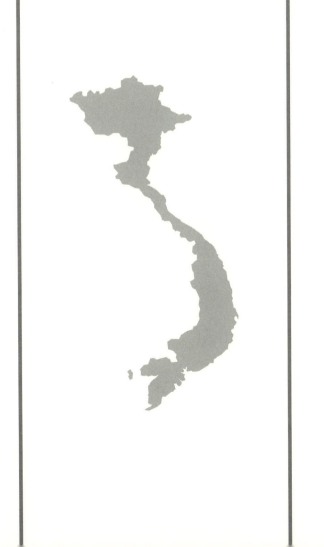

【新規投資】

● 1990年代半ばから第1次ブームが始まる

　ベトナムへの投資は、当初、華僑と華人が牽引した。すなわち、台湾や香港そしてシンガポールからの投資が主流であった。当時の投資は商業資本的な投資が多く、そのうえ、投資認可が一種の利権として取引されていた。1993年から1996年頃のベトナムは、「未知の国」というイメージが「魅惑の国」というイメージに塗り替えられ、外国企業が数多く訪問した。当時のSCCI（現在のMPIの前身）はアポイントを予約するのも難しく、投資認可を取得するには困難をきわめた。そのため、投資認可が利権として売買されることもあった。

　ベトナムの外国投資が本格的にスタートしたのは1993年以降である。1986年にドイモイ政策が導入され、全方位外交がスタートした。翌1987年に外国投資法が制定され、実質的な外国投資は1988年に始まった。しかしながら、当時の投資は旧ソ連の友好国からだけであった。1991年に旧ソ連が崩壊すると、ソ連からの支援に頼れなくなったベトナムは西側諸国との関係強化に乗り出す。翌1992年に日本がODAを再開し、米国のエンバーゴ（経済制裁）の第1次解除が行われたが、翌1993年頃からベトナムへの世界の国々からの関心が高まるようになった。

　投資が本格化したのは1990年代半ばであるが、その「ベトナムブーム」以前に外国企業が入居しやすい場所となると、台湾企業が開発したホーチミン市のタントゥアン輸出加工区（EPZ）か、かつて米軍の倉庫があった同市に隣接するドンナイ省のビエンホア工業団地（IZ）しか存在しなかった。そのため、苦労して現地政府と折衝し、一般地域に進出した企業も数多くあった。当時は、投資窓口も現在のように一本化しておらず、申請手続きに多くの時間と手間を要した。

　1990年代半ばを過ぎると、大企業が一気にベトナム進出を開始し、ベトナムへの外国人投資は、1996年、1997年頃ピークを迎える。この時期が第1次

SCCI
国家協力投資委員会（State Committee for Cooperation and Investment）の略。かつては外国企業のベトナム投資の窓口機関であった。

● 第4章　投資動向と投資環境 ●

ベトナムブームである。1998年の投資認可が大きいのはこのためである。ホーチミン市近郊やハノイ近郊を中心として各地に工業団地が計画され、進出しやすい環境が整備された。

また、投資認可権限の一部が各地の人民委員会や工業団地管理委員会に委譲され、認可取得までの時間が短縮されるようになった。しかし、タイに端を発した1997年のアジア通貨危機によってベトナムへの投資は大きくブレーキがかかった。ベトナム政府は、この時期を利用して公務員の再教育や法整備そして投資システムの改善などを行った。また、外国企業による工業団地も完成し、ワンストップサービスも受けられるようになった。その結果、2000年以降次第に投資も回復し、現在は第2次ベトナムブームといわれるほどになった。

図表4-1　外国投資実績

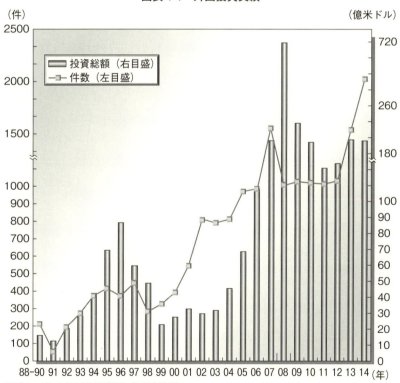

出所：ベトナム計画投資省（MPI）資料
注：投資総額には増資分を含む。

2008年には、新規投資と増資分を合わせて過去最大の投資額である713億米ドルを達成し、2014年には件数が過去最高の2,182件（202億米ドル）を記録した。

【国別投資】

● 日本からの投資は堅調

2014年のベトナム投資実績を見ると、新規投資は1,588件、156億米ドルであった。国別に見てみると、韓国が61億米ドルとトップになり2位以下を大きく引き離す形となった。第2位は香港（中国）で28億米ドル、シンガポールが23億米ドルとなっており、日本からの投資は12億米ドルで第4位である。一方、追加投資は全体で594件、46億米ドルに達し、新規および追加投資を合わせると202億米ドルとなり、2年連続で200億米ドルの大台を記録した。

韓国からの投資が急伸した理由としては、超大手企業であるサムソングループによる3件の大型プロジェクトが総額で54億米ドルに上るなどしたためである。日本からの投資は2013年末現在の累計で、国別でトップであったが、2014年末現在でその地位を韓国に譲っている。

日本企業の場合は、ベトナムを中国やタイへの供給拠点としてとらえており、中国の人件費の高騰ならびに土地代の高騰、そして、工業所有権問題の難しさから、隣国のベトナムへ移転するケースも目立って増えている。

近年、日本からの投資で特徴的なことは、投資の業種がこれまでの電子、化学、自動車部門から、食品部門での進出が増えたことにある。

最近の日本からの食品会社の進出例を見ても、江崎グリコが現地の製菓会社に出資する形で進出したり、大塚製薬が主力商品であるポカリスエットをホーチミン市周辺のスーパーや薬局などに販売するための販社を設立したり、米菓メーカーの亀田製菓も現地の菓子総合企業との合弁事業をスタートしている。飲料メーカーの進出も顕著であった。キリン、サッポロ、サントリーなどが揃って事業拡大し、また食品流通業者として日本で有名な国分も現地の食品卸会社に出資してベトナムに進出した。また冷凍食品メーカーもベトナム市場を先取りして、ニチレイなどが進出を決定している。他にも、新田ゼラチンがロンアン省に凝固剤販売の合弁会社を設立したことも目を引いた。日本ハムも現

● 第4章　投資動向と投資環境 ●

図表 4-2　国別投資実績（2014 年暫定）

（単位：100 万米ドル）

	国名	新規投資		追加投資		合計	
		件数	総投資額	件数	総投資額	件数	総投資額
1	韓国	505	6,128.0	179	1,199.5	684	7,327.6
2	香港（中国）	99	2,803.4	23	199.6	122	3,002.9
3	シンガポール	106	2,310.1	41	489.7	147	2,799.8
4	日本	298	1,209.8	138	840.4	436	2,050.2
5	台湾	85	512.4	54	665.6	139	1,178.0
6	英領バージン諸島	27	398.5	22	125.9	49	524.4
7	中国	99	253.6	26	173.7	125	427.3
8	マレーシア	32	172.8	14	227.5	46	400.3
9	カナダ	11	258.9	1	35.0	12	293.9
10	ベルギー	5	277.2	2	4.2	7	281.3
	その他	321	1,317.9	94	627.2	415	1,945.1
	合　計	1,588	15,642.6	594	4,588.3	2,182	20,230.9

出所：外国投資庁の資料を基に当研究所にて作成
注：2014 年 12 月 15 日現在

図表 4-3　国別投資実績（2013 年 12 月 31 日現在、累計）

（単位：100 万米ドル）

	国名	件数	総投資額
1	日本	2,186	35,179.9
2	シンガポール	1,243	29,942.2
3	韓国	3,611	29,653.0
4	台湾	2,290	28,020.3
5	英領バージン諸島	523	17,152.1
6	香港（中国）	772	12,524.4
7	米国	682	10,696.3
8	マレーシア	453	10,376.3
9	中国	992	7,551.2
10	タイ	339	6,400.9
	その他	2,841	46,624.4
	合　計	15,932	234,121.0

出所：ベトナム統計総局の資料を基に当研究所にて作成
注：総投資額には追加投資を含む

地の食品加工会社を買収して、ベトナムの食肉加工事業に参入している。また、ヤクルトがホーチミン市やハノイなど5都市で販路を拡大しているのも注目である。ファミリーマートの出店に続きイオンも2014年に1号店をオープンしており、ベトナムの消費市場の魅力を先取りする形の進出は今後も続くものと予想される。

【業種別投資】

● 製造業が不動産業を上回る

2014年の外国投資（追加投資を含む）を業種別に見ると、製造業が145億米ドルと全体の71.6％を占め、次いで不動産が25億米ドル（全体の12.6％）、建設が11億米ドル（同5.2％）などとなっている（速報値）。

一時期、オフィス、マンションなどの不動産開発が目立っていたが、ここにきて製造業への投資が目を引く。これは、製造業の場合、現地生産によって生じた利益を追加投資に向けるケースが多く、結果として投資額が増えていることを意味している。ただし、製造業とは言っても国内企業への技術移転はごく少なく、多くは部品・原料を輸入し、現地で安い労働力を活用して生産するにとどまっており、ベトナムの工業化に本当の意味で貢献する企業は少ないものと見られる。

【地域別投資】

● 南部から北部、中部へと拡大

ベトナムへの外国投資は当初南部から開始され、徐々に他の地域へも投資が行われるようになった。2006年には、ラオス、タイ、およびミャンマーを結ぶ東西経済回廊が開通するなど、中部への投資条件は今後ますます改善されていくだろう。

投資先、観光先としてのベトナムが注目されたとき、真っ先にクローズアップされたのがホーチミン市を中心とする南部地域であった。現在のベトナムが17度線を境に南北に分断されていた時代、南ベトナムは資本主義経済を経験していた。そのため、西側諸国に門戸を開いた当時、最も進出しやすいのがホーチミン市だった。現在でも、首都のハノイが政治の中心地だとすると、

第4章 投資動向と投資環境

図表 4-4 業種別投資実績

(単位：100万米ドル)

業種名	2013年 件数	2013年 総投資額	2013年12月31日現在累計 件数	2013年12月31日現在累計 総投資額
農林水産業	13	97.7	500	3,358.8
鉱業・砕石業	4	85.9	82	3,273.6
製造業	719	17,141.2	8,725	125,858.1
電気・ガス・空調など供給	4	2,037.3	92	9,536.2
上水供給・下水道、廃棄物管理など	3	51.1	30	1,285.2
建設業	118	222.3	1,046	10,292.6
卸・小売、自動車・バイク修理	236	628.8	1,125	3,588.2
輸送・倉庫業	29	68.1	382	3,563.1
宿泊・食品サービス	18	248.9	341	10,739.5
情報・通信	117	87.8	937	4,029.6
金融・銀行・保険業	3	1.1	79	1,322.7
不動産業	23	951.9	407	49,043.1
科学・技術	196	437.7	1,526	1,521.5
行政・支援サービス業	7	9.4	120	203.0
教育・訓練	15	127.9	179	742.7
健康・社会事業活動	9	90.0	91	1,339.8
アート・娯楽・レクレーション	8	50.4	142	3,676.2
その他のサービス業	8	14.7	128	747.1
合計	1,530	22,352.2	15,932	234,121.0

出所：ベトナム統計総局の資料を基に当研究所にて作成
注：総投資額には追加投資を含む

　ホーチミン市は経済・商業の中心地となっている。外国投資はホーチミン市からその近隣のドンナイ省やビンズオン省にも広がり、現在では委託加工や労働集約的産業に加え、ITや先端技術など付加価値の高い産業へのシフトがみられるようになった。
　その後、それまで南部に偏重していた外国投資に変化が訪れ、その走りをつくることになったのが日系通信・電子メーカーのハノイ進出である。中国との

図表 4-5 　地域別投資実績

(単位：100 万米ドル)

	地域名	2013 年		2013 年 12 月 31 日現在累計	
		件数	総投資額	件数	総投資額
1	ホーチミン市（南部）	491	1,983.1	4,809	34,852.3
2	バリアブンタウ省（南部）	11	199.9	294	26,502.5
3	ハノイ（北部）	261	1,074.6	2,702	22,404.0
4	ビンズオン省（南部）	125	1,070.0	2,370	19,488.1
5	ドンナイ省（南部）	80	1,163.5	1,162	19,336.2
6	ゲアン省（中部）	5	23.1	52	10,611.7
7	タインホア省（中部）	4	2,924.2	47	10,084.9
8	ハイフォン省（北部）	28	2,614.5	392	9,978.5
9	フーイエン省（中部）	1	0.6	57	8,031.6
10	ハイズオン省（北部）	20	682.5	288	5,966.3
11	バックニン省（北部）	122	1,607.0	416	5,890.9
12	クワンナム省（中部）	6	25.1	84	5,004.3
13	クワンニン省（北部）	9	124.8	104	4,590.6
14	クワンガイ省（中部）	8	89.6	31	4,001.1
15	ダナン市（中部）	37	149.7	280	3,894.2
	その他	322	8,620.0	2,844	43,483.8
	合　計	1,530	22,352.2	15,932	234,121.0

出所：ベトナム統計総局の資料を基に当研究所にて作成
注：総投資額には追加投資を含む

地域別新規投資実績（2014 年）

(単位：100 万米ドル)

	地域名	件数	総投資額
1	タイグエン省（北部）	22	3,250.6
2	ホーチミン市（南部）	381	2,863.7
3	バックニン省（北部）	132	1,426.5
4	カインホア省（中部）	6	1,258.6
5	ハイフォン市（北部）	51	809.3
6	ビンズオン省（南部）	142	697.0
7	ドンナイ省（南部）	86	638.0
8	クワンニン省（北部）	9	577.3
9	ハイズオン省（北部）	34	392.2
10	フンイエン省（北部）	45	372.8
	その他	680	3,356.6
	合　計	1,588	15,642.6

出所：ベトナム統計総局の資料を基に当研究所にて作成

国境に近いベトナム北部は、中国投資とリンクした新たな戦略の可能性を示し、ハイフォンを含めた北部への進出に投資家の目が注がれるようになった。北部投資は「重厚長大」プロジェクトが多いのが特徴である。

2004年になると、南部から北部への流れに新たな風が吹き込まれ、中部地域への関心が集まるようになった。北部ではハノイ近郊のみならず、ハイフォンに通じる国道5号線、中国国境へつながる1号線や3号線、また西に向かう2号線の各沿線の工業団地へと進出先が多様化している。中部ではダナン市が中心だが、2009年のズンクワット石油精製基地の完成に伴い、今後はクワンナム省、クワンガイ省への投資も次第に増えるものと予想される。

観光業への投資も、ホーチミン市だけでなく、多くの観光名所を有する北部のハノイ、世界遺産に指定されている風光明媚なハロン湾、あるいは4ヶ所の世界遺産が集中している中部が注目されている。

【日本からの投資状況】

● 投資件数が増加傾向に

日本からの投資は、急速な円高による海外生産シフトなどもあり、1995年にセメント、家電、自動車、バイク、コンピューター部品などの分野で大手メーカーの進出が集中し、ベトナム投資ブームが生まれた。その後、アジア通貨危機などの影響もあり日本からの投資も一時減少したが、2000年代に入り投資環境の整備が進むにつれて再びベトナム投資に注目が集まっている。

投資額(新規投資)を見ると、年により大きな波がある。2008年には過去最高の72億米ドルを記録し、2012年には40億米ドルとなり国別で初めて首位にたった。しかし、2013年、2014年と12億米ドル規模で推移している。

一方、投資件数は増加傾向にある。これは、近年リース工場などが整備されてきたことで、部品製造などを行う中小企業の進出が盛んになってきたことや、流通業やサービス業などの国内市場向けビジネスが増加していることによるものである。一方、進出済みの大企業は積極的な増資を行っており、それが増資を含む日本からの投資総額全体の増加を後押ししている。

日越間では、ベトナムの投資環境を改善するため2003年より「日越共同イニシアティブ」という交渉の場を設けている。日越双方が投資の障壁となって

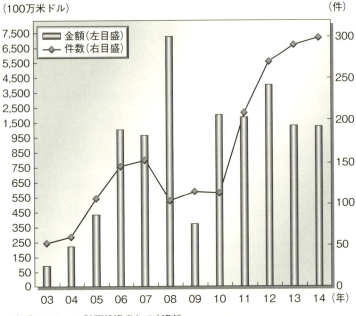

図表 4-6　日本からの投資状況

出所：ベトナム計画投資省(MPI)資料

いるさまざまな課題について協議するもので、法制度、税制など 13 のワーキングチーム、104 評価項目からなる。2014 年 12 月に第 5 フェーズが最終評価を終えた。7 割以上の達成率との評価もあるが、ベトナムの工業化戦略提携（戦略産業分野の裾野産業発展、自動車産業マスタープラン）については、いまだ課題が多く指摘されている。なお、同イニシアティブについては、第 6 フェーズも継続して協議される予定である。

【外国投資の準拠法】
● 国際化に向けた新たな法体系を整備

　第11期第8国会で通過した「共通投資法」「統一企業法」は、ベトナムの国際化に向けた新たな法体系であり、これまでの外国投資法に代わる新しい準拠法である。「共通投資法」では、外国企業・国内企業のベトナム投資（投資形態、手続き、投資家の権利・義務、投資奨励業種、優遇制度など）などを規定している。「統一企業法」では、企業の設立、経営、決算、清算などを規定している。

　これまで外国企業がベトナム投資をする場合の投資形態は、100％外資、合弁そしてBCC（事業協力契約による事業協力）の3形態から選択できたが、今回の法改正により100％外資、合弁、事業協力契約（BCC）、BOTなどから選択することができるようになった。また、これまでの経営形態は有限会社に限られてきたが今後は、有限会社、株式会社、合名会社、私企業から選択可能であり、さまざまな投資・経営形態で投資できる。

　「共通投資法」の主な変更・追加内容は、
- 投資家の知的所有権を保護
- 現地調達率の達成を強制せず
- 国内企業、外資企業間の価格・料金を統一
- 国債、社債、株式購入など間接投資が可能に
- 会社・支店の合併・M&Aが可能に

などである。

　「統一企業法」では、
- 現在の外国投資法第16条による「出資比率（30％以上）」は廃止
- 取締役会における全会一致決議の撤廃。出席取締役の過半数で可決
- 株主の権利強化（特に少数株主）
- 業績評価を明確にして給与・手当てに反映
- 国営企業（一部を除く）は、4年以内に有限会社か株式会社へ移行

などが、主な改正点である。

　これまで投資家の頭を悩ませていた「取締役会における全会一致による決議」が撤廃されるなど、国際的な投資環境が整いつつある。このような変化は

外国投資家にベトナムへの新たな関心を与えており、これまで以上に外国投資プロジェクトを呼び込むことができた。

ベトナム政府ではさらに外国投資の誘致を促進させるため、第13期第8国会で「共通投資法」および「統一企業法」の改正法を通過させた。両法とも2015年7月1日に発効となる。

「共通投資法」の主要改正点は、投資禁止分野を現行の51業種から6業種に削減し、条件付き投資分野を現行の386業種から267業種に削減などとなっている。また、国会常務委員会では国が独占する分野も322業種に削減するよう要請するなど、より投資家にひらかれた投資環境への改善を求めている。

「統一企業法」の主要改正点は、企業登録証明書の発給、企業設立者の司法履歴書の提出免除、国営企業の定義変更（国が全額出資した企業とする）、10人以上の労働者を常時雇用する個人事業者に対する企業設立の義務付け、会社印に関する自主的決定権、国営企業に関する親会社・子会社の経営実績の評価報告の義務付けなどである（詳細は巻末資料参照）。

【ベトナムの税制】

● さまざまな優遇措置を整備

経済の自由化と市場経済の導入に対応するため、ベトナムでは1990年よりさまざまな税法が適用されてきた。ベトナムは税改正の途上にあり、さまざまな修正が現在も懸念となっている。現在の税金には次のようなものがある。

（1）法人税

ベトナムにおける全ての事業形態に適用され、税率は国内企業、外国企業ともに2014年1月より標準税率22％(2016年より20％)が適用されている（前年度売上が200億ドン以下の中小企業は20％）。外国企業に対しては、条件により10％、20％（2016年以降は17％）の優遇税率もある。

標準税率22％が適用されるのは、石油・ガスなどの天然資源への事業以外の外国企業、外国側協力当事者が対象となる。外国投資を引き付けるために、政府は税率の減免措置を新規投資に対して与えている。現在の優遇税率は以下の通りである。

　a）20％税率適用条件（優遇期間10年、その後2免4減）

- 社会的・経済的に困難な地域への投資
- 高級鉄鋼生産、省エネ製品、農林水産業、製塩業、家畜などの飼料生産、伝統製品生産

b）10％税率適用条件（優遇期間15年、その後4免9減）
- 社会的・経済的に特に困難な地域への投資
- 経済特区、ハイテク団地での投資
- 特に重要なインフラ開発、ソフトウェア開発
- ハイテク、科学研究、ハイテク法の優先リストに含まれるハイテク応用プロジェクトなど
- コンポジット素材、軽量建設素材、貴重な素材の生産
- バイオテクノロジー
- 環境保護
- 生産分野で①投資額6兆ドン以上、かつ②投資証明書が発行されてから3年以内に投資し、かつ③初めて売上があった年度から3年以内に年間売上10兆ドン以上のプロジェクト
- 生産分野で①投資額6兆ドン以上、かつ②投資証明書が発行されてから3年以内に全て投資し、かつ③初めて売上があった年度から3年以内に最低3,000人（フルタイム）を雇用するプロジェクト　他

（2）付加価値税（VAT）

付加価値税（VAT）は、ベトナムで行われる製造業、商業、サービスの提供など全ての事業活動に対して課され、税率は0％、5％、10％である。ただし、輸出品と一部の免税品には付加価値税は課されない。

（3）個人所得税

ベトナムでは、居住者（連続する12カ月で183日以上ベトナムに滞在する者、ベトナムに居住所を保有する者）および非居住者の区分により適用税率が異なる。

居住者の税率は次ページの表の通りである。課税所得により5～35％が適用される。一方、非居住者の税率は源泉所得に対し一律20％が課税される。

図表 4-7　個人所得税

年収（単位：ドン）	月収（単位：ドン）	税率（%）
60,000,000 以下	5,000,000 以下	5
60,000,001〜120,000,000	5,000,001〜10,000,000	10
120,000,001〜216,000,000	10,000,001〜18,000,000	15
216,000,001〜384,000,000	18,000,001〜32,000,000	20
384,000,001〜624,000,000	32,000,001〜52,000,000	25
624,000,001〜960,000,000	52,000,001〜80,000,000	30
960,000,001〜	80,000,001〜	35

【日越租税条約】

● 短期滞在者（183日以下）の給与は免税

　日越租税条約とは、日本およびベトナム両国政府が相互主義にもとづき、二国間にまたがり発生する所得について二重課税の控除などを目的として締結された条約のことである。なお、同条約はベトナムの税法より優先され、ベトナムにおいては個人所得税、法人所得税、利益送金税など6種類の税金がその対象となっている。

　日本の居住者がベトナムに出張した場合の給与については、①出張期間が暦年で183日以下の場合、②給与がベトナム居住者以外から支給されている場合、③ベトナムにある恒久的施設から支給されるものではない場合の3条件を満たしている場合は、ベトナムでは免税となる。

　日系企業の現地法人は法人税の課税対象となるが、そのほかにもベトナム国内に支店などの営業拠点がある場合や、ベトナム国内に建設工事現場を保有する場合、据付・組立工事またはそれに関連する活動が6カ月超となる場合、継続する12カ月のうち6カ月超にわたりベトナム国内で役務を提供する場合、ベトナム国内で契約締結代理人や在庫保有代理人を使用して活動する場合なども該当する。

　また、配当、利子、使用料については10％以下という制限税率がある。

第5章

ベトナムの貿易

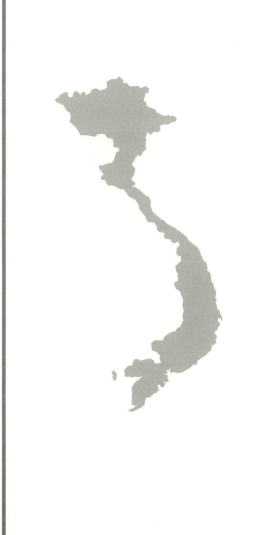

【貿易取引の推移】

● 貿易急増も、貿易収支は改善傾向

　ベトナムの貿易規模は年々拡大傾向にあるが、特に近年は急速に伸長している。2007年に初めて1000億米ドルの大台を突破し、2011年には2000億ドル規模となり、2014年は2980億米ドルにまで達した。この勢いはベトナムの工業化促進と共に今後も続くものと予想される。一方、懸念されていた貿易赤字は、2008年に過去最高の181億米ドルを記録したのを最後に、その後は縮小傾向となり、2012年以降は赤字体質から脱却している。

　2013年の輸出入総額を国別で見ると、中国が第1位（501.7億米ドル）で第2位が米国（290.7億米ドル）、第3位が韓国（273.3億米ドル）となっており、日本がそれに次ぐ第4位（252.4億米ドル）に位置している。

　しかし、今後のベトナム貿易の見通しを安易に予測することはできない。それは、2015年のASEAN統合により実際にどのようなことが起こるかわからないからである。ただ、ベトナム市場の購買力を見込んだ商品流入が大幅拡大することは間違いないものと見られ、貿易量はますます拡大すると見られる。

図表5-1　貿易取引の推移

（単位：億米ドル）

	貿易総額	輸出	輸入	貿易収支
1990	51	24	27	−3
1995	136	54	82	−27
2000	301	145	156	−11
2001	313	151	162	−11
2002	364	167	197	−30
2003	454	202	252	−51
2004	584	265	319	−54
2005	692	324	368	−44
2006	847	398	449	−51
2007	1,113	486	627	−141
2008	1,433	626	807	−181
2009	1,270	571	699	−128
2010	1,570	722	848	−126
2011	2,036	969	1,067	−98
2012	2,283	1,145	1,138	7
2013	2,640	1,320	1,320	0
2014	2,980	1,500	1,480	20

出所：ベトナム統計総局

第5章　ベトナムの貿易

【貿易品目】

● 主要輸出品目

　ベトナムの輸出品目は、かつては原油や農水産物、縫製品、履物などが主力であったが、現在はそれに電話機や電子品、コンピューターなどが目立って増加している。2014年の実績を金額ベースで見ると、①電話機および同部品（240億米ドル）、②縫製品（207億米ドル）、③電子品・コンピューター（116億米ドル）、④履物・サンダル（102億ドル）、⑤水産品（78億米ドル）の順である。

　第1位の電話機および同部品の輸出相手国としては、アラブ首長国連邦、オーストリア、ドイツ、英国、イタリアなどが挙げられている。縫製品の輸出先は主に米国だが、次いで日本、韓国が続く。コンピューターおよび同部品の相手国は中国が最も多く、次いで米国、マレーシアとなっている。

　輸出品目で、金額ベースで前年比20％以上増加しているものとしては、化学品（55.0％増）、果物・野菜類（36.7％増）、コショウ（35.5％増）、コーヒー（30.8％増）、カシューナッツ（22.4％増）、履物・サンダル（21.6％増）、その他の機械・設備・用具・スペアパーツ（20.6％増）がある。

● 主要輸入品目

　ベトナムの輸入品目は、輸出製品生産のために必要な原材料や部品が中心となっている。2014年の実績を金額ベースで見ると、①機械・設備・用具・スペアパーツ（224億米ドル）、②電子品・コンピューター・アクセサリー（187億米ドル）、③布地（95億米ドル）、④石油（76億米ドル）、⑤鋼材（76億米ドル）などが上位に並ぶ。

　前年比での増加率で見ると、最も伸び率が高かったのがバイクで53.1％増となっており、そのうち完成車が117.3％増（約20万台）と大幅に伸びている。そのほか、金額ベースで前年比20％以上増加している品目として、水産品（47.6％増）、木材・木製品（33.6％増）、果物・野菜（28.1％増）、衣類・履物用原材料（25.2％増）、液体ガス（22.7％増）、綿花（22.7％増）、プラスチック製品（22.6％増）、機械・設備・用具・スペアパーツ（20.2％増）がある。

図表 5-2　主要輸出品目の

品目名	輸出相手国	金額	品目名	輸出相手国	金額
宝石、貴重・希少金属および同製品	米国 スイス ベルギー 日本 フランス	277,866 75,852 51,928 44,310 40,545	コメ	中国 マレーシア コートジボアール フィリピン ガーナ	901,861 231,433 228,534 225,436 182,784
電話機および同部品	アラブ首長国連邦 オーストリア ドイツ 英国 イタリア	3,424,426 1,575,099 1,546,440 1,243,135 950,743	木材および木製品	米国 中国 日本 韓国 英国	2,004,135 1,052,000 819,993 328,670 217,958
菓子および米製品	カンボジア 中国 日本 米国 韓国	79,646 39,443 33,271 32,835 26,843	靴	米国 英国 ベルギー ドイツ 日本	2,630,979 543,697 516,483 457,627 389,301
その他の化学製品	日本 インドネシア 中国 カンボジア タイ	133,791 69,211 68,825 54,684 52,765	紙および紙製品	米国 台湾 日本 シンガポール カンボジア	90,050 77,784 77,275 34,470 28,479
コーヒー	ドイツ 米国 スペイン 日本 イタリア	364,693 302,015 191,083 167,607 166,236	縫製品	米国 日本 韓国 ドイツ スペイン	8,611,612 2,382,584 1,640,698 652,297 534,518
ゴム	中国 マレーシア インド 韓国 台湾	1,136,668 517,927 210,744 81,792 79,414	野菜および果物	中国 日本 米国 ロシア タイ	302,611 61,223 51,454 32,856 31,282
プラスチック原料	中国 インドネシア タイ インド カンボジア	160,531 67,393 39,756 23,191 20,991	海産物	米国 日本 韓国 中国 ドイツ	1,462,986 1,115,589 511,856 426,110 206,943
茶	パキスタン 台湾 ロシア 中国 インドネシア	45,950 30,917 19,251 18,990 12,480	カシューナッツ	米国 中国 オランダ オーストラリア カナダ	539,049 300,127 160,294 97,046 61,292
電線およびケーブル	日本 中国 シンガポール 香港（中国） 米国	189,833 113,623 46,124 43,860 43,184	胡椒	米国 ドイツ シンガポール オランダ アラブ首長国連邦	182,840 80,466 63,665 61,512 55,316
原油	日本 オーストラリア マレーシア 韓国 中国	2,088,434 1,646,072 916,207 724,983 668,632	化成品	日本 中国 インド カンボジア 米国	248,209 61,269 61,054 37,143 35,211

第5章　ベトナムの貿易

上位相手国（2013年）

（単位：1,000米ドル）

品目名	輸出相手国	金額
金属一般およびその他の製品	日本	97,926
	米国	91,202
	韓国	81,319
	タイ	47,321
	カンボジア	43,697
カメラ・ビデオカメラおよび同部品	香港（中国）	1,427,916
	韓国	77,594
	台湾	32,867
	日本	32,448
	フィリピン	22,073
その他の機械・設備・用具および同部品	日本	1,212,901
	米国	1,010,127
	中国	373,089
	香港（中国）	368,320
	シンガポール	256,458
コンピューターおよび同部品	中国	2,090,958
	米国	1,474,173
	マレーシア	1,182,134
	オランダ	556,722
	香港（中国）	408,487
輸送手段および同部品	日本	1,858,132
	米国	614,035
	韓国	512,125
	タイ	299,646
	シンガポール	214,338
鉱石	中国	148,900
	日本	22,232
	ロシア	13,256
	ニュージーランド	8,261
	マレーシア	7,733
陶器製品	日本	79,568
	台湾	67,772
	米国	44,233
	タイ	39,441
	カンボジア	23,000
竹製品	米国	52,253
	日本	39,650
	ドイツ	24,351
	オーストラリア	9,889
	ロシア	8,884
ゴム製品	中国	74,351
	日本	61,922
	米国	54,447
	韓国	29,899
	ドイツ	15,734
プラスチック製品	日本	424,350
	米国	213,056
	カンボジア	124,835
	ドイツ	114,743
	オランダ	101,191

品目名	輸出相手国	金額
鉄鋼製品	米国	427,838
	日本	182,317
	ドイツ	97,552
	カンボジア	66,698
	オーストラリア	66,169
キャッサバおよびキャッサバ製品	中国	946,406
	韓国	64,847
	フィリピン	23,327
	台湾	18,542
	マレーシア	13,419
鉄鋼	カンボジア	431,244
	インドネシア	325,816
	タイ	221,803
	マレーシア	198,103
	フィリピン	186,092
石炭	中国	583,063
	日本	160,661
	韓国	82,246
	マレーシア	23,837
	タイ	16,161
ガラスおよびガラス製品	シンガポール	192,618
	マレーシア	100,927
	日本	78,043
	米国	46,752
	中国	44,605
バッグ、財布、スーツケース、帽子、傘	米国	836,255
	日本	235,364
	ドイツ	132,457
	ベルギー	97,898
	オランダ	75,678
ガソリン	カンボジア	607,432
	韓国	154,164
	中国	117,584
	ラオス	106,929
	インドネシア	40,837
糸	中国	900,240
	トルコ	321,811
	韓国	228,693
	インドネシア	77,600
	タイ	68,499

出所：ベトナム統計総局の資料を基に作成

図表 5-3　主要輸入品目の

品目名	輸入相手国	金額
自動車	韓国 中国 タイ ドイツ 日本	171,233 169,009 141,918 65,195 63,571
宝石、高価金属および製品	ベルギー 米国 中国 日本 カナダ	107,205 62,032 43,875 39,675 37,460
大豆	ブラジル 米国 アルゼンチン カナダ	331,742 321,745 40,605 25,196
電話機および同部品	中国 韓国 台湾 スウェーデン 香港（中国）	5,698,009 2,201,039 61,442 18,336 8,149
お菓子および米製品	インドネシア タイ シンガポール マレーシア フィリピン	62,328 39,354 35,276 29,596 19,337
綿花	米国 インド オーストラリア ブラジル コートジボワール	460,160 188,696 83,709 82,487 51,670
ゴム	韓国 カンボジア 日本 台湾 タイ	143,882 112,593 103,171 67,823 55,465
プラスチック原料	韓国 サウジアラビア 台湾 タイ 中国	1,171,899 1,054,581 832,189 503,382 433,275
電線およびケーブル	中国 日本 韓国 タイ マレーシア	363,057 134,403 130,345 59,187 40,854
動・植物油	マレーシア インドネシア アルゼンチン タイ 米国	461,090 100,764 37,632 33,918 10,866
石油	ブルネイ マレーシア	599,740 195,232
薬品	フランス インド 韓国 ドイツ スイス	250,864 247,832 159,344 147,460 115,326
木材および木製品	ラオス 米国 中国 マレーシア タイ	458,886 220,035 200,955 91,820 78,108

品目名	輸入相手国	金額
紙類	インドネシア タイ 台湾 中国 シンガポール	253,588 194,588 185,605 150,278 132,563
家電製品および同部品	タイ 中国 マレーシア 韓国 インドネシア	485,595 206,457 104,048 30,607 23,424
野菜、果物	中国 タイ 米国 オーストラリア ミャンマー	157,834 93,268 56,818 24,162 17,233
水産物	インド 台湾 カンボジア 日本 ノルウェー	168,967 75,696 67,712 57,291 46,432
カシューナッツ	コートジボアール インドネシア シンガポール	196,586 33,412 4,768
化学製品	中国 台湾 韓国 タイ 日本	840,664 442,900 311,335 269,148 226,246
ガス	台湾 クウェート 中国 カタール サウジアラビア	1,221,939 651,725 319,524 154,484 75,224
一般金属類	韓国 中国 日本 オーストラリア 台湾	623,688 575,248 279,057 266,868 238,868
自動車部品	タイ 日本 韓国 中国 インドネシア	494,825 345,855 289,193 220,500 91,766
バイク部品	タイ 中国 インドネシア 日本 台湾	198,894 82,461 65,459 27,328 15,431
麦	オーストラリア カナダ 米国 ウクライナ インド	429,749 45,679 45,181 28,737 24,457
カメラ・ビデオカメラおよび同部品	中国 台湾 韓国 日本 タイ	693,669 284,370 231,776 56,016 5,177
その他の機械・設備・用具および同部品	中国 日本 韓国 台湾 ドイツ	6,567,814 2,958,161 2,820,226 923,842 862,891

第5章　ベトナムの貿易

上位相手国（2013年）

(単位：1,000米ドル)

品目名	輸入相手国	金額
コンピューター・電気製品および同部品	韓国	5,097,458
	中国	4,491,921
	シンガポール	1,937,403
	日本	1,815,403
	マレーシア	942,670
トウモロコシ	インド	304,430
	ブラジル	212,765
	タイ	65,520
	アルゼンチン	45,007
	カンボジア	21,835
薬品原料	中国	160,404
	インド	50,807
	オーストリア	19,357
	スペイン	14,203
	タイ	12,019
縫製・製靴用原料	中国	1,195,118
	韓国	711,887
	台湾（中国）	409,693
	香港（中国）	219,007
	日本	210,627
タバコ用原料	ブラジル	73,157
	中国	58,233
	インド	41,489
	フィリピン	20,553
	イタリア	18,052
肥料	中国	853,467
	フィリピン	130,374
	ベラルーシ	127,895
	ロシア	122,309
	イスラエル	99,596
その他運送設備および部品	ドイツ	1,042,958
	米国	129,927
	日本	118,062
	フランス	51,814
	オランダ	50,682
鉄屑	オーストラリア	193,076
	米国	178,586
	日本	153,398
	香港（中国）	96,853
	南アフリカ	63,444
鉱石およびその他の鉱物	中国	106,924
	タイ	49,020
	ロシア	45,928
	ラオス	27,756
	インド	25,333
牛乳および乳製品	ニュージーランド	271,570
	米国	210,099
	シンガポール	126,891
	タイ	65,405
	マレーシア	54,199
その他の化学製品	中国	538,831
	台湾	357,672
	韓国	314,693
	日本	268,516
	米国	194,012
石油製品	シンガポール	196,360
	台湾	168,790
	中国	122,427
	韓国	104,884
	タイ	54,952
ゴム製品	中国	138,114
	日本	96,903
	韓国	72,441
	タイ	63,984
	マレーシア	25,962
プラスチック製品	中国	685,856
	日本	625,031
	韓国	535,992
	台湾	176,560
	タイ	172,788
紙製品	中国	159,703
	韓国	51,244
	香港（中国）	44,400
	日本	40,611
	台湾	31,172
金属製品	中国	152,992
	インドネシア	95,693
	韓国	89,039
	日本	81,291
	台湾	34,196
鉄鋼製品	中国	836,249
	韓国	711,376
	日本	509,864
	台湾	134,444
	タイ	118,649
鉄鋼	中国	2,397,059
	日本	1,642,743
	韓国	1,130,254
	台湾	655,698
	インド	353,164
家畜飼料および同原料	アルゼンチン	1,017,581
	米国	429,886
	インド	338,407
	ブラジル	263,896
	イタリア	190,168
殺菌剤および同原料	中国	385,732
	シンガポール	63,867
	インド	45,321
	ドイツ	44,756
	英国	42,418
布地	中国	3,887,791
	韓国	1,713,007
	台湾	1,241,485
	日本	563,567
	香港（中国）	350,110
ガソリン	シンガポール	1,899,249
	中国	1,268,130
	韓国	650,039
	タイ	457,520
	マレーシア	441,054
糸	中国	465,714
	台湾	428,497
	韓国	197,727
	タイ	144,953
	インド	83,448
バイク	イタリア	25,985
	タイ	5,815
	日本	5,669
	中国	1,835

出所：ベトナム統計総局の資料を基に作成

【貿易相手国】

● 主要輸出国：米国がトップ、日本が第2位

　1991年のソ連崩壊以前は、ソ連への輸出が全体の4割近くを占めていたが、その後は日本が一番の輸出国となり、近年では米国がトップ（238億米ドル）、次いで日本（136億米ドル）、中国（132億米ドル）となっており、この上位3カ国で輸出全体の約4割を占めている。

　米国への輸出を品目で見ると、縫製品が最も多く86億米ドル、次いで、靴（26億米ドル）、木材および木製品（20億米ドル）コンピューターおよび同部品（20億米ドル）などとなっている。

　一方、日本への輸出品目では縫製品が最も多く（23億米ドル）、対中国輸出では、コンピューターおよび同部品（20億米ドル）がトップであった。

図表5-4　主要輸出先の推移

（単位：億米ドル）

	1995年	
	国名	金額
1	日本	14.6
2	シンガポール	6.9
3	台湾	4.4
4	中国	3.6
5	香港（中国）	2.6
6	韓国	2.4
7	ドイツ	2.2
8	米国	1.7
9	フランス	1.7
10	マレーシア	1.1
	その他	13.3
	総額	54.5

（単位：億米ドル）

	2005年	
	国名	金額
1	米国	59.2
2	日本	43.4
3	中国	32.3
4	オーストラリア	27.2
5	シンガポール	19.2
6	ドイツ	10.9
7	マレーシア	10.3
8	英国	10.2
9	台湾	9.4
10	タイ	8.6
	その他	93.8
	総額	324.5

（単位：億米ドル）

	2013年	
	国名	金額
1	米国	238.4
2	日本	136.3
3	中国	132.3
4	韓国	66.2
5	マレーシア	49.2
6	ドイツ	47.4
7	アラブ首長国連合	41.4
8	香港（中国）	41.1
9	英国	37.0
10	オーストラリア	35.1
	その他	495.9
	総額	1,320.3

出所：ベトナム統計総局のデータを基に作成

第 5 章　ベトナムの貿易

● 主要輸入国：中国、韓国、日本がトップ３

　2013 年の実績で見ると、中国が全輸入の３割近くを占め（369 億米ドル）、次いで韓国（207 億米ドル）、日本（116 億米ドル）の順となっている。この背景には、外国企業のベトナム進出が加速していることに伴い、現地生産に必要な部品、原材料の輸入が拡大していることが挙げられる。

　中国からの輸入品目で最も多かったのは、その他の機械・設備・用具および同部品で 66 億米ドル、次いで電話機および同部品（57 億米ドル）、コンピューター・電気製品および同部品（45 億米ドル）、布地（39 億米ドル）、鉄鋼（24 億米ドル）などとなっている。

　一方、第 2 位の韓国からの輸入でトップを占めたのは、コンピューター・電気製品および同部品（50 億米ドル）であり、日本からの輸入では、その他の機械・設備・用具および同部品（29 億米ドル）が最も多かった。

図表 5-5　主要輸入先の推移

（単位：億米ドル）

1995 年

	国名	金額
1	シンガポール	14.3
2	韓国	12.5
3	日本	9.2
4	台湾	9.0
5	タイ	4.4
6	香港（中国）	4.2
7	中国	3.3
8	フランス	2.8
9	マレーシア	1.9
10	インドネシア	1.9
	その他	18.1
	総　額	81.6

（単位：億米ドル）

2005 年

	国名	金額
1	中国	59.0
2	シンガポール	44.8
3	台湾	43.0
4	日本	40.7
5	韓国	35.9
6	タイ	23.7
7	マレーシア	12.6
8	香港（中国）	12.4
9	スイス	8.9
10	米国	8.6
	その他	78.0
	総　額	367.6

（単位：億米ドル）

2013 年

	国名	金額
1	中国	369.4
2	韓国	207.1
3	日本	116.1
4	台湾	94.2
5	タイ	63.2
6	シンガポール	56.9
7	米国	52.3
8	マレーシア	41.0
9	ドイツ	29.6
10	インド	28.8
	その他	261.7
	総　額	1,320.3

出所：ベトナム統計総局のデータを基に作成

【対日貿易】

● 2011年から輸出超過へ

　日越間の貿易総額は、2009年に世界経済の停滞を受けていったん落ち込んだものの、近年は再び増加傾向で、2013年の対日輸出は136億米ドル、同輸入は116億米ドルであった。特に2011年以降は輸出超が続いており、2013年の貿易収支は20億米ドルの黒字となっている。

　品目別で見ると、日本への輸出では縫製品が最も多く23億米ドルで、次いで原油（20億米ドル）、輸送手段および同部品（18億米ドル）、その他の機械・設備・用具および同部品（12億米ドル）、海産物（11億米ドル）などとなっている。

　一方、日本からの輸入では、その他の機械・設備・用具および同部品（29億米ドル）が最も多く、その他の品目ではコンピューター・電気製品および同部品（18億米ドル）、鉄鋼（16億米ドル）などが上位であった。

図表5-6　対日貿易

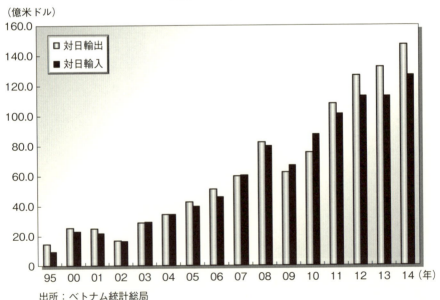

出所：ベトナム統計総局

第5章　ベトナムの貿易

【貿易取引の将来像】

● ASEAN統合でベトナムの貿易構造も変化

　ベトナムはこれまで生産基地としての役割を果たしてきた。投資家はこれまで安い労働力を求めてベトナムに進出し、コスト安を背景に安い商品の大量生産を行ってきた。しかし、最近では付加価値の高い商品生産へと少しずつシフトし始めている。これが、ベトナムの貿易構造に変化をもたらしている。また、経済成長と共に富裕層が拡大しベトナムが新市場として注目されるようになったことで、国内市場向けの商品輸入が増えていることも最近の特徴である。

　以下は、2005年と2013年の輸出入品目を比較したものである。2005年の時点では、製造のために必要な原材料を輸入し、ベトナムがもともと保有する資源や原材料をもとに生産した加工品を輸出する構造となっており、この形が長期にわたって続いてきた。しかし、2013年になると、輸入では韓国や中国からの電子品やコンピューターや中国からの電話機および同部品などが、国内市場向けや国内での組み立て生産を目的に輸入量を増加させている。

＜2005年＞
輸出品目：①原油、②衣料・繊維、③履物、④水産品、⑤木製品
輸入品目：①石油、②機械・設備・部品、③鋼材、④生地、⑤衣料・繊維原料

＜2013年＞
輸出品目：①電話機および同部品、②縫製品、③電子品・コンピューター、④履物・サンダル、⑤原油
輸入品目：①電子品・コンピューター、②布地、③電話機および同部品、④石油、⑤鋼材

　今後、ベトナムでの生産はより「付加価値の高いもの」へのシフトを強め、「安価なもの」からの脱却を図るものと予想される。それはとりもなおさず低品質の部品、半製品、原料の供給元である中国からの脱却を意味している。その場合、その代替を求める先は先進国ではなくASEAN各国となるはずである。

よって、2015年、2016年の貿易構造は、ベトナムの産業構造の変化に大きく左右されるものと考えておかねばならない。

　ベトナムはこれまで、GDPを拡大させる方針で国を大きくし、それを豊かさにつなげてきた。そのため、成長は不可欠なものであった。今後、ベトナムの経済成長率が年7％を実現できれば2020年には1人当たりのGDPが3,000米ドル（国際基準で家電や自動車の普及が拡大すると言われるレベル）に達し、中進国へテイクオフできるだろう。しかし、年5％程度であればテイクオフできないまま途上国の罠にはまり、投資企業は消化不良となるだろう。成長率と貿易の関係も無視できない。

第6章

ベトナムの注目産業

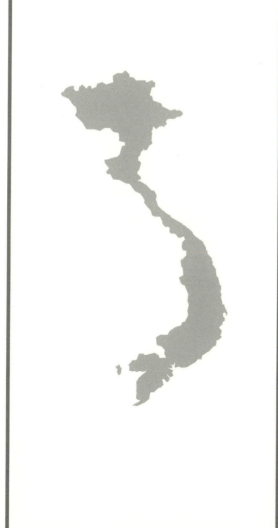

1 医療産業

【ベトナムの医療事情】

　ベトナムは経済成長と共に年々GDPが拡大し、国民生活が豊かになってきている。20年前のベトナムは、国民が毎日を生きることに精一杯で医療に対して無頓着だったが、2014年の1人当たりのGDPは待望の2,000米ドルを超え、着実な豊かさへの進展と共に国民の健康に対する関心は日々高まっている。

　しかしその一方で、現在大きな社会問題となっているのが病院や医師の不足である。病気をしても医療機関の診断を受けられるのはごく一部の人々に過ぎず、多くの人は市内の薬局で処方された薬を頼りにしている状況である。ベトナムは国家としては徐々に豊かになってきてはいるものの、医療設備や医療制度はまだ不十分というのが現状である。ベトナム政府の発表によると、ベトナムの医療機関はホーチミン市、ハノイ、ダナン市などの主要都市に集中しており、病院数は2013年時点で全国で1,069カ所となっている。

　規模別で見ると、現在ベトナムで最も大きい病院はバクマイ（Bach Mai）病院である（1,000床以上）。大規模な病院は、保健省所轄の国営病院（一般的に中央病院と言われる）で、500～700床規模である。現在、都市部を中心に総合病院と専門病院を合わせて43病院がある。設備は近代化され、入院病棟もあり、著名な医師が揃っている。

　一方、地方省所轄の病院では300～500床、区・郡所轄は300床以下である。村レベルの診療所は入院設備のない小規模のものが多い。地方では、病院が小規模で設備が古く、医師のレベルも低いため、重い病気にかかると都市部の中央病院や大規模な病院に移送されることが多い。経済的に余裕がある患者の場合は、病気の軽・重症にかかわらず、都市部の大病院やシンガポール、バンコクなど海外の病院に直接診察してもらうことが多い。

　その結果、中央病院やホーチミン市、ハノイにある大病院の来院患者数は定員より大幅に上回ることとなり、1床当たりの患者が2～3人（地方病院は1床あたり患者1～2人）である。この現状を1日も早く解決することが当面の課題である。

● 第6章　ベトナムの注目産業 ●

　このような現状を受け、ベトナム政府は民間資金および外国投資資金で病院を建設することを歓迎している。外国企業が直接投資で病院を建設する場合は、土地は無料で提供され、法人税などの税金を免除・減額するなど優遇しているが、手続きが複雑であることなどから大型病院の案件はまだ1件もない。外国投資家は多くの場合、公立病院と組んで既存の病院の敷地内に新病棟を建設し、合弁病院を設立している。こうすれば公立病院のブランドを利用でき、公立病院の患者も分けてもらえるため投資リスクが抑えられ、医師などの人材確保もしやすいからである。

　また、最近の傾向として、都市部にある外国人を対象にした外資系診療所（多くは専門医院）が富裕層に人気である。これまで富裕層の人々は、国内病院の医療設備の不備やサービスの悪さ、待ち時間の長さ、不確かな診断結果などを回避するため海外で診療を受けてきた。シンガポールの例を見ると、1人当りの1回の診察料・治療費・入院費などの医療費用は、1〜2万米ドル（渡航費別）に上り、富裕層が海外の持ち出す医療費合計は、年間500万米ドルを超えると言われている。今後、富裕層の一部は、設備の整った国内の外資系医療機関での診療に徐々に移行するものと予想されている。また、将来的には800〜1000万人の中流層の出現が予想されており、医療への関心は一層高まるはずである。

【ベトナムの健康保険制度】

　ベトナムには健康保険制度がある。2005年に国民健康保険法の改正により6歳以下の子供の診療費が無料となった。運用については地域や職業によって差があり、公務員は全加入である一方、農村などでは自発的に保険料を支払う仕組みになっている。現在、ベトナム国民の中で健康保険に加入している人は全体の3割程度と見られる。

　健康保険の強制加入に関する規則の改正は、2009年に行われた。保健省および財務省は、2009年8月14日付布告第09/2009/TTLT-BYT-BTCを公布し、2009年10月1日より発効した。同布告によると、3カ月以上労働契約書を締結している従業員（外国人を含む）は強制保険の加入対象となる。また、任意医療保険制度が同布告に詳細が規定されている。

【最近の外資系医療機関の参入】

　最近になって、投資効率の高いベトナムの医療機関への参入が増加している。直接投資と業務提携のタイプが主流だが、最近はM&Aの対象業種として医療分野を選ぶ傾向も見られる。

　保健省によると、インドの医療グループ（Fortis Healthcare）は、ホーチミン市のホアンミイ（Hoan My）病院の株式取得に向け交渉を開始しているという。現在、ホアンミイグループは5つの病院と2つの診療所、そのほかにも多数の医療施設を経営している。2009年10月、ドイツ銀行のDWS Vietnam FundとVina Capitalはそれぞれホアンミイグループに対し、1,000万米ドルの投資を行った。同グループは2010年10月にも、香港のQuality HealthCare Asiaを1億9,250万米ドルで買収している。

　ホーチミン市にあるフレンチホスピタルのオーナー、ビエンドン（Vien Dong）医療有限会社は、活動開始から5年を経て順調に拡大を続けている。この病院は現在、3階建ての病棟を新しく建設中である。完成後、新病棟には33の診察室が設置され、1日500人の患者の受け入れが可能となる。

　外資系医療機関では、24時間対応の日本語外来や日本語の話せる医師や看護師のいる病院も多い。日本語のほか、英語、フランス語、中国語、韓国語などで対応することが、外資系病院（診療所）の大きな存在理由である。

　日系の医療機関では、現在ホーチミン市で活動中のロータスクリニック（Lotus）が有名である。2007年に開設したロータスは千葉県市原市の病院が経営しており、ハノイにおいても診療所の開設を進めている。常に日本人医師2名と、日本人看護師2名が常勤しており、その他に日本の管理栄養士による栄養チェックも行われるなど、きめ細やかな医療サービスが受けられる診療所としてベトナム人富裕層からの評価も高い。

　また最近話題なのが、日本の葵鐘会（きしょうかい）である。葵鐘会は愛知県を中心に8カ所の産婦人科病院を運営する医療法人で、日本式のお産ができる診療所開設に向けF/Sを実施中である。保健省も誘致を積極的に進めており、2015年1月には葵鐘会の理事長が保健省の副大臣と会談し、2016年の開設で合意している。

第6章　ベトナムの注目産業

【病院・診療所運営許可申請】

① 条件
　投資認可証の取得が済んでおり、病院・診療所の各種類によって保険省の下記の要求を満たすこと。なお、この要求は保健省の通達で明細に規定されている。
・規模
・施設、設備
・人材（医者の人数、個人の職業許可、経験など）

② 申請方法
　病院・診療所の規模によって保険省あるいは検診管理局に申請書類を提出し、許可書を取得すること。

③ 申請書類
・病院・診療所運営許可の申込書
・投資ライセンスのコピー（公証要り）
・業者の職業許可書のコピー（公証要り）
・施設および設備のリスト
・業者の履歴書（法律により職業許可書を供与される場合に付属しない業者に対する）
・施設、設備、人材に関する要求を満たす証明書
・規模企画書

④投資優遇措置
・輸入税：固定資産となる設備に対しては輸入が免税される。
・法人税：10％（全期に対して）
　　法律により困難な地域に対しては法人税が最初の4年間は免税され、次の9年間は半減される。また、普通の地域に対しては法人税が最初の4年間は免税され、次の5年間は半減される。
・付加価値税（VAT）：免税

⑤海外からの病院・診療所の医療設備の輸入

条件は以下の通り。
・新品の設備のみ輸入可能（中古は不可）。
・投資認可証には医療設備の輸入・販売の事業を掲載すること。

【医療機器】

　医療法人の誘致に積極的な保健省は、最近の医療機器の導入にも門戸を開いている。ベトナムで言う医療機器とは、①病気の予防、検査、診断、治療、②病気の診療過程での検査、交換、修正、手術の補助、③生存補助または維持、④受胎調節、⑤医療活動用の輸送の目的で使われる各種設備、器具、物資、化学物質、必要なソフトウェアを含むものとしている。（布告第24/2011/TT-BYT号、第2条）

　また、医療機器の臨床試験については、次のように規定している。

①人の病気の予防、診断、治療、機能回復に服する各種の機械、設備またはシステム、材料、道具
②病気の予防・治療、機能回復を目的に、人体に移植、接合または設置する各種の器具、物資

前述の5分類の医療機器を品目別に分類してみると、次の5つに大別される。

①医療用または獣医用の機器（シンチグラフ装置その他の医療用電気機器および視力検査機器を含む）
②機械療法用、マッサージ用または心理学的適性検査用の機器およびオゾン吸入器、酸素吸入器、エアゾール治療機、人工呼吸器その他の呼吸治療用機器
③その他の呼吸用機器およびガスマスク（機械式部分および交換式フィルターのいずれも有しない保護用マスクを除く）
④整形外科用機器（松葉づえ、外科用ベルトおよび脱腸帯を含む）、補聴器その他器官の欠損または不全を補う機器（着用し、携帯しまたは人体内に埋めて使用するものに限る）、人造の人体の部分および副木その他の骨折治療具
⑤エックス線、アルファ線、ベータ線またはガンマ線を使用する機器（放射

線写真用または放射線療法用のものを含むものとし、医療用または獣医用のものであるかないかを問わない)、高電圧発生機、制御盤、スクリーンならびに検査用または処置用の机、いすその他これらに類する物品およびエックス線管その他のエックス線の発生機

【医療機器の輸入制限（リスト）】

許可取得が必要な 100％新品の医療機器

＜診断機器＞

X線画像診断機器	核磁気共鳴画像診断装置	放射性同位元素を用いた診断機器（PET、PET/CT、SPECT、SPECT/CT、ヨウ素1130集中度測定装置
超音波診断装置	内視鏡診断装置	
サイクロトロン装置	骨密度測定装置	
自動屈折・角膜検査機	網膜電図計	電気生理計測機（脳電計、心電計、筋電計）
光干渉断層計／眼底カメラ	生化学分析装置	
超音波胎児心拍計	呼吸機能測定・分析装置	電解、血液ガス分析装置
血液分析装置	血液凝固測定装置	赤血球沈降速度測定装置
Elisa分析装置	血液型判定装置	血小板凝集測定・機能分析装置
細胞分離装置	免疫分析装置	微生物・ウイルス同定装置

＜治療機器＞

X線治療機器	内視鏡手術機器	放射線機器（癌治療用コバルト照射装置、癌治療用直線加速装置、各種ガンマナイフ、各種小線源治療装置）
患者モニター	輸液／シリンジポンプ	メス（高周波・レーザー・超音波）
手術顕微鏡	前立腺手術装置	手術用ナビゲーション装置
人工心肺装置	冷凍手術装置	保育器、開放式保育器
麻酔器／麻酔・人工呼吸器	人工呼吸器	除細動器・心臓ペースメーカー
高気圧酸素治療装置	体外衝撃波結石破砕／内視鏡的破砕装置	高密度焦点式超音波装置
血液濾過器	眼科用手術機器	コンタクトレンズ・コンタクトレンズ保存液
眼科用レーザー治療機	体内に長期的（30日以上）に移植する機器、材料	循環器、脳神経科用の身体に干渉する機器、材料
集中医療ガスシステム	特殊車両（救急車／医療用）	

輸入が禁止される中古医療機器（以下は主要な物）

医療用または獣医用の機器 診断用電気機器（機能検査用または生理学的パラメーター検査用の機器を含む） 　心電計 　超音波診断装置 　磁気共鳴画像診断装置 　シンチグラフ装置 　紫外線または赤外線を使用する機器 　注射器、針、カテーテル、カニューレその他これらに類する物品
その他 　紫外線または赤外線を使用する機器 　注射器、針、カテーテル、カニューレその他これらに類する物品 　注射器（針を付けてあるかないかを問わない） 　使い捨ての注射器 　金属製の管針および縫合用の針 　尿道カテーテル 　点滴静脈注射用の使い捨ての管
歯科用のその他の機器 　歯科用エンジン 　その他眼科用の機器 　手術用のメス 　静脈内投与器具セット（大人用）
機械療法用、マッサージ用または心理学的適性検査用の電子機器
オゾン吸入器、酸素吸入器、エアゾール治療器、人工呼吸器その他の呼吸治療用機器
その他の呼吸用機器およびガスマスク 　呼吸補助器 　呼吸器を取り付けたダイバー用ヘッドギア 　その他のもの
整形外科用機器（松葉づえ、外科用ベルトおよび脱腸帯）、補聴器その他器官の欠損または不全を補う機器、人造の人体の部分および副木その他の骨折治療具
義歯および歯科用の取付用品

2 不動産業

現在ベトナムで最も注目されている産業として、不動産業が挙げられる。その理由は、ベトナム不動産の魅力にある。ベトナムの不動産の高い魅力の理由には、①旺盛な需要があること、②不動産関連法整備が進みつつあり、比較的に安心して事業ができること、③不動産開発投資における利益率が高いことなどが挙げられる。

【旺盛な不動産需要】

① 住　宅

ベトナムの全人口の平均年齢は28歳で、先進国はもとより、中国よりも約10歳も若く、また他のアジア諸国に比べてもトップクラスの若さの国と言われている。これらの若者の結婚、子育てに必要な新既住宅取得や従来の劣悪な住環境からの脱出志向による、より品質の高い住宅需要が高まっている。またちょうど日本の高度成長期に似た大家族から核家族への移行傾向が見られ、したがってベトナムの住宅産業は巨大産業になるのは確実である。

一方、外国人向け住宅も、市場経済に基づいた経済の活性化により、外国人の流入が加速し、それら外国人向住居の確保のため、サービスアパートやホテルの需要がますます高まっている。

②日系企業による住宅開発投資実績

1986年のベトナムのドイモイ政策開始後、1990年代の初めから1998年のリーマンショックまでの第1次ベトナムブーム時代、外国人のベトナムへの流入が増加したことから、日系企業によるサービスアパートの開発が盛んに行われた。その後、一時下火になったものの、2002年にキャノンがベトナムに進出した時から再び第2次ベトナムブームが起こり、外国企業のベトナム進出が本格的化、現在に至っている。このような状況に伴い、日系のデベロッパーによる住宅開発が行われた。

③　事務所、商業施設、ホテル

　市場経済政策に沿って企業活動がますます盛んになるのに伴い、良質な事務所スペースの需要も高まっている。事務所ビルの開発は、韓国、シンガポール企業などが主流で盛んに行われているが、日系企業としては、工場などの生産のための不動産投資に力を注ぐ傾向が強かったため、韓国やシンガポールに後れを取っている。しかしながら近年、丸紅グループがホーチミン市内に開発した高層オフィスビルを皮切りに、最近では東急グループのビンズオン省の商業ビル開発などの新たな動きが徐々に出始めた。今後は、日系企業はもとより、他の外国企業のベトナム進出がますます進むに伴い、良質なハイテクビルの需要も高くなり、この分野も有望な不動産市場となることだろう。

　商業施設分野については、ベトナム人の所得水準が毎年上昇し購買力も増加してきたため、ベトナム国内の市場向けに外資による大型スーパーやコンビニ、雑貨店進出も急速に増えている。日系企業のこの分野への投資は、イオンのスーパーマーケット、ファミリーマート、100円ショップのダイソーなどが進出を果たしている。現在では、ファミリーレストランチェーンやファーストフード店などが進出を検討しており、今後、更にベトナム国内需要向けに日系の小売業が参入すると予想される。

　また、ホテルへの開発投資もますます行われるようになってきている。リーマンショック前までは、大型ではハノイ日航ホテルやホーチミン市の旧リジェンドホテルぐらいしかなかったが、最近になって日本人向けビジネスホテルの進出も盛んに行われ、急増する日本人ビジネスマンの宿泊に対応がなされている。今では、日本のビジネスホテルチェーンのスーパーホテル（ハノイ）、パークサイドホテル（ハノイ）、サクラホテル（ハノイ）、東屋（ダナン、ホーチミン、ハノイ）などが進出済みで、現在、数多くの日系ビジネスホテルが進出のための調査・検討を行っているところである。

第6章　ベトナムの注目産業

図表6-1　日系企業が開発したVタワー
（事務所、住宅、商業施設の複合ビル）

④　工業団地

　ベトナム政府は、工業化政策によって外国企業の誘致を促進させるため、さまざまなインセンティブを与えている。それらの政策に基づき、日本、台湾、シンガポール、タイなどの企業が工業団地開発に乗り出してきており、この分野の不動産業も活発化している。

　工業団地開発のエリアは、今では従来の南部ホーチミン市近郊や北部のハノイ近郊から、東部ハイフォンや中部ダナン方面へと拡大している。工業団地の開発は、数で言うとローカルの政府系、民間企業によるものが主だが、外国開発企業としては、台湾、シンガポール、タイなどに加えて、日系企業進出を狙った日系企業による下記のような工業団地も盛んに行われている。

図表 6-2　日系の工業団地リスト

南部	ロンビンテクノパーク（双日系） ロンドゥック工業団地（双日、ダイワハウス系） VSIP 工業団地Ⅰ、Ⅱ（三菱商事系） AMATA 工業団地（伊藤忠商事系） VIE-PAN テクノパーク （日系中小企業専用工業団地、ユニカホールディングス）
北部	タンロン工業団地Ⅰ、Ⅱ（住友商事系） VSIP バックニン工業団地（三菱商事系） VSIP ハイフォン工業団地（三菱商事系） 野村ハイフォン工業団地（野村證券系）
中部	VSIP クワンガイ工業団地（三菱商事系）

【不動産関連法の整備】

　ベトナムの不動産関連法が整備されてきたのも魅力の1つである。2014年11月の新住宅改正法（6章末をご参照のこと）により、外国人も先進国とほぼ同じ条件で住宅を購入できるようになった。そして、不動産開発業者が開発事業を行う場合、資本金の保全はもとより、外貨建ローンの返済、配当や利益の送金も、現地の法律に従って処理すれば、問題なく行うことができるなど、安心感が魅力となっている。

　①土地・住宅法
　ベトナムでは、民法205条および憲法17条に基づき、土地は全人民所有という考えの下、国土はすべて国有とされており、個人所有は認められていない。従って、土地所有者は国であり、使用権・占有権を他の主体（民間企業、人など）に移転するのみである。また、外国人は、土地の永久使用権を認められていないため、通常50年のリース契約を行ない、開発することになる。要するに、法的権利は物件でなく債権となる。ただし、使用権を保持しているローカル企業と合弁会社を設立すれば、その合弁会社は、使用権を保持していることになる。このため、ベトナムにおける過去の外国企業の不動産開発は、土地の保有がないため、土地を長期リースして行うのが通例であった。従来の日系企業が開発した住宅（サービスアパート）は、ほぼ全部が賃貸物件である。

第6章　ベトナムの注目産業

　韓国企業やシンガポール企業がローカル企業と組んで、ローカル向け分譲マンションを開発しているが、最近では東急グループもベトナム南部のビンズオン省でローカル向けのマンションの大型不動産開発を行っている。

　現在も、土地法や住宅法は、改訂・整備されつつある。土地法は、2006年に改訂され詳細が規定された。2009年になってようやく施行された住宅法では、下記のような厳しい条件の下でのみ外国人が住宅購入を許可されていた。

- ・ベトナムで投資を行った企業
- ・ベトナムで活動している企業で雇用されている管理職
- ・ベトナムの特別功労者
- ・ベトナムで学術専門分野に勤務する学士号以上の有資格者
- ・ベトナム国籍の配偶者

　しかし、2014年11月開催の国会で、住宅改正法案が通過し承認されたため、上記のような厳しい条件がなくなり、より緩和された下記の条件さえ満たせば外国人の住宅購入が許可されることになった。

- ・賃貸や販売目的で建設する外国の組織・個人
- ・ベトナムで活動している外国企業、支店・駐在事務所など
- ・ベトナムに入国できる外国人の個人

　これらのことから今後も住宅の開発、売買、賃貸、仲介等がますます盛んになり、ベトナムの不動産市場は大変魅力的になると予測される。

② 利益率

　不動産開発企業から見ると、ベトナムは先進国に比べて明らかに利益率が高い。もちろん、土地が保有できないので、いわゆる土地売却を含めたキャピタルゲインは得られないが、その分、賃貸物件の利回りは高いと言える。投下資金の回収も、先進国では考えられないような早い期間である。いかにロケーションの良い土地を手当てできるかによるが、通常の場合、デベロッパーとして投下資本の回収は数年、少なくとも10年以内で可能である。ご参考までに、現在の日系企業開発のサービスアパートの賃貸料は次ページの通りである。

図表 6-3　ベトナムにおける日系企業開発の主要サービスアパート賃貸料

ハノイ（5件）

	物件名・開発者名	規　模	賃貸料
1	Vタワー みちのくG＋大木＋りんかい＋ローカル企業	9階建　延床：1万2,944m² 71.40〜154.18m²（レンタブル：7,844m²）／戸 住居40戸＋事務所＋商業施設等　1999年完成 日本人入居率100％	平均約33米ドル/月/m² （VAT含）
2	サンレッドリバー はせがわ＋ローカル企業 （現オーナー：九州のデベロッパー）	15階建　延床：32,000m² 83〜182m²／戸 住居46戸＋事務所等 1999年完成	28〜34米ドル/月/m² （2万8,000〜5,000米ドル/月）
3	ジャナガーデン りんかい＋双日＋ローカル企業	9階建　延床：約10,000m² 83.4〜100.8m²／戸 住居64戸＋アメニティ等 1998年完成 日本人入居率：約97％	約25.17〜25.79米ドル/月/m² （VAT含） （2,100〜2,600米ドル/月）
4	ココ（ジャパニーズヴィレッジ） 長谷部産業＋ローカル企業	平屋＋タワーなど混合 約90m²〜約300m²／戸 約120戸＋50戸（増築中） 1995〜6年完成 日本人入居率：約60％	平均25米ドル/月/m² （2,250〜7,000米ドル/月）
5	フジタタンコンビレッジ フジタ＋ローカル企業	3階建 住居約50戸　1995〜6年完成	70m²1BDタイプ：2,250米ドル （32.14米ドル/m²/月、VAT含） 150m²4BDタイプ：4,000米ドル （26.66米ドル/m²/月、VAT含）

【参考：ハノイにおける第3国企業開発物件】
1. セドナスイート（シンガポール・ケッペル社＋ローカル企業）：約175戸
    61m²・1BDタイプ：2,200米ドル（36米ドル/m²/月　VAT10％別）
    91m²・2BDタイプ：3,200米ドル（35.16米ドル/m²/月　VAT10％別）
    110m²・3BDタイプ：4,000米ドル（36.36米ドル/m²/月　VAT10％別）
    ただし、朝食サービス、駐車場1戸無料、電気料最大2米ドル/m²/月。入居者は、高収入の邦人で家族持ちが多数。
2. ダエハアパートメント（韓国・ダエウ社＋ローカル・ハネル社）：約193戸
    56m²・1BDタイプ：2,200米ドル（39米ドル/m²/月　VAT含）
    76m²・2BDタイプ：2,700米ドル（35.5米ドル/m²/月　VAT含）
    3BDタイプ：3,200米ドル、4BDタイプ3,700米ドルもあり。
    ただし、朝食サービス、駐車場1戸無料サービス。デポジットは3ヶ月分。
3. サマーセットウエストレイク（シンガポール企業＋ローカル企業）
    54m²・1BDタイプ：3,000米ドル（55.55/m²/月　VAT10％別）
    75〜95m²　2BDタイプ：3,400〜4,200米ドル（45.33〜44.2米ドル/m²/月　VAT10％別）

第6章 ベトナムの注目産業

ホーチミン市（5件）

	物件名　開発者名	規　模	賃貸料
1	ガーデンビューコート 大木＋東京建物＋はせがわ＋エクセ＋ローカル企業	12階建　延床：1万4,388m² 住居76戸＋商業施設　62〜369m² 2000年完成	約38〜40米ドル/m²/月
2	サイゴンスカイガーデン 伊藤忠＋森喜代㈱＋ローカル企業	15階建 住居154戸＋商業施設83.1〜283.1m² 1998年完成	約23〜28.8米ドル/m²/月（VAT含）契約期間：1年間以上
3	サイゴンコート 兼松＋ローカル企業	住宅専用約50戸 1990年以前の完成	
4	シティープラザ 香港企業＋ニチメン＋ローカル企業	住宅専用約60戸 1990年以前の完成	
5	北野建設アパート 北野建設＋ローカル企業	住宅専用役50戸　1990年以前の完成　外国ファンドに売却済み	

その他の地域（2件）

	物件名　開発者名	規　模	賃貸料
1	ハイズンガーデン 増岡組	8階建 住居63戸　2013年完成	
2	ソラガーデンズ 東急グループ＋ローカル企業	24階建 住居404戸（完成予定：1,500戸）	

出所：各種資料を基にベトナム経済研究所にて作成
注：2014年8月現在

　日本国政府は、ベトナムはアジア諸国の中で将来も最も緊密に協力しあえる国として位置付けており、ODAも含め官民ともに力を注ぐ国であると明言している。今後すべての分野で、ますますの発展が見込まれるが、その中でも特に不動産業の魅力は間違いないものと言えるのではないだろうか。

住宅法の改正法

本改正法は、国会第 8 回会議（2014 年 11 月）で採択された。以下は、外国の組織・個人に関連する規定である。

第 159 条：ベトナムにおける住宅を所有できる外国の組織・個人の対象者及び所有形態
1. ベトナム国内で住宅を所有できる外国の組織・個人は次の者を含む。
    a) 本法、又は関連法の規定に従い、ベトナムにおける住宅開発案件に投資する外国の組織・個人；
    b) ベトナム国内で活動している外資系企業、外国企業の支店・駐在事務所、外国投資基金、外国銀行の支店；
    c) ベトナムへの入国を許可された外国の個人

2. 次の形態に通じて外国の組織・個人はベトナムにおける住宅を所有できる。
    a) 本法、又は関連法の規定に従い、ベトナムにおける住宅開発案件に投資する。
    b) 住宅開発案件の中にある集合住宅や戸建て住宅などを含む商業住宅を購入・リース購入・贈与・相続する。但し、政府の既定に従い、国防・安全保障に関わる地域を除く。

第 160 条：外国の組織・個人がベトナム国内で住宅を所有できる条件
1. 本法の第 159 条第 1 項の a の規定に従う組織・個人に対しては、投資認可書を取得し、本法及び関連法の規定に従う住宅開発案件の住宅を保有しなければならない。
2. 本法の第 159 条第 1 項の b の規定に従う外国の組織に対しては、投資認可書を取得したか、或いは権限を有する国家機関によって発給されたベトナム国内の活動許可書を持たなければならない。
3. 本法の第 159 条第 1 項の c の規定に従う外国の個人は、ベトナムへの入国を許可された者とする。但し、法律の規定に従って外交・領事の優遇権・免除権を受けられる者ではないものとする。
4. 政府は、ベトナムにおける住宅を所有できる組織・個人の対象・条件に関する証明書を詳細に規定する。

第 161 条：住宅を所有する外国の組織・個人の権限
1. 本法の第 159 条第 1 項の a の規定に従う組織・個人は、本法の第 10 条の規定に従う住宅所有者の権限を行使することができる。リース土地に住宅を建設する場合、その組織・個人は住宅の賃貸権しか持っていない。
2. 本法の第 159 条第 1 項の b、c の規定に従う組織・個人は、ベトナム人のように住宅所有者の権限を有する。但し、以下の規定を順守しなければならない。
    a) 集合住宅 1 軒に付き全戸数の 30 ％以下の住宅のみを購入・購入権付き賃貸・贈与・相続・所有することができる。別荘、テラスハウスを含む独立住宅である場合、1 街区につき 250 戸以下の住宅のみを購入・購入権付き賃貸・贈与・相続・所有することができる。
    多くの集合住宅があり、1 街区と同等の人口を有する地域、又は一つの道路にある戸建て住宅については、政府は、外国の組織・個人が購入・購入権付き賃貸・贈与・相続・所有することができる集合住宅の戸数、戸建て住宅の数を詳細に規

b) 本法の第 159 条第 2 項の b の規定に定められる対象ではない住宅、又は本項の a に定められる住宅の数を超える住宅を贈与・相続される場合、その住宅の価値のみを受けられる。
c) 外国の個人は、住宅に関する購入・購入権付き賃貸・贈与・相続の契約書の合意に基づいて住宅を所有できる。但し、所有期間は証明書を発給された日から起算して 50 年間を超えてはいけない。需要がある場合、政府の規定に従って所有期限を延長することができる。住宅所有期間は証明書に明記しなければならない。
ベトナム人、又は外国に定住しているベトナム人と結婚する外国の個人は、安定的かつ長い期間で住宅を所有できるし、ベトナムと同様に住宅所有者の権限を有する。
d) 外国の組織に対しては、住宅に関する購入・購入権付き賃貸・贈与・相続などの契約書の合意に基づいて住宅を所有できる。但し、所有期間は、当該組織に発給した投資認可書の期限（延長期間を含む）を超えてはいけない。住宅の所有期間は、当該組織が所有証明書を受ける日から起算し、その証明書に明細される。
d) 本法の規定に従う住宅所有期間が切れる前に、所有者は、ベトナムにおける住宅を所有できる者にその住宅を贈与・売却することができる。住宅所有期間が超えても、所有者が住宅を贈与・売却しなければ、国家はその住宅の所有者になる。

第 162 条：住宅を所有する外国の組織・個人の義務
1. 本法の第 159 条第 1 項の a の規定に従う外国の組織・個人は、本法の第 11 条の規定に従う住宅所有者の義務を負う。
2. 本法第 159 条第 1 項の b，c の規定に従う組織・個人は、ベトナム人と同様で住宅所有者の義務を負う。しかし、以下の規定を順守しなければならない：
a) 所有者が外国の個人である場合、法律で禁止されない事業として使用するために住宅を賃貸することができる。しかし、所有者は、住宅を賃貸する前に、建設省の指導に従って当該住宅の所在地における住宅管理機関（町レベル）に住宅の賃貸について文書にて通知しなければならない。また、法律の規定に従って賃貸事業から発生する税金を支払わなければならない。
外国の個人がベトナム人、又は外国に定住しているベトナム人と結婚する場合、その外国人はベトナム人と同様で住宅所有者の義務を負う。
b) 住宅所有者が外国の組織である場合、その組織に努めている従業員のみに当該住宅を提供することができる。当該住宅が賃貸用、事務所用、その他の目的として使用してはいけない。
c) ベトナムにおいて活動している信用組織を通して賃貸料金、購入権付き賃貸料金を支払う。

特別寄稿

日本の経済人から見た ベトナムビジネスへの提言

電源開発株式会社　名誉顧問
中垣　喜彦　氏

昭和13年福岡県生まれ。昭和36年3月九州大学法学部卒業。同年4月電源開発株式会社入社。その後、同社代表取締役社長を経て、現在同社名誉顧問。一般財団法人 石炭エネルギーセンター会長、東京瓦斯株式会社取締役（社外）、民間外交推進協会役員（日越文化経済委員会委員長）を兼任。

中進国を目指すベトナム経済の今後の改革・向上について

【ベトナム経済発展の経過と現状】

　ドイモイ（刷新）政策を改革の基調として、ベトナム経済は2000年代に入り、日本をはじめ諸外国からの投資の拡大と、ODAによる政策的インセンティブを梃子に、7～8％の高い成長率を実現している。1人当りGDPも、2010年には1,000米ドルを超え、現在1,900米ドル程度の水準に到達している。しかしこの間、経済の高成長に伴い、2度にわたり激しいインフレーションが引き起され、国民生活を苦しめることとなった。輸入超過の増大、ドンレートの低下、銀行不良債権の増加など高成長による負の経済現象によるものである。このためベトナム政府は2011年以降経済の緊縮化に方針を転換し、金融引き締めなどの施策を実施した結果、ここ数年間の成長率はほぼ5％台に低下し、インフレ率も1ケタに収束され、現在比較的安定した経済状況が確保されている。この間、日本からのベトナム投資とODA援助の累積量は各国の中で第1位であり、日本のベトナム経済への寄与度にはきわめて高いものがある。

　また、2014年に入ってからの状況の推移を見ると、年初から7カ月間のベトナム経済は概して順調である。鉱工業生産指数は、2013年同期比＋6.2％、中でも製造業は、＋8.1％と好調を保っている。また外国からの直接投資（FDI）は95億米ドル拡大し、特に韓国サムスン系企業が10億米ドルの新規認可を得たのが目立つ。輸出は＋14.1％（＋831億米ドル）輸入は＋11.4％（＋822億米ドル）で、貿易収支も黒字になっている。他方、インフレ率も年初からの伸び率は、1.0％の低位に留まっている。

　しかし、このように現在の安定状態にあるベトナム経済が、今後自立的・長期的な軌道に乗って、中進国へ向けての発展成長を目指す過程は、決して平坦なものではなく、大きな課題への挑戦が避けられないと思われる。特に2015年から2018年の間に実施される予定のASEAN加盟国による全面貿易自由化の大波に対応しつつ、着実な発展を続けることは、ベトナムにとって決して容易なことではない。

　このASEAN貿易自由化を目前にして、これまでのベトナム経済へのアプ

● 特別寄稿 ●

ローチを踏まえながら、今後解決していくべき主要課題を掘り下げ、昨今のベトナム訪問を通して感じたベトナム経済発展の基本命題と思われる「工・商業と農業のバランスのとれた総合的発展」という国づくりの目標を、貿易自由化に対応しつついかに進めるべきか、また日本の政府と企業がどのようにこれに参画・協力していくべきか、以下考え方を整理した。

【ベトナム国の強味と弱味】

　中進国という新しい国造りへのステップを踏出すに当って、改めて現段階におけるベトナム社会・経済の強味と弱味を明確に認識しておくことが、具体的な経済底上げの方策を考える上でも、重要かつ有効であると思う。

1．ベトナムの強味（アドバンテージ）
(1)　ベトナムの人口は2014年現在約9,000万人であり、安定している。また、その人口構成を見ると、40才未満の人口が全体の65％を占めており、人口ボーナスに恵まれた若々しい国であることは、国づくりの基盤的な強味である。また2つの独立戦争を通じて、その民族的優秀性は実証済である。

(2)　食の自給自足
　ベトナムは、メコンと紅河という2つのデルタによる沃野と気候に恵まれいる。特にメコンデルタではコメの3期作も定着し、完全なコメを中心とした食の自給自足体制が確立されており、大きな輸出ポテンシャルを有している。

(3)　政治的安定と改革開放原理の浸透
　共産党を中心とした社会主義的政治体制が定着化して、政治的安定感があり、またドイモイ政策を基調とした経済と市場の改革・解放原理が、次第に内部経済に浸透してきている。

2．ベトナムの弱味（克服すべき課題）
(1)　ベトナムの工業化については、これまで日本をはじめ諸外国からの直接投資とODAに支えられ製造業を中心に発展しているが、一方で地場資本・技術に根差した自立産業、裾野産業の育成と定着が遅れている。また軽工業品、日常用品などについて、輸入産品への依存度が高く、特に中国・韓

国両国からの輸入比率が、43％と突出している。
(2)　農村の居住人口が全体の70％と極めて高いのに比し、農業のGDP寄与率は、依然20％強に止まっており、農業の生産性と付加価値は高くない。結果として、農村から都市（農業から工・商業）への人口移動（流動化）はゆるやかで、都市労働力の需給がタイト化しつつある。
(3)　国営企業の民営化・効率化のスピードが鈍く、企業効率は高くない。この影響もあって、大規模なインフラ（電力・鉄道・港湾・都市交通など）の政策的整備・強化が遅れがちである。
(4)　若者の多い国であるのにかかわらず、義務教育（小・中学校）をはじめ、高等学校、専門学校、大学教育全体について、学校設備・教材などのハード面と教員・カリキュラムなどのソフト面の量的・質的不足から、いまだ午前・午後のツーシフト制が大半で、教育全体の質・量両面の強化が不可欠な状況にある。

　当然のことではあるが、これからのベトナム国が、ASEAN貿易自由化の流れを乗り切って、中進国への道を着実に進んでいくには、何よりもこれらの強味を最大限に活かし、弱味と課題を克服していくことが政策発想の基本とならねばならない。

● 特別寄稿 ●

ベトナム経済のさらなる発展への取り組みについて

【工業部門の取り組みについて（自立産業、裾野産業の発展）】

　ここ数年間の日越官民対話を通じて、今後のベトナムにおける自立的工業分野の対象として、次の6業種が選定されている。すなわち「電子産業」「農水産加工産業」「農業機械産業」「環境・省エネ産業」「自動車産業」そして「造船業」である。またこのほか、繊維産業・鉄鋼産業などについても議論されている。ここではまず5業種（造船業については、当面検討を留保）を中心に、現状と今後の取り組み方向を探ってみたい。

（1）　電子産業（家電製品、AV機器、通信機器、PC関連機器など）

　電子産業は、日本をはじめ、海外諸国からの投資をベースとして、国内における生産工場の集積が最も進んでいる分野であるが、地場資本の経営的・技術的参画度は低い。特に海外輸出向きの電子製品は、投資国側主導で集積が進んでおり、ベトナム側は補助労働力提供が主たる役割に留まっている。ただこの分野は、家電製品をはじめ、中国からの輸入製品が国内市場に溢れており、今後ベトナム企業がこのシェアを取り返していくため、国内需要にフィットした競争力ある差別的製品を作り出すことを本格化すべきではないか。このためには、日本企業がこの産業分野におけるベトナム企業の自立化と裾野産業化（必要部品供給など）育成のため、経営手法と生産技術移転を容易とする合弁化を介した事業の根分けに協力していくことが望ましい。また官民での両国間話し合いがこれをサポートすることがますます必要となる。

（2）　農水産加工業

　農産品、水産品のほかに国産材による木製品分野を織込んで良いと思われる。いずれも、ベトナム国土から作られる原料を使って生産される物産品であるからである。この分野のうち農産物加工については、後述の農業部門の改革の項でも触れるが、水産物、木工製品いずれもベトナムの気候風土が生み出す原料加工による産品で、地域特性を生かしつつ、海外市場・顧客の指向を踏まえたより高度な加工度の向上による競争力強化の余地があるのではないか。またこれらの水産加工業、木工製造業などは、その立地条件次第では農・漁・山村の

活性化と余剰労働力の実質的な流動化にも寄与することに注目したい。

 （3） **農業機械製造業**

 農産物加工業と同様に、農業、特にコメ作りとの深い関係を有する機械・用具の製造分野である。すでに日本からも数社が進出しているが、今後特に考えるべきは、ベトナムの米作風土（北部と南部で、共通条件と差異条件がある）に合致した、より軽量化された省エネ型製品の開発であろう。これを進めるには、日本企業も、ベトナム農民自体の生活の知恵的な経験・知見を吸収・反映していく融合的な経営プロセスをはぐくんでいく必要がある。この中から、自主的な地場産業への根分けを、より容易にする道が拓けるのではないか。

 （4） **環境・省エネ関連製造業**

 きわめて幅の広い分野であるが、ベトナムにとっては、基礎的な技術整備からの立ち上げを必要とする新しい産業分野である。そのため、総花的な取り組みではなく、特に国内のニーズを踏まえた環境保全・整備に要する設備・製品と、ベーシックな省エネルギーに直結する設備・製品の製造から始めてみる考え方もあるだろう。言うまでもなく、これから中進国にふさわしい工・商業化が進む中で、工業生産と流通の活発化は、周辺の自然・社会環境に対する負の影響をもたらすことが懸念されるところであり、これを先取り的に抑制・緩和するための環境機器、省エネ機器に重点を置いた産業育成を考えるのが将来に向けて得策であろう。これについては、言うまでもなく環境・省エネ先進国日本の協力役割はきわめて大きい。

 （5） **自動車産業**

 ベトナム側の強い要望（バイクについては、大気汚染や交通渋滞との関連で、更なる生産拡大はベトナムの望むところではないと思われる。）もあって、自立産業、裾野産業育成のエース的な形で取り込まれた分野である。日本における自動車産業の発達の沿革とその経済的効果の大きさからも、うなずけるところではあるが、高度な自動車生産全体を支える技術移転自体、相当の長時間を要するプロセスであるから、当面ベトナムとしては、日本をはじめ先進国による国内工場立地を受皿拠点として、技術者の育成・涵養から、裾野産業プロセス（部品など生産・供給）への技術的・経営的条件整備を徐々に進めていくのが妥当と思われる。

なお将来の1つのビジョンとして、ベトナム国内さらには東南アジアの社会・風土条件にフィットした環境融和・省エネ型の小型国民車的な差別製品モデルの開発を指向することも、国民の気持ちを盛り上げていく上で検討されても良いのではないか。

（6） 縫製品、織物産業

日越協議の中でも、主要自立産業候補として議論されているが、2000年代、特に2008～2009年以降、縫製品・織物製品の生産量が急増し、輸出面でも上位をキープしている。原料となる繊維については海外からの輸入と国産原料の併用に依っているが、この分野は、農業部門と似てベトナム女性の織物・衣類に対する細やかな感性や資質を生かす差別性を有し、国内外において充分競争力を高めていくことのできる部門と思われる。内外市場それぞれの顧客ニーズに即しながら、カジュアルなものから比較的高級感ある多様なデザインとグレードの製品まで、特色ある製品製造技術を高めていくことが望まれる。日本企業との合弁は、このような技術力向上により一層のシナジー効果を生むと思われる。

3 農業部門（水産・林業分野を含む）の取り組みについて

【農業部門の推移と現状】

（1） ベトナム農業の概況

　ベトナムにとって、農業部門は、国の社会・経済全体を支える基幹産業である。食の自給自足を保ちつつ、より一層の生産性向上と付加価値の拡大によって、工業・商業部門の発展と並行しつつ、農業の有するポテンシャルをより一層活かしていくことが、ベトナム全体の総合的かつ均衡ある経済社会の発展を期する上で不可欠である。

　ベトナム農業は、計画経済時代の終焉と共に、その生産を急激に拡大してきた。その節目となったのは1988年の農業生産の全面自由化と1993年の土地法改正による各農家への農地使用権の付与であり、この間、耕作面積の拡大、耕作単位面積の増大、肥料投入、農機具導入、生産単位の拡大、農産物多様化などの手法によって、コメの生産量はドイモイ初期の1990年/1,900万トンから、2010年/4,000万トンへと、20年で2倍以上に増加した。また世界第2位のコメの輸出量も、2011年には約700万トンに達している。この様に主力作物のコメは、20年間で、生産量は2倍以上増え、コメの輸出量も世界第2位の位置を保持している。ただし現状では、作物栽培面積は頭打ち、コメの耕作面積も2000年をピークに減少しているが、コメ生産量の増加は続いており、土地生産性、労働生産性共に、向上が持続している。

（2） 農業の生産性向上

　1990年から2010年までの間における生産性の変化を見ると、作物栽培全体では、耕作面積1.5倍、生産額は2.6倍、労働人口は1.1倍と微増。また米作については、耕作面積は1.2倍、生産量は2.1倍と急増している。これらの生産性向上を支えた主要な生産手法改善施策としては、生産単位規模の拡大をはじめ、新品種の導入、肥料の質的向上、機械化による新農法の導入などが挙げられる。

　またコメ以外の輸出用工芸作物は、1990年代後半から、生産が伸び、2000年と2010年を比較すると、コーヒーは約1.4倍、茶・天然ゴム、コショウは

約2.5倍となり、コーヒー、コショウは輸出額で世界の1、2位を争うところまで成長した。

（3）農業の地域的特性

南北に長い国土であるため、異なる気候・風土あるいは歴史的沿革の差を理由に、ベトナム農業は、それぞれの地域によって特性を異にする。

北部の紅河デルタと南部のメコンデルタは、共にコメ生産を中心とした農作地帯であるが、生産様式が対照的である。紅河デルタでは、2ha以上の耕作地を有する農家は0.1％であるのに比し、メコンデルタでは、10％を超える農家が2ha以上の耕作地を有する（紅河デルタの100倍）。また、生産面積0.2ha以下の農家の割合は、紅河デルタが60％を超えているのに比し、メコンデルタでは8.5％に過ぎない。

南部・北部とも米作のほかホーチミン、ハノイ両都市における需要をバックに、野菜・果物をはじめ、コーヒー、コショウなどの作物栽培が進められている。両地域以外では、まず中部高原で輸出用コーヒー、天然ゴム、コショウの生産が盛んである。また、北部山岳、中部沿岸地域は、山岳地帯で森林面積のウェイトが高く、農業生産性が低い。このほかメコンデルタはエビ、ナマズなどの養殖が活発である。

（4）農村の労働年齢人口の推移と非農業部門労働力の増大

2001年のベトナムにおける農村労働年齢人口は2,910万人、このうち農業労働人口は2,316万人（農村労働年齢人口約79％）であった。これが2011年には、農村労働年齢人口が3,200万人に増加する中で、非農業労働人口は1,300万人（農村労働年齢人口の約40％）に上昇した反面、農業労働人口は1,900万人（同じく約60％）と400万人減少している。これは明らかにハノイ、ホーチミンという大工・商業都市を中心とした工業・商業部門による周辺農業地帯からの労働力雇用の増大と共に、農村内あるいは周辺部における工業団地（農村工業区）の進出による雇用増が影響していると思われる（この傾向は、人口稠密で農業経営規模の小さい紅河地域でより顕著である）。

【ベトナム農業の更なる改革と改善】

　前項で紹介した通り、農村居住人口約 7,000 万人、農業の GDP 寄与率 20 % 強という表面的なデータにかかわらず、ベトナム農業は、この 10 年間全体経済成長の流れの中で、静かに変革と向上を続けていることが認められる。その主たる特徴は、①コメをはじめ農業生産全体の増大、②コメ以外の工芸作物生産の増大、③メコンデルタを中心とした米作単位面積の大規模化、④農村における農業従事者の減少と非農業（工・商業）従事者の増大などである。明らかにベトナム農業は、着実に変革の道を歩みつつあり、今後工・商業の発展・強化を、食糧・労働力という基盤財の供給と産品輸出によって支える基幹産業として、この変革の幅とスピードをさらにアップしていくことが必要となる。具体的には次の諸策の推進が待たれるところである。

（1）　米作の生産性向上

　紅河デルタでは、小規模な米作単位面積を、農家間の共同経営化などによって地道に拡大すること、メコンデルタでは、現在の大規模農場化の流れを絶やさず、さらなる機械化などによる単位面積の引上げが続けられるべきこと。また両地域共通して言えるのは、地域風土に合ったコメの品種改良と農薬・肥料等の改質であり、同様に生産規模・風土条件に見合った機械化の推進（農機具製造部門とのより密接な連携を要す）であろう。またコメ・野菜・果物など農作物全体について、南部、北部それぞれの地域で、日本の農業が歴史的に累積してきた知見・経験がもっと生かされて良いのではないか。（日越協力による農事試験場拡大など）

（2）　工芸作物の生産拡充

　コーヒー、天然ゴム、コショウなどの工芸作物は、コメと共に外貨獲得の有力輸出材であり、今日まで着実に生産・輸出量が拡大しているが、市場側の需給変動によって、輸出価格・輸出量に大きな影響が出るのがネックである。そのため今後はより一層、販売・流通手法の改良、特に海外市場の開拓と情報収集そしてマーケター（マーケティング要員）養成に重点を置くべきであろう。また、コーヒーなどについては、輸出用としてのベトナムブランドを育て、高付加価値をつける工夫もあって良い。

（3） 水産加工品・木工品生産（前記自立工業部門製造業につながる）

水産加工品については、メコンデルタにおけるエビ・ナマズのみならず、新たな加工対象の掘り起こしと、加工手法の改良による付加価値拡大が待たれる。また輸出材としてすでに実績がある木工製品については、北部、中部の山岳地帯の森林管理・育成と連動して、優良原料木材の持続的供給体制を整備していく必要がある。

（4） 農村内部及びその周辺における関連自立工業立地

すでに実態的に先行しているが、農村居住労働力の新たな活用と自立製造分野の育成をリンクさせて進める上でも得策と考えられる。具体的には食品加工業、農業機械、製造業等について、農村・漁村・山村の内部あるいは周辺部での工場立地をより活用してはどうか。これによって職住近接による労働力流動化が比較的容易になると同時に、加工原料確保の面でもメリットが発生する（ただしこのような立地を進めるには、併行して流通・交通用道路整備と水・大気等の環境対策強化が不可欠である）。

4 電力インフラ部門の取り組みについて

（1） 電力インフラの現状と見直し

①発送電設備の状況

2012年で、総発電設備出力は約2,700万kW、これを地域別に見ると、北部が約1,200万kW、中部が500万kW、南部が1,000万kWとなっている。

需給バランスを見ると、北部、中部は余裕があるが、南部については、ほとんど予備力がないに近い状況である。また電源構成を見ると、全体設備については水力60％、石炭火力18％、ガス・石油火力21％、ディーゼル1％となっており、水力が大きい（またEVNとIPP供給力比率は、64：36である）。

ただ地域的には、北部では水力53％、石炭47％、南部では天然ガス・石油が80％、石炭が3％、水力が15％、中部では水力が100％近い。水力に圧倒的に依存している北部・中部については、kW的にはバランスしているが、渇水が発生した場合は、発生電力量が減少し、kWh需給にアンバランスが発生する恐れがある。

また、送電設備については、南北間に500kV送電線（2回線）が2ルート設備されているが、亘長がきわめて長く、送電損失率が高くなるため、南部・北部間の直接融通については限界がある。

②電力開発態勢について

1900年代においてはEVN（国営電力公社。現在3つのGENCOに区分）による直接開発が主力であったが、2000年代に入り、経済成長がスピードアップするにつれ、技術的、資金的にEVNの開発能力だけでは開発が遅延するため、EVN以外の国内企業によるIPP方式開発が増加している。また今後の開発プロジェクトについては、海外企業主体のBOT開発方式（主に海外炭火力）が、開発計画に数多く取り込まれる状況となっている。

③今後の電力需給見直しについて

第7次の電力プラン（ベースシナリオ）によると、今後の電力需要は、年率10％以上の増大が見込まれ、これをうけて、2012年で2,700万kW

の発電設備容量を

2015 年	4,000 万 kW
2020 年	6,200 万 kW
2025 年	8,300 万 kW
2030 年	12,000 万 kW

へと大規模な増強が必要とされている。

電源別に見ると、現在主力をなす水力とガス火力の比率が低下するのに比べ、石炭火力、特に海外輸入炭火力が大幅に増加することが見込まれており、次いで2020年代には原子力開発が頭を出し、再生エネルギーも微増する計画である。

④電気料金について

ベトナムの電気料金は、各国の料金水準に比べてかなり低い。

2011年以降、料金制度の改正が行われ、2011年、2012年と料金の引き上げが行われてきているが、2012年断面の料金改訂後のレベルは、1,437ドン（7.37セント）/kWhである。

また、家庭用については、使用量に見合った階段状の逓増料金制がとられ、工・商・農業用については、ロードの軽重を反映した時間帯に応じた時間帯別料金が適用される。

（2） 今後の電力開発推進上の課題と対策について

電力インフラの整備は、経済・社会の発展成長上、最優先のドライビングパワーである。しかし、今日までの電力開発計画達成度を見ると、2000年代に入ってからの平均的達成率は約70％であり、2011年、2012年においては大型水力などの運開によって、達成率が一時的に上昇しているものの、今後中・長期的に開発計画の順調な実行・消化を図っていくには、いくつかの大きな隘路を克服していくことが不可欠である。

①電力開発計画策定・実践の迅速化と効率化

過去の実績から推して、まず開発計画の実行スピードを引上げることが必要であるが、今後の主力となる海外炭火力をはじめとした計画遅延の主たる原因を分析すると、次のことが挙げられる。

A） 海外炭火力については、海外企業によるBOT方式の適用がすでに

オーソライズされているが、多くのプロジェクトが長時間の検討に埋もれて容易に起動していない。これには、責任官庁の商工省および運開後発生電力のオフティカーとなる EVN との協議・検討自体を、もっと効率的な形でスピーディーに進められるようにすることが不可欠だ。またこの中で、ベトナム側も BOT 投資に参入する海外企業側のプロジェクト・アイディアをより積極的に活かすと共に、特に適地の少ない大港湾を含めた発電所立地面に関して、ベトナム官民の一体的・積極的な支援が不可欠であり、これを欠くとプロジェクトが看板倒れになる。

B) 同じく BOT 方式に依る海外炭火力プロジェクトについては、そのベースロード電源としての特性を活かす上で、規模のメリットを追求する必要があるため、投資規模が大きくなり、大規模な資金調達が欠かせない。この資金ファイナンスに当って最も重要なのは、PPA（電力買取契約）による資金回収の確実性の担保である。供給料金レベルの適正化をはじめとして、投入原資の回収を確実とする PPA 締結のために、ベトナム側のより一層の前向きな対応が望まれる。

C) 電源の開発をスムーズに進める上で、建設資金調達は最大の課題の1つである。EVN の財務状況が厳しく、自己資金の捻出がままならない状況下では、IPP（国内事業主体）あるいは BOT（海外事業者主体）への依存度を引上げざるをえないが、EVN の財務状況改善と料金適正化も同時に必要である。また当然ながら、政府からの電力開発資金の持続的投入も不可欠であるから、社会インフラ全体に対する政府資金投入について、プライオリティを明確化した重点配分を徹底すべきだと思われる。さらに電源開発への政府資金ソース拡大のため、かつての我が国の財政投融資に相当する特別会計（あるいはファンド）の設置・運用も検討されるべきではないか。

D) 国内炭火力と輸入炭火力の拡大

2014 年現在ベトナムは約 500 万 kW の石炭火力を保有しているが、その主力は北部の国内炭燃焼火力である。しかし今後は国内炭の生産能力に限界があり、輸入炭火力が、火力発電設備の開発主力となる見

● 特別寄稿 ●

通しである。

　国内炭火力については、今後の新規開発分はもちろん、既設の老朽化設備についても逐次改造・リプレースを進め、発電効率向上と地域環境対策を強化し、生活と環境への影響をできるだけ緩和していくことがより重要となってくる。また、小規模国内炭火力については、コスト面、環境面からすると、リプレースによる設備統合が有利である。また長期的な国内炭鉱機能の保持を考えれば、輸入炭火力における適量の国内炭混炭燃焼方式の導入を準備しておくことが必要である。

　また輸入炭火力開発については、現在一部のプロジェクトがようやく動き出しているが、さらに EVN と BOT 事業者・投資者との協議の円滑化・迅速化を図ることが必要だ。

　さらに輸入炭火力は、その経済的特性を充分発揮させるために、大規模化が必要であり、加えて大容量の石炭船を受け入れる水深の深い大港湾が必要になる。この一体開発をスムーズ化するには、電力を消費する製造業が集積立地する工業団地と大港湾・大規模火力の一体開発が望ましく、このため PPP（Public Private Partnership）方式の導入による官・民の連携が具体化されねばならない。

E）　現在再生エネルギーについては、太陽光、風力を中心に、これから開発が推進される段階にあるが、北部・中部の山岳地帯から発生する木質バイオマス（営林による不要木材）と、農村から発生する植物性バイオマス（稲わら、もみがらなど）といった土着のバイオマス資源の再生エネルギーとしての発電利用が、より着実に進められる必要があろう。

　　特に木質バイオマス資源の再生エネルギーとしての発電利用は、次の意味でより着実に進められる必要があろう。つまり、木質バイオマスについては、小規模ではあっても、専焼もしくは石炭火力における混焼を通じて、火力発電による CO_2 の削減に効果を有すると共に、不要木材の有償化を介して、森林管理面にも循環的な経済的メリットをもたらす。農林行政と発電行政の連携により、着実な開発を進めることが期待される。

（3） 新たな発想に基づく大電力開発プロジェクト構想について

　　中進国としての競争力ある安定した経済を造り出していくには、貿易自由化の流れの中で、大規模な電力設備開発を、より便益性の高い形態で実践することにより、ベトナム経済の底上げを図るというオリジナルな総合開発構想によるパラダイムの転換が必要と思われる。

　　ベトナムは南北に長大な国であり、経済圏が北・中・南部に事実上分離しているため、電力についても、3地域間での相互融通・補完が困難であり、2つの500kV送電線も、地域間連系線としての充分な機能を果たしていない。また経済的には、北部・南部に比べ中部地域の経済・社会は発展への立ち上がりが遅れ、地域格差が生じている。

　　この2つの問題を一気に解決するため、将来に向けて次のような開発構想を検討してはどうか。まず、中部地域の海岸適地に、複数の自立産業、裾野産業関連工場群をコンビナート状に集積立地し、これに大規模電源（輸入炭火力）と大港湾を付置する。そして、この大電源による発生電力を当該工業コンビナート用と中部地域全体電化の動力源として活用すると共に、2ルートの送電線をBack to Back方式（直流活用）で改造して大規模電源に接続することにより、発生電力の北部・中部・南部への供給と、南・北間の長距離電力融通を同時に拡充するという構想である。

　　中部地域の社会・経済活性化と、三地域間電力融通・補完性の強化は、ベトナムの中進国への国造りの基盤となる可能性があり、PPP方式（Public Private Partnership）とBOT方式の組み合わせによる官民協力の総合開発プロジェクトについてのフィジビリティ・スタディを、日越間で速やかに開始することを提起したい。

5 学校教育の充実の重要性と緊急性について

　ベトナム国の最大の強味の1つは、先に指摘した通り、若い国民階層が多くて厚く、国全体が若々しい人的ポテンシャルに恵まれていることである。そのため、国全体の経済的・社会的活力を引上げ中進国から先進国へと長い発展の道を進みうるか否かは、最終的には当分継続するこの部厚な若年国民層の知力・体力の持続的向上を実現する、学校教育特に基礎教育の充実にかかっていると思う。

　しかしすでに指摘したように、ベトナムにおける9年間の小・中学校の義務教育はもとより高等学校、専門学校、大学に至るまで、1日を二部にシフトした半日制教育が一般的であるという。

　これはひとえにベトナム戦争の爪跡そのものと思われるが、経済がまさに中進国段階へ進もうとしている今こそ、学校設備、学校教材、学校教員そして教育カリキュラムの全体的強化・改善計画を早急に策定し全教育プロセスを、通常の全日教育をベースとしたものに変革していくべきではないか。

　これによって、国語、数学、理科、社会といった教科に加え、音楽、図工などの情操教育と国民の基礎体力を涵養する体育教育の導入強化により、より知性と教養と体力をあわせ持つ国民が育くまれるだろう。この中から新しいリーダー達が生まれると共に、アジアの中で占めるベトナム国の地政学的重要性に見合った中・長期的国造りが可能になると思う。

　その必要性が指摘されている職業教育（工・商・農）についても、その根幹をなすのは義務教育による基礎学習である。また、この教育改革・強化については、教育先進国であり戦禍の中からそれをなし遂げた日本こそ、最大の協力と貢献をなしうる位置にあることを強調したい。

6 ベトナムビジネスへの提言

【国有企業における国有株式売却代の活用について】

今後、各国営企業の位置付けに応じて、その国有株式の一部または全部の民間売却が株式市場で進められる場合、プレミアムを含めて、この売却代金をどう活用するかは、ベトナム国家財政にとって、重要な課題である。

有効活用の一手段として、この売却代金の相当部分を株式売却代から分離して国が新たに投じる資金運用特別会計に集積、これを長期低利資金として、重要性と緊急性の高い社会インフラ（電力設備はその筆頭分野）の開発母体組織に融資する財政システムを構築してはどうであろうか。社会インフラ整備の促進に対する財政的資金投与システムとして有効であろう。財政省、計画投資省を中心に、検討を進める必要があると思われる。

【電力開発に関連する新規プロジェクトの提案について】

既設南北連系送電線の設備改善と運用改革による電力連系機能強化と、大規模輸入炭火力を主力電源とする大港湾工業コンビナート（工業団地）との一体的開発によって、中部地域経済の振興と全国電力グリッドの運用高効率化を同時実現する。

● 開発の主旨

ベトナムは南北に細く長い国土を有し、南部・北部に比べ、長大な中部地域全体の経済的・民生的発展が遅れている。

また大電力需要地帯である北部紅河デルタ地域と南部メコンデルタ地域との間には、電圧500kV・2ルートの連系送電線が布設されているが、亘長がきわめて長く、架空線口径が小さいこともあって、地域連系線として充分活用されておらず、本格的な連系機能を果たしていない。

また今後の電源開発計画においては、BOT方式による大規模輸入炭火力の連続的開発が計画されており、その多くは長大な海岸線を有する中部地域に、大港湾を有する工業コンビナートと共に立地するものと予測される。

● 特別寄稿 ●

　このような南北送電連系の現状と今後の中部地域における大規模輸入炭火力開発の見通しに鑑み、既設南北連系送電線の連系設備機能強化を図ると共に、中部地域における大規模輸入炭火力と大港湾付工業コンビナートのワンセット開発、そして大規模輸入炭火力からの発電潮流を、南北連系線を活用して広域運用するための電気潮流制御所、これらの設備工事を一体的に開発・施工する新規プロジェクトを実施すれば、2020年ないし2025年以降のベトナム国内電源全体の効率的で広域的融通・運用と、中部地域経済振興の実現に資することができる。

● 設備構想の概略

　既設南北連系送電線（500kV・2ルート）については、中部地域経過区間の適所に、交・直流変換設備（Back to Back）を挿入・設置して全体線路を区分する。これにより、連系潮流の遠距離送電ロスを低下させると共に、1区間内で発生した短絡事故の他区間への波及を阻止し、連系機能の安定強化を図る。

　中部地域海岸線上の適地を確保して、水深15m以上の大港湾を建設、これに連動して大規模輸入炭火力を開発する。また、この発生電力を利用し、かつ大港湾による原材料輸入・製品輸出を行う自立産業・裾野産業の工場をコンビナートとして集中立地し、中部地域・経済振興（大規模雇用が発生し、地域GDPが増大）の起爆剤とする。

　さらに大規模輸入炭火力の発生電力の余裕分は、電源線を介して南北連系線にのせ、中部地域のみならず、北部・南部地域への広域融通電力として最大限に活用することによって、南北両地域の電源開発所要量を圧縮することが可能になる。このため、連系線と大規模輸入炭火力の近傍地に、電気潮流制御所を新設する。

【国内炭火力における環境対策について】

　ベトナム国内には、500万kW程度の国内炭火力があり、その立地サイトも生産炭鉱も北部に偏在している。また発電用に使用されるベトナムの石炭の質は、概して発熱量の低い低品炭が多く、燃焼効率も高くない。

　一方で、発電効率も高く、環境設備も整った輸入炭火力が増大すると、国内

炭火力の環境対策は、今問題になっている煤塵のみならず全体の大気汚染物質について、より厳しいものが要求される恐れがある。今後、既設・新設を問わず、国内炭火力の環境対策の強化策（設備更新を含む）を具体的に検討していく必要がある。

　また、環境対策の一環として、ベトナム国内の森林から発生する不用木材（営林から生ずる間伐材、伐採下枝、ゴム廃材など）、農業地帯から発生するモミガラ、稲ワラなどの植物性バイオマスを燃料とする専焼火力の里山地帯への建設や、既設国内炭火力における混焼システムの導入は、S分、N分、ダストの削減に役立つであろう。それだけでなく、バイオマス燃焼から発生するCO_2はニュートラルとなることから、地球温暖化対策にもつながる。再生エネルギー開発の一環として、具体的に検討の必要がある。

【小水力発電の開発促進】

　再生可能エネルギーの一環として、紅河デルタ、メコンデルタ地域を中心に、農村地帯における中小河川を利用した小水力の開発は、農村地域に対する直接供給が可能になれば、分散型電源として、送配電コストを減らし、オンサイト電源として効用が大きい。農村電化を通じ、農業近代化を支えるプロジェクトとして、小水力の開発計画のキメ細かいリサーチと策定を急ぐ必要がある。

巻末資料

最新 ベトナム企業法（改正版）

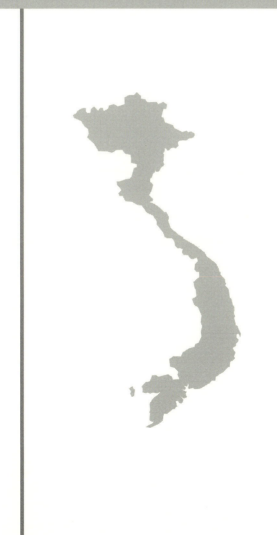

企業法

目次

第一章　総則
    第1条　調整範囲
    第2条　適用対象
    第3条　企業法及び各専門的法律の適用
    第4条　用語の解釈
    第5条　企業及び企業所有者に対する国家の保障
    第6条　企業における政治組織及び政治 – 社会組織
    第7条　企業の権利
    第8条　企業の義務
    第9条　各公益製品、役務を供給する企業の権利及び義務
    第10条　社会企業の指標、権利及び義務
    第11条　企業の資料保管制度
    第12条　企業の管理者に関する情報の変更の報告
    第13条　企業の法定代表者
    第14条　企業の法定代表者の責任
    第15条　組織である所有者、社員、株主の委任代表者
    第16条　組織である所有者、社員、株主の委任代表者の責任
    第17条　厳禁される各行為

第二章　企業の設立
    第18条　企業の設立、出資、株式の購入、持分の購入及び管理の権利
    第19条　企業登記前の契約
    第20条　私人企業の企業登記書類
    第21条　合名会社の企業登記書類
    第22条　有限責任会社の企業登記書類
    第23条　株式会社の企業登記書類
    第24条　企業登記申請書の内容
    第25条　会社の定款
    第26条　有限責任会社、合名会社の社員名簿、株式会社の発起株主名簿
    第27条　企業登記の手順、手続
    第28条　企業登記証明書の発給
    第29条　企業登記証明書の内容
    第30条　企業コード
    第31条　企業登記証明書の内容変更登記
    第32条　企業登記の内容の変更通知
    第33条　企業登記の内容の公示
    第34条　企業登記の内容に関する情報の提供
    第35条　出資財産
    第36条　出資財産の所有権の移転
    第37条　出資財産の評価
    第38条　企業の名称
    第39条　企業の名称選択における禁止事項
    第40条　企業の外国語による名称及び企業の略称
    第41条　支店、駐在事務所及び経営拠点の名称
    第42条　重複する名称、混同を生じさせる名称
    第43条　企業の本店
    第44条　企業の印章
    第45条　企業の支店、駐在事務所及び経営拠点
    第46条　企業の支店、駐在事務所の開設

第三章　有限責任会社
    第一節　二人以上社員有限責任会社
        第47条　二人以上社員有限責任会社
        第48条　会社の設立出資の履行及び持分証明書の発行
        第49条　社員登録簿
        第50条　社員の権利

第 51 条　社員の義務
第 52 条　持分の買取り
第 53 条　持分の譲渡
第 54 条　いくつかの特別な場合における持分の処理
第 55 条　会社の管理組織機構
第 56 条　社員総会
第 57 条　社員総会の会長
第 58 条　社員総会の招集
第 59 条　社員総会の会合の実施要件及び方式
第 60 条　社員総会の決議
第 61 条　社員総会の会合の議事録
第 62 条　書面による意見聴取の形式による社員総会の決議の採択手続
第 63 条　社員総会の決議の効力
第 64 条　社長、総社長
第 65 条　社長、総社長に就任する資格及び条件
第 66 条　社員総会の会長、社長、総社長及びその他の管理者の報酬、給与及び賞与
第 67 条　社員総会の承認が必要な契約、取引
第 68 条　定款資本の変更
第 69 条　利益分配の条件
第 70 条　払い戻した持分又は分配した利益の回収
第 71 条　社員総会の会長、社長、総社長、法定代表者、監査役及びその他の管理者の責任
第 72 条　管理者に対する訴えの提起
第二節　一人社員有限責任会社
第 73 条　一人社員有限責任会社
第 74 条　会社の設立出資の履行
第 75 条　会社所有者の権利
第 76 条　会社所有者の義務
第 77 条　いくつかの特別な場合における会社所有者の権利の行使
第 78 条　組織により所有される一人社員有限責任会社の管理組織機構
第 79 条　社員総会
第 80 条　会社の会長
第 81 条　社長、総社長
第 82 条　監査役
第 83 条　社員総会の構成員、会社の会長、社長、総社長及び監査役の責任
第 84 条　会社の管理者及び監査役の報酬、給与及びその他の利益
第 85 条　個人により所有される一人社員有限責任会社の管理組織機構
第 86 条　会社と関係者との契約、取引
第 87 条　定款資本の変更

第四章　国営企業
第 88 条　国営企業に対する規定の適用
第 89 条　管理組織機構
第 90 条　社員総会
第 91 条　社員総会の権限及び義務
第 92 条　社員総会の構成員の資格及び条件
第 93 条　社員総会の構成員の免任、解職
第 94 条　社員総会の会長
第 95 条　社員総会のその他の構成員の権限及び義務
第 96 条　社員総会の会長と各構成員の責任
第 97 条　社員総会の業務制度、会合の実施要件と方式
第 98 条　会社の会長
第 99 条　社長、総社長
第 100 条　社長、総社長の資格、条件
第 101 条　社長、総社長、その他会社を管理する立場の者の免任、解職
第 102 条　監査役会
第 103 条　監査役の資格及び条件
第 104 条　監査役会及び監査役の権限
第 105 条　監査役会及び監査役の業務制度
第 106 条　監査役の責任
第 107 条　監査役の免任、解職

第108条　定期的な情報公表
第109条　臨時の情報公表

第五章　株式会社
　　第110条　株式会社
　　第111条　株式会社の資本
　　第112条　企業登記の際に購入登録がされた株式の払込み
　　第113条　各種の株式
　　第114条　普通株主の権利
　　第115条　普通株主の義務
　　第116条　議決権優先株式及び議決権優先株主の権利
　　第117条　配当優先株式及び配当優先株主の権利
　　第118条　償還優先株式及び償還優先株主の権利
　　第119条　発起株主の普通株式
　　第120条　株券
　　第121条　株主登録簿
　　第122条　株式の引受募集
　　第123条　株式の個別引受募集
　　第124条　現在の株主に対する株式の引受募集
　　第125条　株式の発行
　　第126条　株式の譲渡
　　第127条　社債の発行
　　第128条　株式、社債の購入
　　第129条　株主の請求に基づく株式の買取り
　　第130条　会社の決定に基づく株式の買取り
　　第131条　買取りされる株式の支払いと処理の条件
　　第132条　配当の支払
　　第133条　買取りされた株式の支払金又は配当の回収
　　第134条　株式会社の管理組織機構
　　第135条　株主総会
　　第136条　株主総会の招集権限
　　第137条　株主総会の会合への出席権を有する株主の名簿
　　第138条　株主総会の会合の議事次第及び内容
　　第139条　株主総会の会合への招集
　　第140条　株主総会の会合への出席権の行使
　　第141条　株主総会の会合の実施要件
　　第142条　株主総会における会合の進行及び議決の方式
　　第143条　株主総会の決議の採択の形式
　　第144条　決議の採択要件
　　第145条　株主総会の決議を採択するために書面により株主の意見を聴取する権限及び方式
　　第146条　株主総会の会合の議事録
　　第147条　株主総会の決議の取消請求
　　第148条　株主総会の各決議の効力
　　第149条　取締役会
　　第150条　取締役の任期及び人数
　　第151条　取締役の機構、資格及び条件
　　第152条　取締役会の会長
　　第153条　取締役会の会合
　　第154条　取締役会の会合の議事録
　　第155条　取締役の情報提供を受ける権限
　　第156条　取締役の免任、罷免及び追加
　　第157条　会社の社長、総社長
　　第158条　取締役、社長、総社長の報酬、給与及びその他の利益
　　第159条　各利害関係の公開
　　第160条　会社の管理者の責任
　　第161条　取締役、社長、総社長に対する提訴権
　　第162条　株主総会又は取締役会の承認を必要とする契約、取引
　　第163条　監査役
　　第164条　監査役の資格及び条件
　　第165条　監査役の権限及び義務

第166条　監査役会の情報提供を受ける権限
第167条　監査役の給与とその他の経済的利益
第168条　監査役の責任
第169条　監査役の免任、罷免
第170条　年次報告書の提出
第171条　株式会社の情報の公開

第六章　合名会社
第172条　合名会社
第173条　出資の履行及び持分証明書の発給
第174条　合名会社の財産
第175条　合名社員に対する権利制限
第176条　合名社員の権利及び義務
第177条　社員総会
第178条　社員総会の招集
第179条　合名会社の経営運営
第180条　合名社員の資格の終了
第181条　新たな社員の受入れ
第182条　出資社員の権利及び義務

第七章　私人企業
第183条　私人企業
第184条　私人企業の投資資本
第185条　企業の管理
第186条　企業の貸付
第187条　企業の売却

第八章　会社グループ
第188条　経済グループ、総会社
第189条　親会社、子会社
第190条　子会社に対する親会社の権利及び責任
第191条　親会社 – 子会社の財務報告

第九章　企業の再編、解散及び破産
第192条　企業の消滅分割
第193条　企業の存続分割
第194条　企業の新設合併
第195条　企業の吸収合併
第196条　有限責任会社から株式会社への転換
第197条　株式会社から一人社員有限責任会社への転換
第198条　株式会社から二人以上社員有限責任会社への転換
第199条　私人企業から有限責任会社への転換
第200条　経営の一時停止
第201条　企業の解散の各場合及び条件
第202条　企業の解散手順、手続
第203条　企業登記証明書が回収された又は裁判所の決定による場合における企業の解散
第204条　企業の解散書類
第205条　解散決定後に禁止される各活動
第206条　支店、駐在事務所の活動の終了
第207条　企業の破産

第十章　執行
第208条　各国家管理機関の責任
第209条　経営登記機関
第210条　違反処理
第211条　企業登記証明書の回収
第212条　施行効力
第213条　詳細規定

国会   ベトナム社会主義共和国
法律　番号：68/2014/QH13   独立―自由―幸福

企業法[1]

ベトナム社会主義共和国憲法に基づき、国会は企業法を発行する。

第一章　総則

第1条　調整範囲　この法律は、有限責任会社[2]、株式会社[3]、合名会社[4]及び私人企業[5]からなる企業の設立[6]、管理[7]、再編[8]、解散[9]及び関係活動[10]について規定し、会社グループ[11]について規定する。

第2条　適用対象
1. 各企業
2. 企業の設立、管理、再編、解散及び関係活動に関連を有する機関、組織、個人

第3条　企業法及び各専門的法律の適用　専門的法律[12]が企業の設立、管理、再編、解散及び関係活動について特殊な規定を有する場合、当該法律の規定を適用する。

第4条　用語の解釈　この法律では、以下の各用語は次のとおり理解される。
1. 「外国の個人」[13]とは、ベトナム国籍を有しない個人をいう。
2. 「株主」[14]とは、株式会社の株式[15]を少なくとも一株保有する個人、組織をいう。「発起株主」[16]とは、株式会社の普通株式[17]を少なくとも一株保有し、発起株主名簿に署名した者をいう。
3. 「配当」[18]とは、株式会社の財務義務を履行した後の剰余からそれぞれの株式に対し現金又はその他の財産により支払われる純利益をいう。
4. 「有限責任会社」は、一人社員有限責任会社[19]と二人以上社員有限責任会社[20]からなる。
5. 「国家企業登記ポータル」[21]とは、企業登記をオンラインで実施し、企業登記に関する情報にアクセスするために使用されるポータルサイトをいう。
6. 「国家企業登記データベース」[22]とは、全国の企業登記に関するデータの集合をいう。
7. 「企業」とは、固有の名称を有し、財産を有し、営業所[23]を有し、法令の規定に従って設立登記された、事業を目的とする組織をいう。
8. 「国営企業」[24]とは、国が定款資本[25]を100パーセント掌握する[26]企業をいう。
9. 「ベトナム企業」[27]とは、ベトナムの法令に基づき設立又は設立登記され、ベトナムに本店[28]を有する企業をいう。
10. 「恒久的住所」[29]とは、組織については本店として登記した住所、個人については戸籍[30]に登録された住所、事業所[31]の住所又はその他の連絡住所[32]として企業に登録した住所をいう。
11. 「持分又は株式の市場価格」[33]とは、市場における前日の最高取引価格、売主と買主の間で合意された価格又は専門評価組織[34]が確定した価格をいう。
12. 「企業登記証明書」[35]とは、経営登記機関が企業登記に関する諸情報を記載して企業に対し発給する書面又は電子的書面をいう。
13. 「出資」[36]とは、財産を拠出して会社の定款資本とすることをいう。出資は、企業を設立するため又は既に設立された企業の定款資本を増資[37]するための出資からなる。
14. 「国家企業登記情報システム」[38]は、国家企業登記データベース、国家企業登記ポータル及びシステムの技術的基盤からなる。
15. 「適式な書類」[39]とは、この法律の規定に従った文書を十分に有し、当該各文書の内容が法令の規定に従って十分に申告されている書類をいう。
16. 「経営」[40]とは、営利を目的として、生産から市場における製品の販売又は役務の提供に至る投資過程の各段階の一つ、いくつか又はすべてを連続的に実施することをいう。
17. 「関係者」[41]とは、企業と直接又は間接に関係を有する以下の各場合における組織、個人をいう。
    a) 会社グループにおける子会社[42]に対する親会社[43]、親会社の管理者及び当該管理者を任命する権限を有する者
    b) 会社グループにおける親会社に対する子会社
    c) 企業の管理機関を通じて当該企業の決定、活動を支配する[44]ことができる者又はグループ
    d) 企業の管理者
    đ) 会社の管理者又は支配的な持分若しくは株式を保有する社員、株主の配偶者[45]、実父母、養父母[46]、実子、養子[47]、実兄弟姉妹[48]、義兄弟姉妹[49]
    e) この項a号、b号、c号、d号及びđ号に規定する者、会社から代理権を授与された者
    g) この項a号、b号、c号、d号、e号及びh号に規定する者や会社が、企業の各管理機関の決定を支配できる程度に所有する当該企業
    h) 会社の持分、株式若しくは利益を一手に集めるため[50]又は会社の決定を支配するために協同する[51]合意をした者のグループ
18. 「経営者」[52]とは、会社の管理者及び私人企業の管理者をいい、合名社員[53]、社員総会の会長[54]、社員総会の構成員[55]、会社の会長[56]、取締役会の会長[57]、取締役[58]、社長[59]又は総社長[60]及び会社の定款の定めに基づき会社の名義で会社の取引を締結する権限を有するその他の管理職の地位にある個人をいう。

138

巻末資料　最新 ベトナム企業法（改正版）

19. 「企業の発起人」[61]とは、企業を設立する又は設立するために出資する組織、個人をいう。
20. 「外国投資家」[62]とは、投資法の規定に基づき外国投資家であるとされる組織、個人をいう。
21. 「持分」[63]とは、有限責任会社、合名会社について一人の社員が出資した又は出資を誓約した財産の総額をいう。「持分割合」[64]とは、有限責任会社、合名会社の一人の社員の持分の定款資本に対する割合をいう。
22. 「公益製品、役務」[65]とは、国土、一領土区域の住民共同体の経済社会生活に不可欠な製品、役務であって、国が一般の利益又は国防、治安維持のために保証する必要があり、これらの製品、役務の市場メカニズムによる生産、供給は費用に見合わず困難であるものをいう。
23. 「会社の社員」[66]とは、有限責任会社又は合名会社の定款資本の一部又は全部を保有する個人、組織をいう。
24. 「合名会社の社員」[67]は、合名社員と出資社員[68]からなる。
25. 「企業の再編」[69]とは、企業の消滅分割[70]、存続分割[71]、新設合併[72]、吸収合併[73]、形態の転換[74]をいう。
26. 「外国組織」[75]とは、外国において外国の法令に基づき設立された組織をいう。
27. 「外国投資家の持分、株式保有割合」[76]とは、ベトナム企業における外国投資家全員の議決権付き資本の総保有割合をいう。
28. 「議決権付き資本」[77]とは、その保有者が社員総会[78]又は株主総会[79]の決定権限に属する諸事項に関する議決権を有する持分又は株式をいう。
29. 「定款資本」とは、有限責任会社、合名会社について設立時に各社員が出資した又は出資を誓約した財産の総額、株式会社について企業の設立時に販売した又は購入の登録がなされた株式の額面額[80]の総額をいう。

第5条　企業及び企業所有者に対する国家の保障
1. 国家は、この法律が定める各種形態の企業の長期にわたる存在及び発展を公認し、各企業が所有形態及び経済セクターの違いによる差別を受けないという法令の下の平等を保障し、経営活動の合法的営利性を承認する。
2. 国家は、企業及び企業所有者の財産所有権、投下資本、収入、各権利及びその他の合法的利益を公認し、保護する。
3. 企業及び企業所有者の合法的な財産及び投下資本は国有化されず、行政措置により没収されない。
　　国防、治安上の理由又は国家の利益、緊急状態、災害の予防、対応のために真に必要な場合、国家は企業の財産を収用又は徴用し、賠償とともに徴用する。企業は、収用又は徴用の時点における市場価格により、収用の場合は精算を、徴用の場合は賠償を受ける。精算又は賠償は企業の利益を保証するものでなければならず、各種形態企業の間における差別的取扱いはしない。

第6条　企業における政治組織及び政治−社会組織
1. 企業における政治組織、政治−社会組織は、憲法、法令及び組織の定款の規定に従って活動する。
2. 企業は、企業における政治組織、政治−社会組織の設立を尊重し、その阻害、困難の惹起をしてはならず、また、労働者がこれらの各組織の活動に参加することの阻害、困難の惹起をしてはならない義務を負う。

第7条　企業の権利
1. 法律が禁止しない諸分野、業種において自由に経営する。
2. 自主的に経営し、経営組織の形態を選択する；主体的に経営分野、業種、地域、形態を選択する；主体的に経営の規模、分野、業種を調整する。
3. 資本の呼込み、分配、使用の形式、方式を選択する。
4. 主体的に市場、顧客を開拓し、契約を締結する。
5. 輸出、輸入事業を行う。
6. 事業の要請に従って労働者を採用し、雇用し、使用する。
7. 経営の効率性、競争力を向上するために主体的に科学及び技術を応用する。
8. 企業の財産を占有、使用、処分する。
9. 法令の規定に基づかない資源供給の要求を拒否する。
10. 不服申立て、告発に関する法令の規定に従い、不服申立て、告発をする。
11. 法令の規定に従い、訴訟に参加する。
12. 関係法令の規定に基づくその他の権利

第8条　企業の義務
1. 投資法の規定に基づく条件付きの諸経営投資分野の経営を行うときは、すべての経営条件を満たし、経営活動の過程においてそれらすべての経営投資条件を維持する。
2. 会計及び計算に関する法令[81]の規定に従い、誠実、正確、期限内に会計処理を行い、財務報告書を作成して提出する。
3. 法令の規定に従い、租税申告し、納税し、その他の各財務義務を履行する。
4. 労働に関する法令の規定に従って労働者の権利、合法的、正当な利益を保障する；企業における労働者の名誉、人格の差別対応、毀損は許されない；強制労働者、少年労働者を使用してはならない；労働者が学歴、職業技術の向上に参加するために有利な条件を支援、創設しなければならない；法令の規定に従って労働者に対する社会保険、失業保険、医療保険及びその他の保険制度を実施する。
5. 法令に規定する基準又は登記若しくは公表された基準に従い、商品、役務の品質を保証し、責任を負う。
6. この法律の規定及び関係法令のその他の規定に従い、企業登記、企業登記の内容変更登記、設立及び活動、報告に関する情報の公開義務及びその他の各義務を完全かつ遅滞なく履行する。
7. 企業登記書類及び各報告書中で申告した情報の誠実性、正確性につき責任を負う；申告又は報告した情報が正確さを欠き、十分なものではないことを発見した場合は、その各情報を遅滞なく修正、補充しなければならない。

8. 国防、治安、社会の秩序、安全、両性の平等、天然資源、環境の保護、歴史的遺産、文化及び名勝旧跡の保護に関する法令の規定を遵守する。
9. 顧客及び消費者の権利、合法的利益を保護するため、経営倫理に関する義務を履行する。

第9条 各公益製品、役務を供給する企業の権利及び義務
1. この法律第7条、第8条の規定及びその他の関係規定に基づく各権利及び義務
2. 入札に関する法令に規定する価格又は権限を有する国家機関が定める役務使用費用に従い、支出の補てんを受ける。
3. 投下資本の回収及び合理的利益の確保に適した製品、役務の供給期限の保証を受ける。
4. 権限を有する国家機関が定めた価格又は費用に従い、十分な数量、適切な品質の製品、役務を誓約した期限内に供給する。
5. 各顧客に対して同様に公平で有利な各条件を保証する。
6. 数量、品質、供給条件及び供給製品、役務の価格、費用について、法令及び顧客に対して責任を負う。

第10条 社会企業の指標、権利及び義務
1. 社会企業は以下の各指標を満たさなければならない。
    a) この法律の規定に従い設立登記された企業であること
    b) 活動目標は共同体の利益のために社会、環境問題の解決を目指すものであること
    c) 登記されたとおり、社会、環境目標の実現を目指す再投資のために企業の年間総利益の少なくとも51パーセントを使用すること
2. この法律の規定に基づく企業の各権利及び義務のほか、社会企業は以下の各権利及び義務を有する。
    a) 活動の全過程においてこの条第1項b号及びc号に規定する目標及び条件を維持する；活動中の企業が社会企業になることを希望する場合又は社会企業が社会的、環境的目標を断念し、再投資のために利益を用いない場合、企業は法令の規定による各手続を進めるため権限を有する機関に対して通知しなければならない。
    b) 社会企業の企業所有者、管理者は、法令の規定に従って、許可証、証書及び関係証明書の発給において検討され、有利な取扱い及び援助を受ける。
    c) 企業の管理費用及び活動費用を補てんするため、ベトナム及び外国の各個人、企業、非政府組織及びその他の組織から、様々な各形式の下で財務援助を呼込み、受けることができる。
    d) 企業が登記した社会、環境問題を解決するための管理費用及び活動費用の補てん以外の目的のために、呼び込まれた財務援助を使用してはならない。
    đ) 各優遇措置、補助を受けている場合、社会企業は毎年定期的に権限を有する機関に企業の活動状況を報告しなければならない。
3. 国は、社会企業の発展を奨励し、補助し、促進する政策を講ずる。
4. 政府はこの条の詳細を定める。

第11条 企業の資料保管制度
1. その形態に応じて、企業は以下の各資料を保管しなければならない。
    a) 会社の定款；会社の内部管理規則；社員登録簿又は株主登録簿
    b) 工業所有権保護証明書；製品品質登録証明書；その他の許可証及び証明書
    c) 会社の財産所有権確認資料、文書
    d) 社員総会、株主総会、取締役会の会合の議事録；企業の各決定
    đ) 証券発行目論見書
    e) 監査役会の報告書、監査機関の結論、会計監査組織の結論
    g) 会計帳簿、証憑、年次財務報告書
2. 企業は、この条第1項に定める各資料を本店又は会社の定款で定められたその他の拠点において保管しなければならない；保管期限は関係法令の定めに従うものとする。

第12条 企業の管理者に関する情報の変更の報告
企業は、以下の者の氏名、連絡住所、国籍、公民身分証明カード、人民証明書、旅券又はその他の合法的な個人身分証明書の番号に関する情報の変更があったときから5日以内に、会社本店所在地の経営登記機関に対し、報告しなければならない。
1. 株式会社においては取締役
2. 監査役会の構成員又は監査役
3. 社長又は総社長

第13条 企業の法定代表者
1. 企業の法定代表者とは、企業の取引から発生する各権利を行使し、義務を履行する際に企業を代表し、仲裁人、裁判所の前で、原告、被告、利害関係者として企業を代表し、法令の規定に基づくその他の各権利及び義務につき企業を代表する個人である。
2. 有限責任会社及び株式会社は、一人又は複数人の法定代表者を有することができる。会社の定款は、企業の法定代表者の人数、管理職及び権限、任務を具体的に定めなければならない。
3. 企業は、少なくとも一人のベトナムに居住する法定代表者を常時確保しなければならない。企業が一人の法定代表者のみを有する場合は、その者はベトナムに居住しなければならず、ベトナムから出国するときは、法定代表者の権限の行使及び義務

巻末資料　最新　ベトナム企業法（改正版）

の履行を他人に対して書面により委任しなければならない。この場合において、法定代表者は引き続き委任した権限の行使及び義務の履行につき責任を負う。
4. この条第3項による委任の期限が終了したが、企業の法定代表者がベトナムにまだ戻らず、他の委任も存在しない場合は、以下の規定により処理される。
   a) 私人企業においては、委任を受けた者は、企業の法定代表者が企業における業務に復帰するまで、引き続き、委任を受けた範囲内で法定代表者の各権限を行使し、義務を履行する。
   b) 有限責任会社、株式会社、合名会社においては、委任を受けた者は、会社の法定代表者が企業における業務に復帰するまで又は会社所有者、社員総会、取締役会がその他の者を企業の法定代表者に選定することを決定するときまで、引き続き、委任を受けた範囲内で法定代表者の各権限を行使し、義務を履行する。
5. 企業が一人の法定代表者のみを有するが、30日を過ぎてベトナムを不在とし、企業の法定代表者の各権限の行使及び義務の履行を他人に委任しなかった場合又は死亡し、所在不明となり、勾留され、懲役刑を宣告され、民事行為能力の制限を受け若しくはこれを喪失した場合は、会社所有者、社員総会、取締役会はその他の者を会社の法定代表者に選定する。
6. 二人の社員がいる有限責任会社については、会社の法定代表者を務める個人である社員が、勾留され、懲役刑に処せられ、居所を離れて身を隠し、死亡し、民事行為能力を喪失し若しくはその制限を受け、又は裁判所が密輸、偽造品、違法経営、脱税、顧客に対する詐欺に関する罪及び刑法典の定めるその他の罪を犯したことにより営業権を剥奪したときは、残る社員は、社員総会が新たな決定をするときまで、当然に会社の法定代表者となる。
7. いくつかの特別な場合において、管轄権を有する裁判所は、裁判所の訴訟過程における法定代表者を指定する権限を有する。

第14条　企業の法定代表者の責任
1. 企業の法定代表者は以下の責任を負う。
   a) 企業の合法的利益を保障するため、誠実、慎重、最善の方法で、与えられた各権限を行使し、義務を履行する。
   b) 企業の利益に忠実であり、私利のため又は他の組織、個人の利益に資するために、企業の情報、ノウハウ、経営機会を使用せず、地位、職務を濫用せず、企業の財産を使用しない。
   c) 法定代表者若しくはその関係者が他の企業の所有者となり又は他の各企業の支配株式、支配持分を保有することになったときは、遅滞なく、完全かつ正確に企業へ通知する。
2. 企業の法定代表者は、この条第1項に規定する義務違反により企業に与えた諸損害に対して個人責任を負う。

第15条　組織である所有者、社員、株主の委任代表者
1. 組織である会社所有者、社員、株主の委任代表者とは、書面による委任を受け、当該所有者、社員、株主の名義でこの法律の規定に基づく各権利を行使し、義務を履行する個人をいう。
2. 会社の定款に異なる定めがない場合、委任代表者の選定は以下の規定に従ってなされる。
   a) 二人以上社員有限責任会社の社員で少なくとも定款資本の35パーセントを保有する組織は、最大3人の代表者に委任することができる。
   b) 株式会社の株主で少なくとも普通株式総数の10パーセントを保有する株式会社の株主は、最大3人の代表者に委任することができる。
3. 組織である所有者、社員、株主が複数の委任代表者を選定する場合、各代表者の持分、株式の数を具体的に確定しなければならない。会社所有者、社員、株主がそれぞれの委任代表者に対応する持分、株式の数を確定しない場合、持分、株式の数は選定された委任代表者の数に応じて公平に分けられる。
4. 委任代表者の指定は書面によらなければならず、会社に通知する必要があり、会社が通知を受けた日以降にのみ会社に対する効力を有する。委任状は以下の主要な各内容を含まなければならない。
   a) 所有者、社員、株主の名称、企業コード、本店の住所
   b) 委任代表者の数及び各委任代表者に対応する株式、持分の割合
   c) 委任代表者一人ずつの氏名、恒久的住所、国籍、公民身分証明カード、人民証明書、旅券又はその他の合法的な個人身分証明書の番号
   d) 委任代表者一人ずつに対応する委任期限；その場合においては委任を受けた開始日を明記する。
   đ) 所有者、社員、株主の法定代理人、委任代理人の氏名、署名
5. 委任代表者は以下の各資格及び条件を備えなければならない。
   a) 完全民事行為能力を有する。
   b) 企業の設立及び管理を禁止される対象者に当たらない。
   c) 国が定款資本の50パーセントを超える持分又は株式を掌握する会社である社員、株主は、会社[82]の管理者及びその任命権限者の配偶者、実父母、養父母、実子、養子又は実兄弟姉妹を、他の会社[83]における委任代表者として選定することができない。
   d) 会社の定款が定めるその他の各資格及び条件

第16条　組織である所有者、社員、株主の委任代表者の責任
1. 委任代表者は、この法律の規定に従い、所有者、社員、株主の名義で、社員総会、株主総会における所有者、社員、株主の各権利を行使し、義務を履行する。所有者、社員、株主が、社員総会、株主総会において、所有者、社員、株主の各権利の行使、義務の履行につき委任代表者に対して加えたすべての制限は、いずれも第三者に対して効力を有さない。
2. 委任代表者は社員総会、株主総会に十分に出席する責任を有する；誠実、慎重、最善の方法で、委任された各権利を行使し、義務を履行し、委任した所有者、社員、株主の合法的利益を保護する義務がある。

3. 委任代表者は、委任した所有者、社員、株主に対し、この条に規定する各義務違反による責任を負う。委任した所有者、社員、株主は、第三者に対し、委任代表者を通じて行使された権利及び履行された義務に関して発生した責任につき責任を負う。

第17条　厳禁される各行為
1. この法律の規定に反して、企業登記証明書を発給し又は発給を拒否し、企業の発起人に対しその他の文書の追加提出を要求する；企業の発起人及び企業の経営活動に遅延、煩雑、妨害、嫌がらせを行う。
2. 企業の所有者、社員、株主がこの法律及び会社の定款の規定に基づく各権利を行使し、義務を履行するのを妨害する。
3. 登記していない企業形態で経営活動を行う又は企業登記証明書が回収された後も経営活動を継続する。
4. 企業登記書類の内容及び企業登記の内容変更登記書類の内容につき誠実でなく、正確でない申告をする。
5. 虚偽の定款資本を申告し、登記されたとおりに定款資本を全額出資しない；故意に出資財産の価格を正しくない価額で決定する。
6. 経営投資禁止分野、業種を経営する；条件付き経営投資分野、業種を投資法の規定に基づく各経営条件を満たさずに又は活動過程中に経営条件を満たし続けることを保証せずに経営する。
7. マネーロンダリング、詐欺及びその他の法令違反行為

第二章　企業の設立

第18条　企業の設立、出資、株式の購入、持分の購入及び管理の権利
1. 組織、個人は、この法律の規定に従ってベトナムにおいて企業を設立し、管理する権利を有する。ただし、この条2項に規定する場合を除く。
2. 以下の組織、個人は、ベトナムにおいて企業を設立し、管理する権利を有しない。
    a) 国家機関、人民武装部隊で、その機関、部隊の固有の利益を得る経営を行う企業を設立するために国の財産を使用するもの
    b) 幹部、公務員、準公務員[84]に関する法令に定める幹部、公務員、準公務員
    c) ベトナム人民軍隊に属する各機関、部隊の士官、下士官、専業軍人、国防工員、準公務員；人民公安に属する各機関、部隊の士官、専業下士官。ただし、企業における国の持分を管理するために委任代表者として選定された者を除く。
    d) 国営企業の指導、業務管理幹部。ただし、他の企業における国の持分を管理するために委任代表者として選定された者を除く。
    đ) 未成年者；制限民事行為能力又は民事行為能力喪失者；法人格を有しない組織
    e) 刑事責任の追及、懲役刑の執行、強制麻薬中毒治療施設、矯正教育施設へ入所させる行政処分決定を受けている者又は裁判所の決定に基づき、経営を行うこと、経営に関係する一定の職務を担当し若しくは業務を行うことを禁止されている者、破産、汚職防止に関する法令の規定に基づくその他の各場合
    経営登記機関が求める場合、企業の設立登記者は、司法履歴票を経営登記機関に提出しなければならない。
3. 組織、個人は、この法律の規定に従って株式会社、有限責任会社、合名会社に出資し、株式を購入し、持分を購入する権利を有する。ただし、以下の場合を除く。
    a) 国家機関、人民武装部隊で、その機関、部隊の固有の利益を得るために国の財産を使用して企業に出資するもの
    b) 幹部、公務員に関する法令の規定に基づき企業に出資することができない各対象者
4. この条第2項a号及び第3項a号の「その機関、部隊の固有の利益を得る」とは、以下のいずれかの目的をもって、経営活動から、出資、株式の購入、持分の購入から得られるあらゆる形式の収入を使用することである。
    a) この条第2項b号及びc号に規定する者の何人か又は全員に対しあらゆる形式により分配する。
    b) 国家予算に関する法令の規定に反して機関、部隊の活動予算に組み入れる。
    c) 機関、部隊の固有の利益に資する基金を設立する又は基金に組み入れる。

第19条　企業登記前の契約
1. 企業の発起人は、企業登記の前及び過程中に企業の設立及び活動に資する各種契約を締結することができる。
2. 企業が設立された場合、企業は、この条第1項に規定する締結された契約から発生する権利の行使及び義務の履行を引き継がなければならない。ただし、契約の各当事者が異なる合意をした場合を除く。
3. 企業が企業登記されなかった場合、この条第1項の規定に基づき契約を締結した者は、当該契約を履行する責任を負い、企業の発起人は連帯して責任を負う。

第20条　私人企業の企業登記書類
1. 企業登記申請書
2. 私人企業主の公民身分証明カード、人民証明書、旅券又はその他の合法的な個人身分証明書の写し

第21条　合名会社の企業登記書類
1. 企業登記申請書
2. 会社の定款
3. 社員名簿
4. 各社員の公民身分証明カード、人民証明書、旅券又はその他の合法的な個人身分証明書の写し
5. 外国投資家については投資法の規定に基づく投資登録証明書の写し

巻末資料　最新 ベトナム企業法（改正版）

第22条　有限責任会社の企業登記書類
1. 企業登記申請書
2. 会社の定款
3. 社員名簿
4. 以下の各文書の写し
   a) 個人である各社員の公民身分証明カード、人民証明書、旅券又はその他の合法的な個人身分証明書
   b) 組織である社員の組織の設立決定、企業登記証明書又はこれに相当するその他の資料及び委任状、委任代表者の公民身分証明カード、人民証明書、旅券又はその他の合法的な個人身分証明書
   　　外国組織である社員については、企業登記証明書又はこれに相当する資料の写しは合法な領事認証を受けていなければならない。
   c) 外国投資家については投資法の規定に基づく投資登録証明書

第23条　株式会社の企業登記書類
1. 企業登記申請書
2. 会社の定款
3. 発起株主及び外国投資家である株主の名簿
4. 以下の各文書の写し
   a) 個人である各発起株主及び外国投資家である株主の公民身分証明カード、人民証明書、旅券又はその他の合法的な個人身分証明書
   b) 組織である各発起株主及び外国投資家である株主の組織の設立決定、企業登記証明書又はこれに相当するその他の資料、及び委任状、委任代表者の公民身分証明カード、人民証明書、旅券又はその他の合法的な個人身分証明書
   　　外国組織である株主については、企業登記証明書又はこれに相当する資料の写しは合法的な領事認証を受けていなければならない。
   c) 外国投資家については投資法の規定に基づく投資登録証明書

第24条　企業登記申請書の内容
1. 企業の名称
2. 企業の本店の住所；電話番号、ファクシミリ番号、電子メールアドレス（あれば）
3. 予定している経営分野、業種
4. 定款資本；私人企業主の投資資本
5. 株式会社については、株式の種類、各種株式の額面額及び株式の種類ごとの引受募集対象株式[85]の総数
6. 租税登録情報
7. 予定している労働者の数
8. 私人企業主及び合名社員の氏名、署名、恒久的住所、国籍、公民身分証明書カード、人民証明書、旅券又はその他の合法的な個人身分証明書の番号
9. 有限責任会社及び株式会社については、企業の法定代表者の氏名、署名、恒久的住所、国籍、公民身分証明カード、人民証明書、旅券又はその他の合法的な個人身分証明書の番号

第25条　会社の定款
1. 会社の定款は、企業登記時の定款と活動の過程中に修正、補充された定款からなる。
   会社の定款は、以下の主要な各内容を有していなければならない。
   a) 会社の本店の名称、住所；支店及び駐在事務所の名称及び住所（あれば）
   b) 経営分野、業種
   c) 定款資本；株式会社については株式総数、株式の種類及び株式の種類ごとの額面額
   d) 合名会社については各合名社員の、有限責任会社については会社所有者、社員の、株式会社については発起株主の氏名、住所、国籍及びその他の基本的な特徴点、並びに有限責任会社及び合名会社については、それぞれの社員の持分及び持分の価額、及び発起株主の株式の数、株式の種類、種類ごとの株式の額面額
   đ) 有限責任会社、合名会社については社員の、株式会社については株主の権利及び義務
   e) 管理組織機構
   g) 有限責任会社、株式会社については法定代表者
   h) 会社の決定の採択方式；内部紛争の解決原則
   i) 管理者及び監査人に対する報酬、給与及び賞与の確定根拠及び方法
   k) 社員が会社に対し、有限責任会社については持分、株式会社については株式の買取りを請求する権利を有する諸場合
   l) 税引後の利潤の分配及び損失処理の原則
   m) 会社が解散する各場合、解散の手順及び財産の清算手続
   n) 会社の定款の修正、補充の方法
2. 企業登記時の定款には、以下の者の氏名及び署名がなければならない。
   a) 合名会社については、各合名社員
   b) 一人社員有限責任会社については、個人である会社所有者又は組織である会社所有者の法定代表者
   c) 二人以上社員有限責任会社については、個人である社員及び組織である社員の法定代表者又は委任代表者

d) 株式会社については、個人である発起株主及び組織である発起株主の法定代理人又は委任代表者
3. 修正、補充された定款には、以下の者の氏名及び署名がなければならない。
  a) 合名会社については、社員総会の会長
  b) 一人社員有限責任会社については、所有者、所有者の法定代理人又は法定代表者
  c) 二人以上社員有限責任会社及び株式会社については、法定代表者

第26条 有限責任会社、合名会社の社員名簿、株式会社の発起株主名簿 有限責任会社、合名会社の社員名簿、株式会社の発起株主及び外国投資家である株主の名簿は、以下の主要な各内容を備えていなければならない。
1. 有限責任会社及び合名会社については個人である社員の、株式会社については個人である発起株主及び外国投資家である株主の氏名、署名、住所、国籍、恒久的住所及びその他の基本的な各特徴点
2. 有限責任会社及び合名会社については組織である社員の、株式会社については組織である発起株主及び外国投資家である株主の名称、企業コード及び本店の住所
3. 有限責任会社については組織である社員の、株式会社については組織である発起株主及び外国投資家である株主の委任代表者又は法定代表者の氏名、署名、住所、国籍、恒久的住所
4. 有限責任会社、合名会社については、社員ごとの持分、持分の価額、財産の種類、出資する財産ごとの数量、価額、持分の出資の期限；株式会社については、発起株主及び外国投資家である株主ごとの株式の数、株式の種類、財産の種類、株式出資する財産の種類ごとの財産の数量、価額

第27条 企業登記の手順、手続
1. 企業の発起人又は委任を受けた者は、経営登記機関に対しこの法律の規定に従った企業登記書類を提出する。
2. 経営登記機関は、書類を受領した日から3営業日以内に、企業登記書類の適式性を審査し、企業登記証明書を発給する責任を有する。企業登記証明書の発給を拒否する場合、企業の発起人に書面により通知しなければならない。通知には理由及び書類の修正、補充の各要求を明記しなければならない。
3. 政府は、企業登記の手順、手続、書類、企業登記証明書の発給、労働登録、社会保険、電子情報ネットワークを通じた企業登記について各機関の間の連携の詳細を定める。

第28条 企業登記証明書の発給
1. 企業は、以下の各条件を満たしたときに企業登記証明書の発給を受けることができる。
  a) 経営登記される分野、業種への経営投資が禁止されていない。
  b) 企業の名称がこの法律第38条、第39条、第40条及び第42条の規定に従い適切に選択された。
  c) 適式な企業登記書類を有する。
  d) 費用及び手数料に関する法令の規定に従って企業登記手数料を全額支払った。
2. 企業登記証明書が紛失、破棄、破損又はその他の形態により滅失された場合、企業は企業登記証明書の再発給を受け、費用及び手数料に関する法令の規定に従って手数料を支払わなければならない。

第29条 企業登記証明書の内容
1. 企業の名称及び企業コード
2. 企業の本店の住所
3. 有限責任会社及び株式会社については企業の法定代理人の；合名会社については各合名社員の；私人企業については企業主の氏名、恒久的住所、国籍、公民身分証明カード、人民証明書、旅券又はその他の合法的な個人身分証明書の番号。有限責任会社については、個人である社員の氏名、恒久的住所、国籍、公民身分証明カード、人民証明書、旅券又はその他の合法的な個人身分証明書の番号、組織である社員の名称、企業コード及び本店の住所
4. 定款資本

第30条 企業コード
1. 企業コードとは、国家企業登記情報システムにより付与される番号列をいい、企業に設立時に発給され、企業登記証明書上に記載される。それぞれの企業は、唯一の企業コードを有し、他の企業に発給されて再使用されることはない。
2. 企業コードは、租税に関する各義務を履行し、行政手続を実施し、その他の権利を行使し、義務を履行するために用いられる。

第31条 企業登記証明書の内容変更登記
1. 企業は、この法律第29条に規定する企業登記証明書の内容を変更するときは、経営登記機関で登記しなければならない。
2. 企業の法定代表者は、変更があった日から10日以内に企業の企業登記証明書の内容の変更を登記する責任を負う。
3. 経営登記機関は、書類を受領した日から3営業日以内に、書類の適式性を審査し、新たな企業登記証明書を発給する責任を有する。拒否する場合、企業に書面により通知しなければならない。通知には理由及び修正、補充の各要求（あれば）を明記しなければならない。
4. 裁判所又は仲裁組織の決定に基づく企業登記証明書の内容変更登記は、以下の手順、手続により行われる。
  a) 企業登記証明書の内容変更登記を申請する者は、判決又は決定が執行力を生じた日から15営業日以内に、権限を有する経営登記機関に対し変更登記申請書を提出する。登記には、執行力を有する判決又は決定の写しを添付しなければならない。
  b) 経営登記機関は、登記申請書を受領した日から3営業日以内に、審査し、執行力を有する判決又は決定の内容に従って新たな企業登記証明書を発給する責任を有する。拒否する場合、変更登記を申請した者に書面により通知しなければならない。通知には、理由及び書類の修正、補充の各要求（もしあれば）を明記しなければならない。

第 32 条　企業登記の内容の変更通知

1. 企業は、以下のいずれかの内容について変更したときは、経営登記機関に通知しなければならない。
   a) 経営分野、業種の変更
   b) 株式会社については、発起株主及び外国投資家である株主の変更。ただし、上場会社[86]を除く。
   c) その他の企業登記書類の内容変更
2. 企業の法定代理人は、変更があった日から 10 日以内に、企業登記の内容の変更を通知する責任を負う。
3. 会社は、会社の株主登録簿に登録された外国投資家である株主について変更があった日から 10 日以内に、会社の本店所在地の経営登記機関に書面により通知しなければならない。通知には、以下の内容を記載しなければならない。
   a) 名称、企業コード、本店の住所
   b) 株式を譲渡する外国投資家である株主については、組織である外国株主の名称、本店の住所；個人である株主の氏名、国籍、住所；当該株主の現在の株式の数、株式の種類及び会社における保有割合；譲渡する株式の数及び株式の種類
   c) 株式の譲渡を受ける外国投資家である株主については、組織である外国株主の名称、本店の住所；個人である株主の氏名、国籍、住所；譲渡を受ける株式の数及び株式の種類；譲渡を受けた後の当該株主の株式の数、株式の種類及び会社における保有割合
   d) 会社の法定代表者の氏名、署名
4. 経営登記機関は、通知を受領した日から 3 営業日以内に、書類の適式性を審査し、企業登記の内容変更を行う責任を有する。企業登記書類への追記を拒否する場合、企業に書面により通知する。通知には、理由及び修正、補充の各要求（あれば）を明記しなければならない。
5. 裁判所又は仲裁機関の決定に基づく企業登記の内容変更の登記は、以下の手順、手続により行われる。
   a) 企業登記の内容変更の登記を申請する者は、判決又は決定が執行力を生じた日から 10 営業日以内に、権限を有する経営登記機関に変更登記の通知を提出する。通知には、執行力を有する判決又は決定の写しを添付しなければならない。
   b) 経営登記機関は、通知を受領した日から 3 営業日以内に、審査し、執行力を有する判決又は決定の内容に従って企業登記の内容変更を行う責任を有する。企業登記変更通知の内容に沿った情報の修正、補充を拒否する場合、変更登記を申請した者に書面により通知する。通知には、理由及び書類の修正、補充の各要求（あれば）を明記しなければならない。

第 33 条　企業登記の内容の公示

1. 企業は、企業登記証明書の発給を受けた後に、所定の手順、手続に従い、費用を支払って、国家企業登記ポータル上で企業登記証明書の各内容及び以下の各情報を公開しなければならない。
   a) 経営分野、業種
   b) 株式会社については発起株主及び外国投資家である株主の名簿
2. 企業登記の内容を変更した場合、その変更は、この条第 3 項に規定する期間、国家企業登記ポータル上で公開して通知されなければならない。
3. この条第 1 項及び第 2 項に規定する企業に関する各情報の公開期間は、公開された日から 30 日である。

第 34 条　企業登記の内容に関する情報の提供

1. 企業登記証明書の発給又は企業登記の内容を変更した日から 5 営業日以内に、経営登記機関は、当該企業登記及び企業登記の内容変更の情報を税務機関、統計機関、労働管理機関、社会保険機関に送付しなければならない。定期的に、企業登記及び企業登記の内容変更の情報をその他の権限を有する同級の国家機関、企業の本店所在地の県、区、市社、省所属都市（以下「県級」と総称する。）人民委員会に送付する。
2. 組織、個人は経営登記機関に対し、法令の規定に基づく企業が公開しなければならない各情報の提供を申請する権利を有する。
3. 経営登記機関は、この条第 2 項の規定に従い、情報を完全に遅滞なく提供する義務を負う。

第 35 条　出資財産

1. 出資財産は、ベトナムドン、自由に交換することができる外国通貨、金、ベトナムドンにより評価することができる土地使用権、知的財産権、工業技術、技術ノウハウ及びその他の各財産である。
2. 出資に使用することができる知的財産権は、著作権、著作権に関係する権利、工業所有権、種苗権及びその他の知的財産に関する法令の規定に基づく各知的財産権からなる。上記各権利の合法的な所有者である個人、組織のみが出資のために当該各財産を使用する権利を有する。

第 36 条　出資財産の所有権の移転

1. 有限責任会社、合名会社の社員及び株式会社の株主は、以下の規定に従い、出資財産の所有権を会社に移転しなければならない。
   a) 所有権が登記される財産又は土地使用権については、出資者は、権限を有する国家機関で当該財産の所有権又は土地使用権の会社への移転手続をしなければならない。
   　出資財産の所有権の移転には、登記手数料を負担する必要がない。
   b) 所有権を登記しない財産については、出資は、出資財産を授受し、確認書を作成することにより行う。
   　授受記録には、会社の名称及び本店の住所；出資者の氏名、恒久的住所、公民身分証明カード、人民証明書、旅券又はその他の合法的な個人身分証明書の番号、設立決定又は登記番号、出資する財産の種類及び財産の数量；出資財産の総額及び当該財産の総額の会社の定款資本における割合；授受の日を明記し；出資者又は出資者の委任代理人及び会社の法定代表者の署名がなければならない。

c) 　ベトナムドン、自由に交換することができる外国通貨又は金のいずれでもない財産による株式又は持分は、出資財産の合法的な所有権の会社への移転を終了したときに初めて払い込まれたものとみなす。
2. 　私人企業主の経営活動に使用する財産は、所有権の企業への移転手続をする必要がない。
3. 　外国投資家による株式及び持分の購入、売却、譲渡並びに配当の受領に関するあらゆる活動の履行は、当該投資家がベトナムにある銀行に開設した口座を通じて行わなければならない。ただし、財産により払い込む場合を除く。

第37条　出資財産の評価
1. 　ベトナムドン、自由に交換することができる外国通貨又は金のいずれでもない出資財産は、各社員、発起株主又は専門評価組織により評価され、ベトナムドンで表されなければならない。
2. 　企業の設立時の出資財産は、各社員、発起株主により全員一致の原則に従って、又は専門評価組織により評価されなければならない。専門評価組織が評価したときは、出資財産の価額は各社員、発起株主の多数[87]により承認されなければならない。
　　出資財産が出資の時点の実際の価額と比較して割高に評価された場合、各社員、発起株主は、定められた価額と出資財産の評価を終結した時点の実際の価額との差額を連帯して追加出資し、同時に故意に出資財産を実際の価額より割高に評価したことによる損害について連帯して責任を負う。
3. 　活動中の出資財産は、有限責任会社及び合名会社については所有者、社員総会、株式会社については取締役会と出資者の合意により評価し、又は専門評価組織が評価する。専門評価組織が評価したときは、出資財産の価額は出資者及び企業により承認されなければならない。
　　出資財産が出資の時点の実際の価額より割高に評価されたときは、出資者と、有限責任会社及び合名会社については所有者、社員総会の構成員、株式会社については取締役が、定められた価額と出資財産の評価を終結した時点の実際の価額との差額を連帯して追加出資し、同時に故意に出資財産を実際の価額より割高に評価したことによる損害について連帯して責任を負う。

第38条　企業の名称
1. 　企業のベトナム語の名称は、以下の順序による二つの構成要素からなる。
　　a) 　企業の形態。企業の形態の名称は、有限責任会社については「有限責任会社」又は"công ty TNHH"と記載し；株式会社については「株式会社」又は"công ty CP"と記載し；合名会社については「合名会社」又は"công ty HD"と記載し；私人企業については「私人企業」、"DNTN"又は"doanh nghiệp TN"と記載する。
　　b) 　固有の名称。固有の名称は、ベトナム語の文字表にある各文字、"F, J, Z, W"の各文字、数字及び記号により記載する。
2. 　企業の名称は、企業の本店、支店、駐在事務所、経営拠点に据え付けられなければならない。企業の名称は、企業が発行する各取引文書、資料書類及び印刷物上に印刷又は記載されなければならない。
3. 　この条並びにこの法律第39条、第40条及び第42条の規定を根拠として、経営登記機関は、企業の登記を予定している名称の承認を拒否する権限を有する。

第39条　企業の名称選択における禁止事項
1. 　この法律第42条に規定する既に登記された企業の名称と重複する又は混同を生じさせる名称を選択する。
2. 　国家機関、人民武装部隊の名称、政治組織、政治−社会組織、政治−社会職業組織、社会組織、社会−職業組織の名称を企業の固有の名称の全部又は一部として使用する。ただし、当該機関、部隊又は組織の承認がある場合を除く。
3. 　民族の歴史伝統、文化、道徳及び善良な風俗に違反する用語、記号を使用する。

第40条　企業の外国語による名称及び企業の略称
1. 　企業の外国語による名称とは、ベトナム語の名称をいずれかのラテン文字系統の外国語に翻訳した名称をいう。外国語に翻訳する際は、企業の固有の名称を維持し、又は外国語における相応する意味に従って翻訳することができる。
2. 　企業が外国語による名称を有する場合、企業の外国語による名称は、企業の本店、支店、駐在事務所、経営拠点又は企業が発行する各取引文書、資料書類及び印刷物上に、企業のベトナム語の名称より小さな文字で印刷又は記載される。
3. 　企業の略称は、ベトナム語の名称又は外国語による名称を略記したものである。

第41条　支店、駐在事務所及び経営拠点の名称
1. 　支店、駐在事務所、経営拠点の名称は、ベトナム語の文字表にある各文字、"F, J, Z, W"の各文字、数字及び記号により記載されなければならない。
2. 　支店、駐在事務所の名称は、企業の名称に加え、支店については「支店」、駐在事務所については「駐在事務所」という熟語を含まなければならない。
3. 　支店、駐在事務所、経営拠点の名称は、支店、駐在事務所及び経営拠点の建物に記載され、又は据え付けられなければならない。支店、駐在事務所の名称は、支店、駐在事務所が発行する各取引文書、資料書類及び印刷物上に、企業のベトナム語の名称より小さな文字で印刷又は記載される。

第42条　重複する名称、混同を生じさせる名称
1. 　重複する名称とは、登記申請された企業のベトナム語の名称が、既に登記された企業のベトナム語の名称と完全に同一であることをいう。
2. 　以下の各場合には、既に登記された企業の名称との混同を生じさせる名称であるとみなされる。
　　a) 　登記申請された企業のベトナム語の名称が既に登記された企業の名称と同一の読み方である。
　　b) 　登記申請された企業の略称が既に登記された企業の略称と重複する。

c）登記申請された企業の外国語による名称が既に登記された企業の外国語による名称と重複する。
　d）登記申請された企業の固有の名称が、既に登記された同種の企業の固有の名称と、当該企業の固有の名称の直後の一つの自然数、序数又はベトナム語の文字表にある各文字及び"F, J, Z, W"の各文字のみと異なっている。
　đ）登記申請された企業の固有の名称が、既に登記された同種の企業の固有の名称と、"&"、"."、"+"、"−"、"＿"の記号のみで異なっている。
　e）登記申請された企業の固有の名称が、既に登記された同種の企業の固有の名称と、既に登記された企業の固有の名称の直前の"tân"又は直後若しくは直前の"mới"という言葉のみと異なっている。
　g）登記申請された企業の固有の名称が、既に登記された同種の企業の固有の名称と、「北部」、「南部」、「中部」、「西部」、「東部」という言葉又は類似する意味を有する各言葉のみで異なっている。
　この項d号、đ号、e号及びg号に規定する各場合は、既に登記された会社の子会社の場合には適用しない。

第43条　企業の本店　企業の本店とは、ベトナムの領土内にある企業の連絡地点であり、家屋番号、路地、通り又は村、社、坊、市鎮、県、区、市社、省所属都市、省、中央直轄都市の名称からなる特定することができる住所；電話番号、ファクシミリ番号及び電子メール（あれば）を有する。

第44条　企業の印章
1.　企業は、企業の印章の形式、数量及び内容について決定する権利を有する。印章の内容は、以下の諸情報を表していなければならない。
　a）企業の名称
　b）企業コード
2.　企業は、使用する前に、国家企業登記ポータル上で公開するために、印章の印影を経営登記機関に通知する義務を負う。
3.　印章の管理、使用及び保管は会社の定款の規定に従って行われる。
4.　印章は、法令の規定に基づく各場合又は取引の各当事者が印章の使用について合意した場合に使用される。
5.　政府はこの条の詳細を定める。

第45条　企業の支店、駐在事務所及び経営拠点
1.　支店は、企業に付属する部局であり、委任による代理の機能を含む企業の機能の全部又は一部を遂行する任務を有する。支店の経営分野、業種は、企業の経営分野、業種に沿ったものでなければならない。
2.　駐在事務所は、企業に付属する部局であり、委任に基づき企業の利益のために代理し、当該各利益を擁護する任務を有する。
3.　経営拠点は、企業が具体的な経営活動を行う場所である。

第46条　企業の支店、駐在事務所の開設
1.　企業は、国内及び国外に支店、駐在事務所を開設する権利を有する。企業は、一つの行政境界に基づく地方に一つ又は複数の支店、駐在事務所を置くことができる。
2.　国内に支店、駐在事務所を開設する場合、企業は、企業が支店、駐在事務所の所在地を管轄する経営登記機関に支店、駐在事務所の活動登記書類を提出する。書類は以下のものからなる。
　a）支店、駐在事務所の開設通知
　b）企業の支店、駐在事務所の開設決定の写し及び開設に関する適式な議事録の写し；支店、駐在事務所の指導者である者の公民身分証明カード、人民証明書、旅券又はその他の合法的な個人身分証明書の写し
3.　経営登記機関は、書類を受領した日から3営業日以内に、書類の適式性を審査し、支店、駐在事務所の活動登記証明書を発給する責任を有する。支店、駐在事務所の活動登記証明書の発給を拒否するときは、企業に書面により通知する。通知には、理由及び修正、補充の各要求（あれば）を明記しなければならない。
4.　支店、駐在事務所の活動登記証明書を発給した日から5営業日以内に、経営登記機関は、写しを企業の本店所在地の経営登記機関に送付し；支店、駐在事務所の活動登記証明書の内容に関する情報を税務機関、計算機関に送付し；定期的に支店、駐在事務所の活動登記証明書の内容に関する情報を、その他の権限を有する同級の国家機関、支店、駐在事務所の所在地の県、区、市社、省所属都市人民委員会に送付しなければならない。
5.　企業の法定代表者は、変更があった日から10日以内に、支店、駐在事務所の活動登記証明書の内容変更登記をする責任を負う。
6.　政府はこの条の詳細を定める。

第三章　有限責任会社

第一節　二人以上社員有限責任会社

第47条　二人以上社員有限責任会社
1.　二人以上社員有限責任会社は、企業であり、
　a）社員には組織、個人がなり得るが、社員の数が50人を超えてはならない。
　b）社員は、企業に出資した額の範囲内で、企業の債務及びその他の財産義務について責任を負う。ただし、この法律第48条4項に規定する場合を除く。
　c）社員の持分は、この法律第52条、第53条及び第54条の規定に従ってのみ譲渡することができる。

2. 二人以上社員有限責任会社は、企業登記証明書の発給を受けた日から法人格を有する。
3. 二人以上社員有限責任会社は、株式を発行することができない。

第48条　会社の設立出資の履行及び持分証明書の発行
1. 企業の登記時の二人以上社員有限責任会社の定款資本は、各社員が会社への出資を誓約した持分の総額である。
2. 社員は、企業登記証明書が発給された日から90日以内に、企業の設立登記時に誓約した財産の数量、種類どおりに会社に対し持分を出資しなければならない。会社の社員は、他の各社員の多数の賛成を得たときに限り、誓約した財産の種類と異なる財産により会社に対し持分を出資することができる。この期間中、社員は出資を誓約した持分の割合に相応する各権利及び義務を有する。
3. この条第2項に規定する期限が経過したが、いまだ出資しない又は誓約した資本金を完全に出資しない社員がいる場合、次のとおり処理される。
    a）誓約したとおり出資しない社員は、当然に会社の社員ではなくなる。
    b）誓約したとおり持分を完全に出資しない社員は、出資済みの持分に対応する各権利を有する。
    c）各社員の出資されていない持分は、社員総会の決定に基づき売却申出される。
4. いまだ出資しない又は誓約した資本金を完全に出資しない社員がいる場合、会社は、この条第2項の完全に出資を行わなければならない最終日から60日以内に、出資された資本金額により定款資本、各社員の持分割合の調整を登記しなければならない。いまだ出資しない又は誓約した資本金を完全に出資しない各社員は、会社が定款資本及び社員の持分の変更登記をするまでに発生した会社の各財務義務について、誓約した持分に対応する責任を負わなければならない。
5. 持分を全額出資したときは、会社は社員に対し、出資した持分の価額に対応する持分証明書を発行しなければならない。持分証明書には以下の主要な各内容を記載する。
    a）会社の名称、企業コード、本店の住所
    b）会社の定款資本
    c）個人である社員の氏名、恒久的住所、国籍、公民身分証明カード、人民証明書、旅券又はその他の合法的な個人身分証明書の番号；組織である社員の名称、設立決定番号又は企業コード、本店の住所
    d）社員の持分、資本の価額
    ď）持分証明書の発行番号及び日付
    e）会社の法定代表者の氏名、署名
6. 持分証明書が紛失、破棄、破損又はその他の形態により滅失された場合、社員は、会社の定款に定める手順、手続に従って会社から持分証明書の再発行を受けることができる。

第49条　社員登録簿
1. 会社は、企業登記証明書の発給を受けた後、直ちに社員登録簿を作成しなければならない。社員登録簿には、以下の主要な各内容を記載する。
    a）会社の名称、企業コード、本店の住所
    b）個人である社員の氏名、恒久的住所、国籍、公民身分証明カード、人民証明書、旅券又はその他の合法的な個人身分証明書の番号；組織である社員の名称、設立決定番号又は企業コード、本店の住所
    c）社員ごとの持分、出資済み資本の価額、出資の時点、出資した財産の種類、財産の種類ごとの数量、価額
    d）個人である社員又は組織である社員の法定代表者の署名
    ď）社員ごとの持分証明書の発行番号及び日付
2. 社員登録簿は、会社の本店で保管される。

第50条　社員の権利
1. 社員総会の会合に出席し、社員総会の権限に属する各事項について討論し、提案し、議決する。
2. 持分に対応する数の議決票を有する。ただし、この法律第48条2項に規定する場合を除く。
3. 会社が租税を全額納め、その他の法律の規定に基づく各財務義務を完了した後、持分に対応する利益の分配を受ける。
4. 会社が解散、破産するときに、持分に対応する会社の残余財産の価額の分配を受ける。
5. 会社が定款資本を増資するときに、優先的に追加出資することができる。
6. 法令及び会社の定款の規定に従い、自己の持分を一部又は全部譲渡し、贈与し、その他の方法により処分する。
7. この法律第72条の規定に従い、自ら又は会社の名義で社員総会の会長、社長若しくは総社長、法定代表者及びその他の管理幹部の民事責任を問う訴えを提起する。
8. この条第9項に規定する場合を除き、定款資本の10パーセント以上又は会社の定款に定めるそれよりも小さな他の割合を保有する社員、社員のグループは、さらに以下の各権利を有する。
    a）社員総会の権限に属する諸事項を解決するために会合の招集を請求する。
    b）記録を検査、検討、調査し、各取引、会計帳簿、年次財務報告書を監視する。
    c）社員登録簿、社員総会の会合の議事録及び各決定並びにその他の会社の各書類を検査、検討、調査及び謄写する。
    d）この法律及び会社の定款の規定に照らし、会合の手順、手続、条件若しくは決議の内容が適切に実行[98]されない又はこれと合致しないときは、社員総会の会合が終了した日から90日以内に、裁判所に対し、社員総会の決議の取消しを請求する。
9. 会社に一人で定款資本の90パーセントを超えて保有する社員がおり、会社の定款がこの条第8項の規定より小さな割合を定めていない場合、残りの社員グループは、当然にこの条第8項に規定する権利を有する。
10. その他のこの法律及び会社の定款の規定に基づく各権利

● 巻末資料　最新 ベトナム企業法（改正版）●

第 51 条　社員の義務
1. 誓約した資本金を完全に期限どおり出資し、会社の各債務及びその他の財産義務ついて会社に出資した資本金の範囲内で責任を負う。ただし、この法律第 48 条 2 項及び 4 項に規定する場合を除く。
2. 会社に出資した資本を引き出すことはいかなる形式でもできない。ただし、この法律第 52 条、第 53 条、第 54 条及び第 68 条に規定する場合を除く。
3. 会社の定款を遵守する。
4. 社員総会の決議、決定を執行する。
5. 会社の名義で以下の各行為を行ったときは個人責任を負う。
   a) 法令違反
   b) 会社の利益に資する以外の目的で経営又はその他の取引を行い、他人に損害を与えた。
   c) 会社に財務危機が生じるおそれがあるときに、弁済期未到来の各債務を弁済する。
6. この法律の規定に基づくその他の各義務を履行する。

第 52 条　持分の買取り
1. 社員は、以下の事項に関する社員総会の決議に不賛成の投票をしたときは、自己の持分の買取りを会社に請求する権利を有する。
   a) 社員、社員総会の権利及び義務に関係する会社の定款の各内容の修正、補充
   b) 会社再編
   c) 会社の定款に定めるその他の各場合
   持分の買取請求は、書面により、この項に規定する決議が採択された日から 15 日以内に会社に提出しなければならない。
2. この条第 1 項に規定する社員の請求があったときに、価格について合意することができないときは、会社は、請求を受領した日から 15 日以内に、市場価格又は会社の定款に定める方式により算定された価格で当該社員の持分を買い取らなければならない。ただし、その支払いは、買い取る持分について全額を支払ったとしても会社が各債務及びその他の財産義務を全額弁済することができるときに限り、行うことができる。
3. 会社がこの条第 2 項の規定に従って持分を買い取らない場合、当該社員は、自己の持分を他の社員又は社員でない者に自由に譲渡する権利を有する。

第 53 条　持分の譲渡
1. この法律第 52 条 3 項並びに第 54 条 5 項及び 6 項に規定する場合を除き、二人以上社員有限責任会社の社員は、以下の規定に従い、自己の持分の一部又は全部を他人に譲渡する権利を有する。
   a) 残りの各社員に対し、会社における持分に応じた割合で、同一の条件により持分の売却を申し出なければならない。
   b) 売却を申し出た日から 30 日以内に、会社の残りの各社員が購入しない又は全部購入しないときに限り、社員でない者に対し、この項 a 号に規定する各社員に対する売却の申出と同一の条件で譲渡することができる。
2. 譲渡した社員は、この法律第 49 条 1 項 b 号、c 号及び d 号に規定する買主に関する情報が完全に社員登録簿に記載されるまで、依然として会社に対し持分に対応する各権利及び義務を有する。
3. 各社員の持分の譲渡又は変更の結果、会社に社員が一人しかいなくなる場合、会社は一人社員有限責任会社の形態に従って活動し、同時に譲渡の日から 15 日以内に企業登記の内容変更登記をしなければならない。

第 54 条　いくつかの特別な場合における持分の処理
1. 個人である社員が死亡した場合、当該社員の遺言による又は法定の相続人が会社の社員となる。個人である社員が裁判所により失踪宣告を受けた場合、当該社員の民事法令に基づく財産管理人が会社の社員となる。
2. 社員が民事行為能力の制限を受け又はこれを喪失した場合、会社における当該社員の権利の行使及び義務の履行は後見人を通じて行なわれる。
3. 以下の各場合には、社員の持分は、この法律第 52 条及び第 53 条に従って会社により買い取られ、又は譲渡される。
   a) 相続人が会社の社員になるのを希望しない。
   b) この条第 5 項の規定に従って贈与を受けた者が社員になるのを社員総会が承認しない。
   c) 組織である社員が解散又は破産した。
4. 個人である社員が死亡したが、相続人がいない、相続人が相続の受領を拒否する、又は相続権を剥奪された場合、当該持分は民事に関する法令の規定に従って処理される。
5. 社員は、会社における自己の持分の一部又は全部を他人に贈与する権利を有する。
   贈与を受ける者が配偶者、父母、子、第三相続順位以内の親族[89] である場合、当然に会社の社員となる。贈与を受ける者がその他の者である場合、社員総会の承認を得たときに限り社員となることができる。
6. 社員が債務を支払うために持分を使用する場合、弁済を受けた者は、以下のいずれかの方法により当該持分を使用する権利を有する。
   a) 社員総会の承認を得て会社の社員となる。
   b) 当該持分をこの法律第 53 条の規定に従って売却申出し、譲渡する。

第 55 条　会社の管理組織機構　二人以上社員有限責任会社には、社員総会、社員総会の会長、社長又は総社長を置く。11 人以上の社員を有する有限責任会社は、監査役会を設置しなければならない。社員が 11 人未満の場合、会社の管理の需要に合わせて監査役会を設置することができる。監査役会、監査役会の長の権限、任務、義務、資格、条件及び業務体制は、会社の

定款の定めるところによる。

第 56 条　社員総会
1.　社員総会は、会社の社員全員からなる最高決定機関である。会社の定款が社員総会の定期会合について定めるが、少なくとも毎年一回開かなければならない。
2.　社員総会は、以下の各権限及び義務を有する。
   a ）　会社の発展戦略及び年次経営計画を決定する。
   b ）　定款資本の増資又は減資を決定し、出資の追加呼込みの時点及び方法を決定する。
   c ）　会社の発展投資プロジェクトを決定する。
   d ）　市場の開発、マーケティング及び工業技術移転の対策を決定する；会社が直近に公表した時点の財務報告書中に記載された財産の総額の 50 パーセント又は会社の定款に定めるそれよりも小さな割合若しくは価額を超える価額の借入れ、貸付け、財産売却契約を採択する。
   đ ）　社員総会の会長の選任、免任、罷免。社長又は総社長、会計部門の長及び会社の定款に定めるその他の管理者の任命、免任、罷免、契約の締結及び終了を決定する。
   e ）　社員総会の会長、社長又は総社長、会計部門の長及び会社の定款に定めるその他の管理者に対する給与、賞与及びその他の利益の額を決定する。
   g ）　会社の年次財務報告書、利益の使用及び分配実施計画案又は損失処理実施計画案を承認する。
   h ）　会社の管理組織機構を決定する。
   i ）　子会社、支店、駐在事務所の設立を決定する。
   k ）　会社の定款を修正、補充する。
   l ）　会社再編を決定する。
   m ）　会社の解散又は破産の申立てを決定する。
   n ）　この法律及び会社の定款の規定に基づくその他の各権限及び義務
3.　有限責任会社の社員である個人が勾留され、懲役刑の宣告を受け、又は刑法典の規定に基づき裁判所により営業権を剥奪された場合、当該社員は、他人に会社の社員総会への出席を委任するものとする。

第 57 条　社員総会の会長
1.　社員総会は、一人の社員を会長に選任する。社員総会の会長は、会社の社長又は総社長を兼ねることができる。
2.　社員総会の会長は、以下の各権限及び義務を有する。
   a ）　社員総会の議事次第及び活動計画を準備する。
   b ）　社員総会の会合又は各社員からの意見聴取の議事次第、内容、資料を準備する。
   c ）　社員総会の会合を招集し、主宰する、又は各社員からの意見聴取を手配する。
   d ）　社員総会の各決議の実行を監察する、又は監察させる。
   đ ）　この法律及び会社の定款の規定に基づくその他の各権限及び義務
3.　社員総会の会長の任期は、5 年を超えてはならない。社員総会の会長は、任期の回数に制限なく再選任され得る。
4.　不在又は自己の各権限を行使し、義務を履行するための能力が不十分な場合、社員総会の会長は、会社の定款に定める原則に従い、社員総会の会長の各権限の行使及び義務の履行を書面により一人の社員に委任する。委任を受ける社員がいない場合、いずれかの社員総会の構成員が残りの各社員を招集し、過半数(%)の原則に従い、社員のうち一人を選任して暫定的に社員総会の会長の権限を行使し、義務を履行させる。

第 58 条　社員総会の招集
1.　社員総会は、社員総会の会長の請求又はこの法律第 50 条 8 項及び 9 項に規定する社員若しくは社員のグループの請求に基づき招集される。社員総会の会合は、会社の定款に異なる定めがある場合を除き、会社の本店で行われなければならない。
　　社員総会の会長は、社員総会の議事次第、内容、資料を準備し、会合を招集する。社員は、会合の議事次第の内容の追加を書面により提案する権利を有する。提案には、以下の主要な各内容を記載しなければならない。
   a ）　個人である社員については、氏名、恒久的住所、国籍、公民身分証明カード、人民証明書、旅券又はその他の合法的な個人身分証明書の番号；組織である社員については、名称、企業コード又は設立決定番号、本店の住所；社員又は委任代表者の氏名、署名
   b ）　持分割合、持分証明書の発行番号及び日付
   c ）　会合の議事次第に加えるべき提案の内容
   d ）　提案の理由　社員総会の会長は、規定に基づく内容を十分に有する提案が社員総会の会合の日の遅くとも 1 営業日前までに会社の本店に送付された場合、提案及び社員総会の会合の議事次第の追加を承認しなければならない。提案が会合の直前に提出された場合、提案は、会合に出席している各社員の多数が賛成すれば承認される。
2.　社員総会の招集通知は、招集状、電話、ファクシミリ又はその他の会社の定款に定める各電子的手段により、社員総会の構成員ごとに直接送付しなければならない。招集通知の内容は、会合の日時、場所及び議事次第を明確にするものでなければならない。
　　会合の議事次第及び資料は、会合の前に会社の社員に送付されなければならない。会合中に使用される、会社の定款の修正、補充に関する決定、会社の発展の方向性の承認、年次財務報告書の承認、会社の再編又は解散に関係する資料は、会合の遅くとも 7 営業日前までに各社員に送付されなければならない。その他の各資料の送付期限は、会社の定款の定めるところによる。

• 巻末資料　最新 ベトナム企業法（改正版）•

3. 社員総会の会長が、請求を受けた日から 15 日以内に、この法律第 50 条 8 項及び 9 項に規定する社員、社員のグループの請求に基づき社員総会の会合を招集しない場合、当該社員、社員のグループが社員総会の会合を招集する。
4. 会社の定款が定めないときは、この条第 3 項に規定する社員総会の会合の招集請求は、以下の主要な各内容を記載した書面によらなければならない。
   a) 請求する社員ごとに、個人である社員については、氏名、恒久的住所、国籍、公民身分証明カード、人民証明書、旅券及びその他の合法的な個人身分証明書の番号；組織である社員については、名称、企業コード又は設立決定番号、本店の住所；持分割合及び持分証明書の発行番号、日付
   b) 社員総会の会合の招集を請求する理由及び解決する必要がある事項
   c) 予定している会合の議事次第
   d) 請求する社員又はその委任代表者それぞれの氏名、署名
5. 社員総会の会合の招集の請求がこの条第 4 項に規定する内容を十分に有しない場合、社員総会の会長は、請求を受けた日から 7 日以内に、書面により関係する社員、社員のグループに通知しなければならない。
   その他の場合には、社員総会の会長は、請求を受けた日から 15 日以内に社員総会の会合を招集しなければならない。
   社員総会の会長が規定に従って社員総会の会合を招集しない場合、会社及び関係する会社の社員に生じた損害について法令の下で個人責任を負う。この場合、請求した社員又は社員のグループは、社員総会の会合を招集する権利を有する。社員総会の会合を招集し、実施するための合理的な費用は、会社により償還される。

第 59 条　社員総会の会合の実施要件及び方式
1. 社員総会の会合は、少なくとも定款資本の 65 パーセントを保有する社員が出席するときに実施される；具体的な割合は会社の定款の定めるところによる。
2. 定款が定めない又は異なる定めがない場合、一回目の会合がこの条第 1 項に規定する実施要件を満たすことができなかった場合における社員総会の会合の招集は、次のとおりとする。
   a) 一回目の会合の予定日から 15 日以内に、二回目の会合の招集を行わなければならない。招集された社員総会の二回目の会合は、定款資本の少なくとも 50 パーセントを保有する社員が出席するときに行うことができる。
   b) 二回目の会合がこの条第 2 項 a 号に規定する実施要件を満たさない場合、二回目の会合の予定日から 10 日以内に三回目の会合を招集する。この場合、出席する社員の数、出席する社員の数により代表される定款資本の額にかかわらず、社員総会を行うことができる。
3. 社員、社員の委任代表者は、社員総会の会合に出席し、議決に参加しなければならない。社員総会の会合の進行方式、議決の形式は、会社の定款の定めるところによる。
4. この条に規定する要件を満たした会合が、予定された時間内に会合の議事を完了することができなかった場合、会合を延長することができる。延長の期間は、当該会合の開会日から 30 日を超えることはできない。

第 60 条　社員総会の決議
1. 社員総会は、会合における議決、書面による意見聴取又は会社の定款に定めるその他の形式により、権限に属する各決議を採択する。
2. 会社の定款に異なる定めがない場合、以下の各事項に関する決定は、社員総会の会合における議決により採択されなければならない。
   a) この法律第 25 条に規定する会社の定款の内容の修正、補充
   b) 会社の発展の方向性の決定
   c) 社員総会の会長の選任、免任、罷免；社長又は総社長の任命、免任、罷免
   d) 年次財務報告書の採択
   đ) 会社の再編又は解散
3. 会社の定款に異なる定めがない場合、社員総会の決議は、以下の各場合において、会合で採択される。
   a) 会合に出席する社員の持分総額の少なくとも 65 パーセントを代表する投票により承認される。ただし、この項 b 号に規定する場合を除く。
   b) 会社の直近の財務報告書中に記載された財産の総額の 50 パーセント又は会社の定款に定めるそれよりも小さな割合若しくは価額を超える価額の財産の売却、会社の定款の修正、補充、会社の再編、解散の決定については、会合に出席する社員の持分総額の少なくとも 75 パーセントを代表する投票により承認される。
4. 以下の場合において、社員は社員総会の会合に出席し、議決したものとみなす。
   a) 会合に直接出席し、議決した。
   b) 会合に出席し、議決するよう他人に委任した。
   c) オンライン会議、電子投票又はその他の電子的形式を通じて参加し、議決した。
   d) 郵便、ファクシミリ、電子メールを通じて会合に投票を送付した。
5. 書面による意見聴取の形式による社員総会の決議は、定款資本の少なくとも 65 パーセントを保有する社員が承認したときに採択される。具体的な割合は会社の定款の定めるところによる。

第 61 条　社員総会の会合の議事録
1. 社員総会の各会合は、議事録として記録されなければならない。録音又はその他の電子的形式による記録及び保存も可能である。
2. 社員総会の会合の議事録は、会合を終結する直前に完成され、承認されなければならない。議事録には以下の主要な内容を

記載しなければならない。
　a）会合の日時、場所；目的、議事次第
　b）会合に出席した社員又は委任代表者の氏名、持分割合、持分証明書の発行番号及び日付；会合に出席しなかった社員又は委任代表者の氏名、持分割合、持分証明書の発行番号及び日付
　c）討論及び議決された事項；討論された事項ごとの社員の発言意見の要約
　d）議決された事項ごとの適式、不適式；賛成、不賛成の議決票総数
　đ）採択された各決定
　e）議事録作成者及び議長の氏名、署名
3. 議事録作成者及び議長は、社員総会の会合の議事録の内容の正確性及び誠実性について連帯して責任を負う。

第62条　書面による意見聴取の形式による社員総会の決議の採択手続　会社の定款が定めない又は異なる定めがない場合、決議を採択するための書面による社員の意見聴取の権限及び方式は、以下の規定に従い行われる。
1. 社員総会の会長は、権限に属する各事項に関する決定を採択するため、書面により社員総会の構成員の意見を聴取することを決定する。
2. 社員総会の会長は、決定が必要な内容に関する各報告書、提出書、決議案及び意見聴取票を作成し、社会総会の各構成員に送付する責任を有する。
3. 意見聴取票には、以下の主要な各内容を記載しなければならない。
　a）名称、企業コード、本店の住所
　b）社員総会の構成員の氏名、住所、国籍、公民身分証明カード、人民証明書、旅券及びその他の合法的な個人身分証明書の番号、持分割合
　c）意見聴取が必要な事項及び「賛成」、「不賛成」、「意見なし」の順序による回答
　d）意見聴取票を会社に送付すべき最終期限　đ）社員総会の会長の氏名、署名十分な内容が記載され、会社の社員の署名があり、所定の期限内に会社に送付された意見聴取票は適式なものとみなされる。
4. 社員総会の会長は、社員が意見を会社に送付すべき期限が満了した日から7営業日以内に、開票し、報告書を作成して、開票結果、採択された決定を各社員に通知しなければならない。開票結果報告書は、社員総会の会合の議事録と同等の価値を有し、以下の主要な各内容を記載しなければならない。
　a）意見聴取の目的、内容
　b）適式な意見聴取票を送付した社員、委任代表者の氏名、持分割合、持分証明書の発行番号及び日付；意見聴取票を送付しなかった又は適式でない意見聴取票を送付した社員、委任代表者の氏名、持分割合、持分証明書の発行番号及び日付
　c）意見聴取及び議決した事項；意見聴取した事項ごとの社員の意見の要約（あれば）
　d）適式、不適式、未受領の意見聴取票の総数；議決された事項ごとの適式な賛成、不賛成の意見聴取票の総数
　đ）採択された各決定及び対応する議決票の割合
　e）開票者及び社員総会の会長の氏名、署名。開票者及び社員総会の会長は、開票結果報告書の内容の完全性、正確性、誠実性について連帯して責任を負う。

第63条　社員総会の決議の効力　会社の定款に異なる定めがない場合、社員総会の決議は、採択された日又は当該決議に記載された効力発生日から執行力を有する。社員、社員のグループが、裁判所又は仲裁組織に対し、採択された決議の取消しを請求した場合、当該決議は、裁判所又は仲裁組織の決定が執行力を生じるまで引き続き執行力を有する。

第64条　社長、総社長
1. 会社の社長又は総社長は、会社の日常的な経営活動を運営する者であり、自己の各権限の行使及び義務の履行に関し、社員総会に対して責任を負う。
2. 社長又は総社長は、以下の各権限及び義務を有する。
　a）社員総会の各決議を実行する。
　b）会社の日常的な経営活動に関係する各事項を決定する。
　c）会社の経営計画及び投資実施計画案を実施する。
　d）会社の内部管理規則を発行する。ただし、会社の定款に異なる定めがある場合を除く。
　d）会社の各管理職を任命、免任、罷免する。ただし、社員総会の権限に属する役職を除く。
　e）会社の名義で契約を締結する。ただし、社員総会の会長の権限に属する場合を除く。
　g）会社の組織機構実施計画案を提案する。
　h）年次財務決算報告書を社員総会に上程する。
　i）利益の使用又は損失処理の実施計画案を提案する。
　k）労働者を雇用する。
　l）会社の定款、社員総会の決議に基づき社長又は総社長が会社と締結した労働契約に定めるその他の各権限及び義務

第65条　社長、総社長に就任する資格及び条件
1. 完全民事行為能力を有し、この法律第18条2項に規定する企業を管理することができない対象に属さない。
2. 会社の定款に異なる定めがなければ、会社の経営管理について専門性を有し、経験を有する。
3. 国が定款資本の50パーセントを超える持分、株式を掌握する会社の子会社については、この条第1項及び第2項に規定する各資格及び条件のほか、社長又は総社長は、親会社の管理者及び当該会社の国家持分の代表者の配偶者、実父母、養父母、

実子、養子、実兄弟姉妹、義兄弟姉妹であってはならない。

第66条　社員総会の会長、社長、総社長及びその他の管理者の報酬、給与及び賞与
1. 会社は、経営の結果及び効率性に基づき、社員総会の会長、社長又は総社長及びその他の管理者に報酬、給与及び賞与を支払う。
2. 社員総会の会長、社長又は総社長及びその他の管理者の報酬、給与は、企業所得税[91]に関する法令、関係法令の規定に基づき企業の費用に算入され、会社の年次財務報告書中で個別の項目として表記されなければならない。

第67条　社員総会の承認が必要な契約、取引
1. 会社と以下の各対象者との間の契約、取引は、社員総会により承認されなければならない。
    a) 社員、社員の委任代表者、社長又は総社長、会社の法定代表者
    b) この項a号に規定する者の関係者
    c) 親会社の管理者、親会社の管理者を任命する権限を有する者
    d) この項c号に規定する者の関係者
2. 契約、取引を締結する者は、当該契約、取引の相手方を社員総会の各構成員、監査役に通知し、契約書の案を添付し、又は予定している取引の主要な内容を通知しなければならない。会社の定款に異なる定めがない場合、社員総会は、通知を受けた日から15日以内に、契約又は取引を承認するかどうか決定しなければならない。この場合、契約、取引は、議決権付き資本総額の少なくとも65パーセントを代表する社員の賛成を得たときに承認される。各契約、取引に関係を有する社員は、議決の計算に算入することができない。
3. この条第1項及び第2項の規定に従わずに締結され、会社に損害を与えたときは、契約、取引は無効であり、法令の規定に従って処理される。契約、取引を締結した者、関係する社員及び当該社員の関係者は、発生した損害を賠償し、この条第1項及び第2項の規定に従わずに締結され、会社に損害を与えた契約、取引により得た各利益を会社に償還しなければならない。

第68条　定款資本の変更
1. 会社は、以下の各場合に定款資本を増額することができる。
    a) 社員の出資を増額する。
    b) 新たな社員の出資を受け入れる。
2. 社員の出資を増額する場合、増額分は各社員に対しその持分の会社の定款資本中の割合に応じて割り当てられる。社員は、自己の出資権をこの法律第53条の規定に従って他人に譲渡することができる。定款資本の増額[92]決定に反対した社員は、追加出資しなくてよい。この場合、該当社員の増額分は、各社員に異なる合意がなければ、他の各社員に対しその持分の会社の定款資本中の割合に応じて割り当てられる。
3. 会社は、以下の各形式により定款資本を減額することができる。
    a) 社員に対しその持分の会社の定款資本中の割合に応じて持分の一部を払い戻す。ただし、会社が企業登記の日から2年間以上継続して経営活動を行い、社員に払戻しをした後に各債務及びその他の各財産義務を全額弁済することが担保されているときに限る。
    b) この法律第52条の規定に基づき、会社が社員の持分を買い取る。
    c) 定款資本が、この法律第48条の規定に従って、各社員により全額かつ期限どおりに払い込まれない。
4. 定款資本の増額又は減額を完了した日から10日以内に、会社は書面により経営登記機関に通知しなければならない。通知には、以下の主要な各内容を記載しなければならない。
    a) 名称、本店の住所、企業コード
    b) 定款資本；増額又は減額する予定の資本額
    c) 増資又は減資の時点、理由及び形式
    d) 企業の法定代表者の氏名、署名　定款資本を増額する場合、通知に社員総会の決議及び議事録を添付しなければならない。定款資本を減額する場合、通知に社員総会の決議及び議事録並びに直近の財務報告書を添付しなければならない。経営登記機関は、通知を受けた日から3営業日以内に、定款資本の増額又は減額に関する情報を更新しなければならない。

第69条　利益分配の条件　会社は、経営が黒字で、納税義務及び法令の規定に基づくその他の各財産義務を果たし、かつ、利益分配後に弁済期が到来するその他の各債務及び財産義務を確実に全額弁済する場合に限り、各社員に利益を分配することができる。

第70条　払い戻した持分又は分配した利益の回収
定款資本の減額による持分の一部の払戻しがこの法律第68条3項の規定に違反する又は社員に対する利益の分配がこの法律第69条の規定に違反する場合、各社員は、会社に対し、受領した金員、その他の財産を返還しなければならず、又は、各社員が受領した金員、その他の財産を返還するまで、減額された資本又は分配された利益に相当する会社の各債務及びその他の各財産義務について連帯して責任を負わなければならない。

第71条　社員総会の会長、社長、総社長、法定代表者、監査役及びその他の管理者の責任
1. 会社の社員総会の会長、社長又は総社長、法定代表者、監査役及びその他の管理者は、以下の責任を有する。
    a) 会社の合法的利益の最大化の確保のために、誠実、慎重、最善の方法で、与えられた各権限を行使し、義務を履行する。
    b) 会社の利益に忠実であり、私利のため又は他の組織、個人の利益に資するために、会社の情報、ノウハウ、経営機会を

　　　　使用せず、地位、職務を濫用せず、会社の財産を使用しない。
　　c) 自己及び自己の関係者が所有者である又は支配的な株式、持分を有する各企業について、遅滞なく、完全に、正確に会社に通知する。
　　d) 法令及び会社の定款の規定に基づくその他の各権限及び義務
2. 社長又は総社長は、会社が弁済期の到来した各債務を全額弁済することができないときは、給与を増額し、賞与を支払うことができない。
3. この条第1項c号に基づく通知書は、以下の内容からなる。
　　a) 自己が持分又は株式を保有する企業の名称、企業コード、本店の住所；当該持分又は株式の割合及び取得時点
　　b) 自己の関係者が定款資本の10パーセントを超える株式又は持分を共同で又は単独で保有する企業の名称、企業コード、本店の住所
4. この条第1項及び第3項に規定する通知による申告は、関係する利益が発生し又は変動した日から5営業日以内になされなければならない。会社は、会社の関係者及び彼らと会社との各取引の目録を作成し、更新しなければならない。この目録は、会社の本店に保存される。会社の社員、管理者、監査役及びその委任代理人は、営業時間内に、会社の定款に定める手順、手続に従い、この条第1項及び第3項に規定する情報の一部又は全部を閲覧し、謄本作成し、複写する権限を有する。

第72条　管理者に対する訴えの提起

1. 会社の社員は、以下の各場合には、自ら又は会社の名義で、管理者の義務に違反した社員総会の会長、社長又は総社長、法定代表者及びその他の管理者に対し、民事責任を問う訴えを提起することができる。
　　a) この法律第71条の規定に違反した。
　　b) 法令又は会社の定款の規定に照らし、与えられた各権限及び義務を適切かつ十分に行使、履行しない、又はこれに反して行使、履行する。社員総会の決議を実行しない、又は不十分に若しくは時機に後れて実行する。
　　c) 法令及び会社の定款の規定に基づくその他の場合
2. 訴えの提起の手順、手続は、民事訴訟に関する法令の規定に従う。
3. 社員が会社の名義で訴えを提起した場合の訴え提起の費用は、会社の費用として計算される。ただし、訴えを提起した社員が訴え提起の申立てを却下された場合を除く。

　　　　　　　　　　　　　第二節　一人社員有限責任会社

第73条　一人社員有限責任会社

1. 一人社員有限責任会社とは、一つの組織又は一人の個人（以下「会社所有者」という。）により所有される企業である。会社所有者は、会社の定款資本の範囲内で会社の各債務及びその他の財産義務について責任を負う。
2. 一人社員有限責任会社は、企業登記証明書の発給を受けた日から法人格を有する。
3. 一人社員有限責任会社は、株式を発行することができない。

第74条　会社の設立出資の履行

1. 企業の登記時の一人社員有限責任会社の定款資本は、所有者が出資を誓約し、会社の定款に記載された財産の総額である。
2. 所有者は、企業登記証明書の発給を受けた日から90日以内に、企業の設立登記時に誓約した財産の数量、種類どおりに財産を出資しなければならない。
3. この条第2項に規定する期限が経過したが、いまだ定款資本を全額出資しない場合、会社所有者は、定款資本を全額出資すべき最終日から30日以内に実際に出資した資本金の価額により定款資本の調整を登記しなければならない。この場合、所有者は、会社が定款資本の変更登記をするまでに発生した会社の各財務義務について誓約した持分に対応する責任を負う。
4. 所有者は、定款資本を出資しない、全額出資しない、期限どおりに出資しないことにより生じた会社の各財務義務、損害について自己の財産全部により責任を負う。

第75条　会社所有者の権利

1. 組織である会社所有者は、以下の各権利を有する。
　　a) 会社の定款の内容を決定し、会社の定款を修正、補充する。
　　b) 会社の発展戦略及び年次経営計画を決定する。
　　c) 会社の管理組織機構を決定し、会社の管理者を任命、免任、罷免する。
　　d) 発展投資プロジェクトを決定する。
　　đ) 市場の開発、マーケティング及び工業技術に関する対策を決定する
　　e) 会社の直近の財務報告書中に記載された財産の総額の50パーセント又は会社の定款に定めるそれよりも小さな割合若しくは価額を超える価額の借入れ、貸付け及びその他の会社の定款に定める各契約を承認する。
　　g) 会社の直近の財務報告書中に記載された財産の総額の50パーセント又は会社の定款に定めるそれよりも小さな割合若しくは価額を超える価額の財産の売却を決定する。
　　h) 会社の定款資本の増額を決定する。会社の定款資本の一部又は全部を他の組織、個人に譲渡する。
　　i) 子会社の設立、他の会社への出資を決定する。
　　k) 会社の経営活動を監察し、評価する。
　　l) 納税義務及びその他の財務義務を果たした後の会社の利益の使用について決定する。
　　m) 会社の再編、解散及び破産の申立てを決定する。

n) 会社が解散又は破産を終えた後の会社の財産価値全部を回収する。
o) この法律及び会社の定款の規定に基づくその他の権利
2. 個人である会社所有者は、以下の各権利を有する。
a) 会社の定款の内容を決定し、会社の定款を修正、補充する。
b) 会社の投資、経営及び内部管理を決定する。ただし、会社の定款に異なる定めがある場合を除く。
c) 定款資本の増額を決定する。会社の資本の一部又は全部を他の組織、個人に譲渡する。
d) 納税義務及びその他の各財務義務を果たした後の会社の利益の使用について決定する。
đ) 会社の再編、解散又は破産の申立てを決定する。
e) 解散又は破産を終えた後の会社の財産価値全部を回収する。
g) この法律及び会社の定款の規定に基づくその他の各権利

第76条 会社所有者の義務
1. 会社の定款資本を全額、期限どおりに出資する。
2. 会社の定款を遵守する。
3. 会社所有者の財産と会社の財産を特定し、分別しなければならない。個人である会社所有者は、その個人及び家族の出費と会社の会長及び社長又は総社長の地位に基づく各出費を分別しなければならない。
4. 会社と会社所有者との間の売買、消費貸借、賃貸借及びその他の各取引は、契約に関する法令及び関係法令の規定を遵守しなければならない。
5. 会社所有者は、定款資本の一部又は全部を他の組織若しくは個人に譲渡する方法によってのみ、資本を引き出すことができる。その他の形式により会社に出資した定款資本の一部又は全部を引き出した場合、所有者及び関係する個人、組織は、連帯して会社の各債務及びその他の財産義務について責任を負う。
6. 会社所有者は、会社が弁済期の到来した各債務及びその他の財産義務を全額弁済することができないときは、利益を引き出すことができない。
7. この法律及び会社の定款の規定に基づくその他の義務を履行する。

第77条 いくつかの特別な場合における会社所有者の権利の行使
1. 会社所有者が定款資本の一部を他の組織若しくは個人に譲渡、贈与し、又は会社が新たな社員を加入させた場合、会社は、二人以上社員有限責任会社又は株式会社の形態に従って活動し、同時に、譲渡、贈与又は新たな社員の加入の日から10日以内に、経営登記機関で企業登記の内容変更の登記を行わなければならない。
2. 個人である会社所有者が勾留され、懲役刑の宣告を受け、又は法令の規定に基づき裁判所により営業権を剥奪された場合、当該社員は会社所有者の権利の行使及び義務の履行を他人に委任するものとする。
3. 個人である会社所有者が死亡した場合、遺言による又は法定の相続人が会社所有者又は社員になる。会社は、対応する企業形態に従って活動し、相続の処理が終了した日から10日以内に、企業登記の内容変更登記をしなければならない。
　　個人である会社所有者が死亡したが、相続人がいない、相続人が相続の受領を拒否する又は相続権を剥奪された場合、所有者の持分は民事に関する法令の規定に従って処理される。
4. 個人である会社所有者が民事行為能力の制限を受け又はこれを喪失した場合、会社所有者の権利及び義務は、後見人を通じて行使、履行される。
5. 組織である会社所有者が解散又は破産した場合、所有者の持分の譲渡を受けた者が会社所有者又は社員になる。会社は、対応する企業の形態に従って活動し、譲渡が完了した日から10日以内に、企業登記の内容変更登記をしなければならない。

第78条 組織により所有される一人社員有限責任会社の管理組織機構
1. 組織により所有される一人社員有限責任会社は、以下のいずれかのモデルに従って管理され、活動する。
a) 会社の会長、社長又は総社長及び監査役
b) 社員総会、社長又は総社長及び監査役
2. 会社の定款に異なる定めがない場合、社員総会の会長又は会社の会長が会社の法定代表者となる。
3. 会社の定款に異なる定めがない場合、社員総会、会社の会長、社長又は総社長及び監査役の職務、権限及び義務は、この法律の規定に従う。

第79条 社員総会
1. 社員総会の構成員は、会社所有者により任命、免任され、3人から7人の構成員からなり、任期は5年を超えない。社員総会は、会社所有者の名義で会社所有者の各権利を行使し、義務を履行し；会社の名義で社長又は総社長の権限及び義務を除く会社の各権利を行使し、義務を履行し；この法律の規定及びその他の関係法令の規定に基づき与えられた各権限の行使及び義務の履行について法令及び会社所有者に対して責任を負う。
2. 社員総会の権限、義務及び会社所有者との関係は、会社の定款及び関係法令の規定に従う。
3. 社員総会の会長は、会社の定款に定める手順、手続に従い会社所有者により任命され、又は社員総会の各構成員により過半数の原則により選任される。会社の定款に異なる定めがない場合、社員総会の会長の任期、権限及び義務は、この法律第57条の規定及びその他の関係規定に従う。
4. 社員総会の会合の招集権限、方式は、この法律第58条の規定に従う。
5. 社員総会の会合は、構成員総数の少なくとも3分の2が出席するときに行われる。会社の定款に異なる定めがなければ、それぞれの社員は一票ずつ同等の価値の議決票を有する。社員総会は、書面により意見を聴取する形式により決定を採択するこ

とができる。
6. 社員総会の決議は、会合に出席した社員の過半数が賛成するときに採択される。会社の定款の修正、補充、会社の再編、会社の定款資本の一部又は全部の譲渡については、会合に出席した社員の少なくとも4分の3の賛成を得なければならない。
社員総会の決議は、採択された日又は当該決議中に記載された日から効力を生ずる。ただし、会社の定款に異なる定めがある場合を除く。
7. 社員総会の各会合は、議事録に記録されなければならず、録音又はその他の電子的形式により記録及び保存することができる。社員総会の会合の議事録の内容は、この法律第61条の規定に従う。

第80条　会社の会長
1. 会社の会長は、所有者が任命する。会社の会長は、会社所有者の名義で会社所有者の各権利を行使し、義務を履行し、会社の名義で社長又は総社長の権限及び義務を除く会社の各権利を行使し、義務を履行する。この法律、関係法令及び会社の定款の規定に基づき与えられた各権限の行使及び義務の履行について法令及び会社所有者の前に責任を負わなければならない。
2. 会社所有者に対する会社の会長の権限、義務及び業務制度は、会社の定款、この法律及び関係法令の規定に従う。
3. 会社所有者の各権利の行使及び義務の履行に関する会社の会長の決定は、会社所有者の承認を得た日から効力を生ずる。ただし、会社の定款に異なる定めがある場合を除く。

第81条　社長、総社長
1. 社員総会又は会社の会長は、会社の日常的な経営活動を運営させるため、社長又は総社長を5年を超えない任期で任命又は雇用する。社長又は総社長は、自己の権限の行使及び義務の履行について法令及び社員総会又は会社の会長に対して責任を負う。社員総会の会長、社員総会のその他の構成員又は会社の会長は、社長又は総社長を兼ねることができる。ただし会社の定款に異なる定めがある場合を除く。
2. 社長又は総社長は、以下の各権限及び義務を有する。
   a) 社員総会又は会社の会長の決定を実行する。
   b) 会社の日常的な経営活動に関係する各事項を決定する。
   c) 会社の経営計画及び投資実施計画案を実施する。
   d) 内部管理規則を発行する。
   đ) 会社の管理者を任命、免任、罷免する。ただし、社員総会又は会社の会長の権限に属する対象者を除く。
   e) 会社の名義で契約を締結する。ただし、社員総会の会長又は会社の会長の権限に属する場合を除く。
   g) 会社の組織機構実施計画案を提案する。
   h) 年次財務決算報告書を社員総会又は会社の会長に上程する。
   i) 経営における利益の使用又は損失処理の実施計画案を提案する。
   k) 労働者を雇用する。
   l) 会社の定款、社長又は総社長が社員総会の会長又は会社の会長と締結した労働契約の定めに基づくその他の権限及び義務
3. 社長又は総社長は、以下の各資格及び条件を備えなければならない。
   a) 完全民事行為能力を有し、この法律第18条2項に規定する対象に属さない。
   b) 会社の定款に異なる定めがなければ、会社の経営の管理について専門性、実務経験を有する。

第82条　監査役
1. 会社所有者は、監査役の人数を決定し、監査役を5年を超えない任期で任命し、監査役会を設置する。監査役は、自己の各権限の行使及び義務の履行について法令及び会社所有者に対して責任を負う。
2. 監査役は、以下の各権限及び義務を有する。
   a) 社員総会、会社の会長及び社長又は総社長による所有者の権利の行使、会社の経営業務の運営管理における合法性、誠実性、慎重性を検査する。
   b) 財務報告書、経営状況報告書、管理業務評価報告書及びその他の各報告書を会社所有者又は関係国家機関に提出する前に審査し、審査報告書を会社所有者に提出する。
   c) 会社の経営業務の管理、運営組織機構の修正、補充に係る各対策を会社所有者に提案する。
   d) 会社の本店、支店、駐在事務所にあるあらゆる書類、資料を検討する。社員総会の構成員、会社の会長、社長又は総社長及びその他の管理者は、監査役の請求に従い、所有者の権利の行使、会社の経営管理、運営及び活動に関する情報を、完全かつ遅滞なく提供する義務を負う。
   đ) 社員総会の各会合及びその他の会社の各会合に出席し、討論を行う。
   e) 会社の定款の定め又は会社所有者の請求、決定に基づくその他の権限及び義務
3. 監査役は、以下の各資格及び条件を備えなければならない。
   a) 完全民事行為能力を有し、この法律第18条2項に規定する対象に属さない。
   b) 社員総会の構成員、会社の会長、社長又は総社長及び監査役を直接任命する権限を有する者の関係者でない。
   c) 監査役は、会計、会計監査について専門性、職業経験を有し、又は会社の経営分野、職種について専門性、実務経験を有し、又は会社の定款に定めるその他の資格、条件を備えている。
4. 会社の定款は、各監査役の活動の内容及び連携の方式について具体的に定める。

第83条　社員総会の構成員、会社の会長、社長、総社長及び監査役の責任
1. 与えられた各権限の行使及び義務の履行に当たり、法令、会社の定款、会社所有者の決定を遵守する。

巻末資料　最新 ベトナム企業法（改正版）

2. 会社及び会社所有者の合法的利益の最大化の確保のために、誠実、慎重、最善の方法で、与えられた各権限を行使し、義務を履行する。
3. 会社及び会社所有者の利益に忠実であり、私利のため又は他の組織、個人の利益に資するために、会社の情報、ノウハウ、経営機会を使用せず、地位、職務を濫用せず、会社の財産を使用しない。
4. 自己及び自己の関係者が所有する又は支配的な株式、持分を有する企業について、遅滞なく、完全に、正確に会社に通知する。この通知は会社の本点及び支店において掲示される。
5. この法律及び会社の定款の規定に基づきその他の権限及び義務

第84条　会社の管理者及び監査役の報酬、給与及びその他の利益
1. 会社の管理者及び監査役は、会社経営の結果及び効率性に従った報酬又は給与及びその他の利益を享受する。
2. 会社所有者は、社員総会の構成員、会社の会長、社長又は総社長及び監査役の利益の額を決定する。会社の管理者及び監査役の報酬、給与及びその他の利益は、租税に関する法令、関係法令の規定に基づき会社の費用に算入され、会社の年次財務報告書中で個別の項目として記載されなければならない。
3. 監査役の報酬、給与及びその他の利益は、会社の定款の定めに基づき、会社所有者が直接支払うことができる。

第85条　個人により所有される一人社員有限責任会社の管理組織機構
1. 個人により所有される一人社員有限責任会社は、会社の会長、社長又は総社長を有する。
2. 会社の会長は、社長又は総社長を兼任し、又は雇用することができる。
3. 社長又は総社長の権限、義務は、会社の定款、社長又は総社長が会社の会長と締結した労働契約の定めに従う。

第86条　会社と関係者との契約、取引
1. 会社の定款に異なる定めがない場合、組織により所有される一人社員有限責任会社と以下の者との間の契約、取引は、社員総会又は会社の会長、社長又は総社長及び監査役により審査、承認されなければならない。
    a) 会社所有者及び会社所有者の関係者
    b) 社員総会の構成員、社長又は総社長及び監査役
    c) この項b号に規定する者の関係者
    d) 会社所有者の管理者、当該管理者を任命する権限を有する者
    đ) この項d号に規定する者の関係者　契約を締結する者は、当該契約、取引に関係する相手方について社員総会又は会社の会長、社長又は総社長及び監査役に通知し、同時に契約書の原案又は取引の主要な内容を添付しなければならない。
2. 会社の定款に異なる定めがない場合、社員総会、会社の会長及び監査役は、契約又は取引の承認について通知を受けた日から10日以内に多数決、一人一票の原則に従って決定しなければならない。利害関係を有する者は、議決権を有しない。
3. この条第1項に規定する契約、取引は、以下の各条件を完全に満たす場合に限り承認される。
    a) 契約を締結する又は取引を実施する各当事者が、独立した法主体であり、個別の権利、義務、財産及び利益を有する。
    b) 契約又は取引中で使用される価格が、契約の締結又は取引の実施時点の市場価格である。
    c) 会社所有者がこの法律第76条4項に規定する義務を遵守する。
4. 契約、取引がこの条第1項、第2項及び第3項の規定に従わずに締結され、会社に損害を与えたときは、無効とされ、法令の規定に従って処理される。契約当事者である契約の締結者及び関係者は、連帯して、当該契約、取引の実施により発生した損害について責任を負い、取得した各利益を会社に償還しなければならない。
5. 個人により所有される一人社員有限責任会社と会社所有者又は会社所有者の関係者との間の契約、取引は、会社の個別の書類に記載され、保管されなければならない。

第87条　定款資本の変更
1. 一人社員有限責任会社は、以下の各場合に定款資本を変更する。
    a) 会社の定款資本中の持分の一部を払い戻す。ただし、会社が企業登記の日から2年間以上継続して経営活動を行い、所有者に払戻しをした後に各債務及びその他の各財産義務を確実に全額弁済できるときに限る。
    b) 定款資本が、この法律第74条の規定に従って、所有者により全額かつ期限どおりに払い込まれない。
2. 一人社員有限責任会社は、会社所有者が追加投資を行う又は他人の出資を呼び込むことにより、定款資本を増額することができる。所有者は、定款資本の増額の形式及び増額額を決定する。
3. 他人の出資を呼び込むことにより定款資本を増額する場合、会社は、以下のいずれかの形態に従って管理しなければならない。
    a) 二人以上社員有限責任会社。会社は、定款資本の変更が完了した日から10日以内に企業登記の内容変更を通知しなければならない。
    b) この法律第196条の規定に基づく株式会社

第四章　国営企業

第88条　国営企業に対する規定の適用
1. 国営企業は、この章の規定、第三章第二節中の関係規定及びこの法律のその他の関係規定に従って管理される。第四章と第三章の規定及びこの法律のその他の関係規定との間で相違があるときは、この章の規定を適用する。
2. 国が定款資本の100パーセント未満を掌握する企業の管理は、この法律第三章第一節及び第五章の規定に基づいて行われる。

第89条 管理組織機構
 所有者代表機関[93]は、この法律第78条1項に規定する二つのモデルのうち一つに基づき、有限責任会社の形式により国営企業の管理組織を決定する。

第90条 社員総会
1. 社員総会は、会社の名義でこの法律の規定及びその他の関係法令の規定に基づいて会社の各権利を行使し、義務を履行する。
2. 社員総会は、7人を超えない会長及びその他の各構成員からなる。社員総会の構成員は、専任制度に従って業務を行い、所有者代表機関により任命、免任、解職又は表彰、懲戒される。
3. 社員総会の会長、その他の構成員の任期は、5年を超えないものとする。社員総会の構成員は再任されることができるが、一つの会社において2期を超えて社員総会の構成員に任命されることはできない。

第91条 社員総会の権限及び義務
1. 社員総会は、会社が所有者である又は株式、持分を保有する会社に対し、会社の名義で、所有者、株主、社員の各権利を行使し、義務を履行する。
2. 社員総会は以下の権限及び義務を有する。
   a) 企業における経営、生産に投資する国家資本の管理、使用に関する法律の規定に基づいて企業の生産、経営の各内容を決定する。
   b) 支店、代表事務所及び付属経理部局の設立、再編、解散を決定する。
   c) 会社の年次の経営生産計画、市場の開発とマーケティング、工業技術の方針を決定する。
   d) 内部会計監査活動を行い、会社内部の会計監査部局の設立を決定する。
   đ) この法律、関係法令及び会社の定款に基づくその他の権限及び義務

第92条 社員総会の構成員の資格及び条件
1. 経営管理又は企業の活動領域、分野、業種において、専門性、実務経験を有する。
2. 所有者代表機関の指導者、副指導者級の者、社員総会の構成員、会社の社長、副社長又は総社長、副総社長、会計部門の長、会社の監査役の配偶者、父母、養父母、実子、養子、実兄弟姉妹、義兄弟姉妹でない。
3. 国家機関、政治組織、政治―社会組織の幹部、公務員ではない、又は構成員の企業[94]における管理、運営者ではない。
4. 国営企業において、この法律の規定に基づいて、社員総会の会長、社員総会の構成員、会長、社長、副社長又は総社長、副総社長の地位を以前に解職されたことがない。
5. 会社の定款に定められたその他の資格及び条件

第93条 社員総会の構成員の免任、解職
1. 社員総会の会長とその他の構成員は、以下の各場合に免任される。
   a) この法律第92条に規定する資格及び条件を満たさなくなった。
   b) 辞職届を提出し、所有者代表機関の書面による承認を得た。
   c) 転任、他の仕事の配属の決定を得た又は定年退職した。
   d) 与えられた担当業務について能力が十分にない。民事行為能力を喪失し又は制限を受けた。
   đ) 健康状態が十分でない又は社員総会の構成員の職務を保つ威信が残っていない。
2. 社員総会の会長及びその他の構成員は、以下の各場合に解職される。
   a) 会社が、年次計画の各目標、指標を達成せず、所有者代表機関の要求に従い投資資金を保全、発展せず、かつ、その客観的原因を説明できない報告が所有者代表機関の承認を得られない。
   b) 訴追されて裁判で有罪を宣告される。
   c) 権限の行使、義務の履行に当たり誠実でない、又は私利のため若しくは他の組織、個人の利益に資するために、地位、職務を濫用し、会社の財産を使用する；会社の財務状況と経営生産結果につき誠実でない報告をする。
3. 免任、解職の決定の日から60日以内に、所有者代表機関は、後任者の採用、任命を審査、決定する。

第94条 社員総会の会長
1. 社員総会の会長は、所有者代表機関から任命される。社員総会の会長は、自己の会社とその他の会社の社長又は総社長を兼ねることができない。
2. 社員総会の会長は以下の権限及び義務を有する。
   a) 社員総会の四半期ごと及び年次の活動計画の作成
   b) 社員総会の会合の議事次第及び資料を準備し、又は意見を聴取する。
   c) 社員総会の会合を招集し主宰する、又は社員総会の各構成員の意見を聴取する。
   d) 所有者代表機関の決議及び社員総会の決議を実行する。
   đ) 会社の戦略目標実現結果、会社の活動結果、社長又は総社長の運営管理結果を監督させ、又は直接監督し、評価する。
   e) 法令の規定に基づいて会社の情報を公表、公開する。公表された情報の十分性、適時性、正確性、誠実性と体系性につき責任を負う。
   g) この法律、関係法令及び会社の定款の規定に基づくその他の権限及び義務
3. この法律第93条に規定する各場合のほか、この条第2項に規定する各任務を遂行できない場合、社員総会の会長は任免、解職され得る。

巻末資料 最新 ベトナム企業法（改正版）

第 95 条 社員総会のその他の構成員の権限及び義務
1. 社員総会の会合に出席し、社員総会の権限に属する各事項について討論し、提案し、議決する。
2. 記録簿を検査、検討、調査、筆写又は謄本作成し、会社の各取引、会計帳簿、年次財務報告書、社員総会の会合の議事録簿、その他の各文書及び資料を監視する。
3. この法律、関係法令及び会社の定款に基づくその他の権限及び義務

第 96 条 社員総会の会長と各構成員の責任
1. 法令、会社の定款、会社所有者の決定を遵守する。
2. 会社及び国家の合法的利益の最大化の確保のために、誠実、慎重、最善の方法で、各権限を行使し、義務を履行する。
3. 会社及び国家の利益に忠実であり、私利のため又は他の組織、個人の利益に資するために会社の情報、ノウハウ、経営機会、地位、職務、会社の財産を使用しない。
4. 自分及び関係者が所有者である又は株式、持分を保有する企業について、会社に対し、遅滞なく、十分にかつ正確に通知する。この通報は会社の本店及び支店に掲示される。
5. 社員総会の決議を執行する。
6. 社員総会の名義を悪用して法令違反行為を行い、会社の利益に資することを目的とせずに経営又はその他の取引を行い、他人に損害を与え、会社に生じる可能性がある不測の財務危機があるときに弁済期未到来の債務を弁済した場合、個人責任を負う。
7. 社員総会の構成員が与えられた権限の行使及び義務の履行に当たり義務違反行為をしたことを発見した場合、その他の社員総会の構成員は、書面により所有者代表機関に報告し、違反行為の終了及びその悪影響の克服解決を請求する義務を負う。

第 97 条 社員総会の業務制度、会合の実施要件と方式
1. 社員総会は、集団の制度に基づいて業務を行う。その権限、義務に属する事項の審査と決定のため四半期に少なくとも一回は召集される。討論を求めない事項について、社員総会は会社の定款の定めに基づき、書面により各構成員の意見を収集することができる。社員総会は、緊急事項の解決のため、会社所有者代表機関の請求又は社員総会の会長若しくは社員総会の構成員総数の 50 パーセント超若しくは社長若しくは総社長の要請に基づいて、臨時会を招集することができる。
2. 社員総会の会長又は社員総会の会長から委任を受けた構成員は、議事次第と資料の内容の決定準備につき責任を負い、その社員総会の会合を招集し、主宰する。社員総会の各構成員は、会合の議事次第について書面により提案する権限を有する。会合の内容と各資料は、社員総会の各構成員及び会合への出席を招かれた代表者（もしあれば）に対し、会合日の少なくとも 3 営業日前までに送付されなければならない。会社所有者代表機関による会社の定款の修正、補充の提案、会社の発展の方向性の採択、年次財務報告書の採択、会社の再編と解散について、会で使用される個別の資料は、各構成員に対し、会合日の遅くとも 5 営業日前までに送付されなくてはならない。
3. 招集通知は、招集状、電話、ファクシミリ又はその他の電子的方法で、招集される社員総会の構成員及びその他の代表者に対して一人ずつ直接通知しなければならない。招集通知の内容は、会合の時間と場所と議事次第の内容を明確にするものでなければならない。必要なときは、オンライン会議の形式を利用することができる。
4. 社員総会の各構成員の意見聴取の会合は、構成員の合計数の少なくとも 3 分の 2 が参加したときに適式なものとなる。社員総会の決議は、議決に参加した社員総会の構成員総数の過半数が賛成した時に採択される。得票数が等しい場合、社員総会の会長又は社員総会の会長から会合を主宰する委任を受けた者が賛成票を投じた内容が、採択される内容となる。社員総会の構成員は、自己の意見を保留し、会社所有者代表機関に提案する権限を有する。
5. 社員総会の構成員の意見を書面により聴取する場合、構成員総数の過半数が賛成したときに、社員総会の決議は採択される。
決議は、一つの書面の複数の写しを使用する方法で採択され得る。ただし、それぞれの写しに社員総会の構成員の署名が一つ以上あるときに限る。
6. 会合の内容と議事次第に基づき、必要と認めるときは、社員総会は、関係各機関、組織の権限を有する代表者を招き、会合に出席して議事次第中の具体的各事項を討論してもらう権限又は責任を有する。会合への出席を招かれた機関、組織の代表は、意見を発言する権利を有するが議決には参加しない。会合への出席を招かれた代表が発言した意見は、会合の議事録に十分に記載される。
7. 討論された事項の内容、発言された意見、議決の結果、社員総会が採択した決定、社員総会の会合の結論は、議事録に記載されなくてはならない。会合の議長と書記は社員総会の会合の議事録の正確性と誠実性につき共同で責任を負わなくてはならない。会合の終結の前に、社員総会の会合の議事録は完結させ採択を受けなければならない。議事録には以下の主要な内容を記載しなくてはならない。
    a） 会合の時間、場所、目的、議事次第の内容。会に出席した構成員の名簿；討論して議決された事項；討論された事項ごとの構成員の発言意見の要約
    b） 白票の方式の適用がない場合における賛成及び不賛成の票数、又は白票の方式の適用がある場合の賛成、不賛成、意見なしの票数
    c） 採択された各決定。出席した構成員の氏名、署名
8. 社員総会の構成員は、会社及び会社が定款資本の 100 パーセントを掌握する子会社における社長、副社長又は総社長、副総社長、会計部門の長及び管理、運営者、他の各企業における会社の持分代表者に対し、社員総会が定めた情報規則又は社員総会の決議に基づいて、企業の財務状況、活動状況に関する情報、資料の提供を請求する権限を有する。情報提供を請求された者は、社員総会の構成員の請求に従って遅滞なく、十分に、正確に各情報を提供しなくてはならない。ただし、社員総会が異なる決定をする場合は除く。
9. 社員総会は、自己の任務実現のために会社の運営組織、援助部局（もしあれば）と、会社の印章を使用する。
10. 社員総会の活動費は、給与、手当、その他報酬を含めて、会社の管理費用に算入される。

11. 必要がある場合、社員総会はその権限に属する各重要事項の決定の前に国内外の諮問専門家の意見聴取を行う。諮問専門家の意見聴取の費用は会社の財務管理規則の定めるところによる。
12. 社員総会の決議は、採択された日又は当該決議中に記載された発効日から効力を有する。ただし、所有者代表機関の承認を得なければならない場合を除く。

第98条　会社の会長
1. 会長は、法令に基づいて所有者代表機関により任命される。会長の任期は5年を超えない。会長は再任され得るが、合計で二期を超えない。会長の資格、条件及び免任、解職される各場合は、この法律第92条及び第93条の定めるところによる。
2. 会長は、企業における経営、生産に投資する国家資本の管理、使用に関する法律の規定に従って、会社における直接所有者代表者[95]の各権利を行使し、義務を履行する。その他の各権限及び義務はこの法律第91条及び第96条の規定にならう。
3. 会長の給与、賞与及びその他の経済的利益は、所有者代表機関により決定され、会社の管理費用に算入される。
4. 会長は、自己の権限を行使し、義務を履行するために、会社の管理、運営組織、援助部局（もしあれば）及び会社の印章を使用する。必要がある場合、会社の会長は、その権限に属する重要な事項を決定する前に、国内外の諮問専門家の意見を聴取する。諮問専門家の意見聴取費用は、会社の財務管理規則の定めるところによる。
5. この条第2項に規定する権限に属する各決定は、書面で作成され、会社職としての署名（会長が、社長又は総社長と兼務している場合を含む。）がなされなくてはならない。
6. 会社の会長の決定は、署名の日又は当該決定中に記載された発効日から効力を有する。ただし、所有者代表機関の承認を得なければならない場合を除く。
7. 会社の会長は、30日を超えてベトナムを離れる場合、会社の会長の権限を行使し、義務を履行するため書面により他人に委任をしなくてはならない。委任は遅滞なく書面により所有者代表機関に対して通知されなくてはならない。その他の委任は、会社の内部管理規則の定めに従って行なわれる。

第99条　社長、総社長
1. 社長又は総社長は、社員総会又は会社の会長により任命され、又は所有者代表機関の承認を得た人事実施計画案に従って雇われる。会社は一人若しくは複数の副総社長又は副社長を持つ。副総社長又は副社長の数と任命権限は会社の定款の定めるところによる。副社長と副総社長の権限及び義務は会社の定款又は労働契約の定めるところによる。
2. 社長又は総社長は、会社の日常的な各活動を運営する任務を有し、以下の権限及び義務を有する。
    a) 会社の経営計画、経営実施計画案、投資計画を実行し、実行の結果を評価する。
    b) 社員総会、会社の会長及び会社所有者代表機関の決議を実行し、実行結果を評価する。
    c) 会社の日常的な業務を決定する。
    d) 社員総会又は会長が承認した会社の内部管理規則を実施する。
    đ) 会社名義で契約を締結し、合意する。ただし、社員総会の会長又は会長の権限に属する場合を除く。
    e) 会社の各管理職の任命、雇用、免任、解職、契約終了。ただし、社員総会又は会長の権限に属する管理職を除く。
    g) 労働者を採用する。
    h) 社員総会又は会社の会長に対し、経営計画目標の実行結果に関する四半期ごとの報告書及び年次財務報告書を作成し、提出する。
    i) 必要と認めるとき、会社再編実施計画案を提案する。
    k) 税金とその他会社の財産義務を差し引いた後の利益の分配と使用を提案する。
    l) 法令及び会社の定款の規定に基づくその他の権限及び義務

第100条　社長、総社長の資格、条件
1. 経営管理又は会社の経営領域、分野、業種において、専門性、実務経験を有する。
2. 所有者代表機関の指導者、副指導者級の者の配偶者、父母、養父母、実子、養子、実兄弟姉妹でない。
3. 社員総会の構成員の配偶者、父母、養父母、実子、養子、実兄弟姉妹でない。
4. 会社の副総社長、副社長、会計部門の者の配偶者、父母、養父母、実子、養子、実兄弟姉妹、義兄弟姉妹でない。
5. 会社の監査役の配偶者、父母、養父母、実子、養子、実兄弟姉妹でない。
6. 同時に国家機関、政治組織、政治社会組織における幹部、公務員でない。
7. 国営会社又は国営企業において、この法律の規定に基づいて、社員総会の会長、社員総会の構成員、会長、社長又は総社長、副総社長、副社長の地位を以前に解職されたことがない。
8. 他の企業の社長又は総社長を兼職しない。
9. 会社の定款に定められたその他の各資格、条件

第101条　社長、総社長、その他会社を管理する立場の者の免任、解職
1. 社長又は総社長は、以下の各場合において免任される。
    a) この法律第100条に規定する資格及び条件を満たさなくなった。
    b) 休職（休業）請求届がある。
2. 社長又は総社長は以下の各場合に解職される。
    a) 企業が法令の規定に従った資本の保全をしない
    b) 会社が年次経営計画目標を達成しない。
    c) 新しい企業の発展戦略及び経営計画の要求に応える十分な能力がない。

d) 企業が法令に違反する又は法令の規定に反した経営計画を有する。
  đ) この法律第96条に規定する管理者の各義務の一つにでも違反する。
  e) 会社の定款に定めるその他の各場合。
3. 副総社長、副社長、会計部門の長及びその他の会社の管理者の免任、解職の場合は、会社の定款の定めるところによる。

第102条 監査役会
1. 会社の規模を根拠に、所有者代表機関は監査役一人を任命する決定又は3人から5人の監査役からなる監査役会を設置する決定を行う。監査役の任期は5年を超えず、再任され得るが、いずれの個人も2期を超えない限りにおいて一つの会社の監査役として任命され得る。
2. 監査役会は、以下の権限及び義務を有する。
  a) 会社の発展戦略と経営計画の実現、会社の戦略目標と計画目標の実現を監査する。
  b) 社員総会の構成員、社員総会、社長又は総社長の各権限の行使、義務の履行を監督し、評価する。
  c) 内部会計監査規則、不慮の事態の管理及び予防規則、報告規則並びに会社のその他の内部管理規則の効力及び遵守の程度を監督し、評価する。
  d) 会社業務、会計帳簿並びに財務報告書、各添付資料及び関係する資料の内容において、合法性と体系性及び誠実性を監察する。
  đ) 会社とその関係者との各取引を監察する。
  e) 大規模投資計画、売買取引、その他の会社の大規模な経営取引又は臨時の経営取引の実行につき監査する。
  g) この項a号、b号、c号、d号、đ号及びe号に規定する各内容について、所有者代表機関及び社員総会に対し、評価、提案報告書を作成して送付する。
  h) 所有者代表機関の請求又は会社の定款の定めに基づくその他の各権限を行使し、義務を履行する。
3. 監査役に対する給与、賞与は、所有者代表機関により、決定され、支払われる。
4. 政府はこの条の詳細を定める。

第103条 監査役の資格及び条件
1. 財務、会計、会計監査、法律、経営管理において一つの専門分野があり、3年以上の職業経験がある。監査役会の長は、財務、会計、会計監査、法、経営管理の養成の専門分野に関係する業務経験が少なくとも5年ある。
2. 会社の労働者でない。
3. 以下の対象者の配偶者、父母、養父母、実子、養子、実兄弟姉妹、義兄弟姉妹でない。
  a) 会社の所有者代表機関の指導者、副指導者級の者
  b) 会社の社員総会の構成員
  c) 副社長又は副総社長、会社の会計部門の長
  d) 会社のその他の監査役
4. 他の企業の社長又は総社長を兼任しない。
5. 国営企業でない会社の監査役、社員総会の構成員、取締役に、同時になっていない。
6. 会社の定款に定められたその他の各資格及び条件

第104条 監査役会及び監査役の権限
1. 社員総会の会合に出席する。正規非正規を問わず、所有者代表機関と社員総会が諮問、意見交換する会に参加する。社員総会、社員総会の構成員、社長又は総社長に対して、発展投資に関する各計画、プロジェクト又はプログラム及び会社の運営管理におけるその他の決定について質問して説明を求める権利を有する。
2. 会社の会計、報告、契約、取引に関する書類及びその他の資料を検討する。必要と認めるとき又は所有者代表機関の請求に従って、社員総会、社員総会の構成員、社長又は総社長の運営管理業務を検査する。
3. 経営活動の実情、会社財務の実情、会社内部管理規則の運用と効果の実情を検討、評価する。
4. 社員総会の構成員、社長、副社長又は総社長、副総社長、会計部門の長とその他の管理者に対して、会社の管理と投資、経営活動におけるすべての範囲について報告と情報提供を請求する。
5. 法令及び会社の定款の規定に従い各任務を遂行するため必要と認めるとき、会社の管理担当者に子会社の財務の実情、子会社の経営活動の実情と結果について報告を請求する。
6. 社員総会の構成員、社長若しくは総社長又は副社長、副総社長、会計部門の長とその他の管理者が彼らの権限、義務及び責任に関する規定に違反していること又はそれらの各規定に反するおそれがあることを発見した場合；又は法令違反行為、経済管理に関する規定への違反、会社の定款又は会社の内部管理規則の定めへの違反を発見した場合、会社所有者代表機関、監査役会のその他の各構成員及び関係する個人に対して、直ちに報告しなければならない。
7. 所有者代表機関に対し、会計監査につき助言する任務を遂行し、監査役会が与えられた各権限を行使し、義務を履行するに当たり直接補助する部門の設立を主張する。
8. 会社の定款に定めるその他の各権限を行使する。

第105条 監査役会及び監査役の業務制度
1. 監査役会の長は、会社において専任して業務を行う。その他の各構成員は4つ以下の国営企業の監査役会に参加することができるが、所有者代表機関の書面による同意を得なければならない。
2. 監査役会の長は、監査役会の月次、四半期ごと及び年次の業務計画を作成する。各構成員に具体的な任務と業務を割り当てる。

3. 監査役は、独立して主体的に割り当てられた任務と業務を実行する。必要と認める時には、計画外、割り当てられた範囲外の任務、監査業務を実行することを提案する。
4. 監査役会は、少なくとも月に1回、検査結果報告書を精査し、評価し、採択して所有者代表機関に提出する。引き続き行われる監査役会の活動計画を討議し採択する。
5. 監査役会の決定は、会合に出席した構成員の多数が賛成した時に採択される。採択された決定の内容と異なる各意見は、十分に、正確に記録され、所有者代表機関に報告されなくてはならない。

第106条 監査役の責任
1. この法律及び会社の定款に定められた各権限の行使及び義務の履行に当たり、法令、会社の定款、所有者代表機関の決定及び職業倫理を遵守する。
2. 国家の利益及び会社における関係者の合法的利益を保護するため、誠実、慎重、最善の方法で、与えられた各権限を行使し、義務を履行する。
3. 国家と会社の利益に忠実であり、私利のため又は他の組織、個人の利益に資するために、会社の情報、ノウハウ、経営機会の使用、地位、職務、会社の財産の濫用をしてはならない。
4. この法律及び会社の定款に定めるその他の各義務
5. この条第1項、第2項、第3項及び第4項に規定する義務に違反して会社に損害を与えた場合、各監査役は個人又は連帯で損害賠償責任を負う。違反の性質、程度と損害に応じて、法令の規定に従って懲戒処分、行政違反処罰又は刑事責任の追及がなされる。
6. 監査役が、この条第1項、第2項、第3項及び第4項に規定する義務の違反により直接又は間接に得たすべての収入その他の利益は会社に返還されなくてはならない。
7. 監査役が与えられた権限の行使及び義務の履行に当たり義務違反をしたことを発見した場合、その他の監査役会の構成員は、書面により所有者代表機関に報告し、違反行為の終了及びその悪影響の克服解決を請求する義務を負う。

第107条 監査役の免任、解職
1. 監査役は以下の各場合に免任される。
    a) この法律第103条に規定する監査役の資格及び条件を満たさなくなった。
    b) 辞職届を提出して所有者代表機関が承認する。
    c) 所有者代表機関又はその他の権限を有する機関により、他の任務を遂行するよう割当てを受けた。
    d) 会社の定款に定めるその他の場合
2. 監査役は以下の各場合に解職される。
    a) 割り当てられた任務、業務を完成しない。
    b) 3か月間連続して権限を行使せず、義務を履行しない。ただし、不可抗力の場合を除く。
    c) この法律及び会社の定款に定める監査役の義務の重大な又は多数回の違反
    d) 会社の定款の定めに基づくその他の場合

第108条 定期的な情報公表
1. 会社は、会社及び所有者代表機関のウェブサイトに、定期的に以下の情報を公表しなくてはならない。
    a) 会社及び会社の定款に関する基本情報
    b) 全体的目標、年次経営計画の具体的目標、指標
    c) 財務年度が終了した日から150日以内に独立会計監査組織[96]により会計監査された年次財務報告書及びその要約
    d) 独立会計監査組織により会計監査された半期分の財務報告書及びその要約；公開期限は毎年7月31日より前でなければならない。
      この項c号及びd号に規定する情報公表の内容は、親会社の財務報告書及び連結財務報告書からなる。
    d) 年次及び直近過去3年分の経営生産計画の実施結果の評価報告書
    e) 計画又は入札（もしあれば）に基づいて与えられた公益的任務とその他の社会的責任の実施結果の報告書
    g) 会社の管理、組織の実情に関する報告
2. 会社管理の実情報告は、以下の各情報からなる。
    a) 所有者代表機関、所有者代表機関の指導者及び副指導者級の者に関する情報
    b) 専門の程度、職業経験、過去に務めた管理的地位、任命された方式、与えられた管理業務、給与、賞与の額、給与及びその他の各利益の支払方法を含む会社の管理者に関する情報。会社の管理者の関係者及び利害関係者、会社の管理者である地位に基づく年次の自己点検及び自己評価書
    c) 所有者代表機関と関係を有する各決定。社員総会又は会長の決定、決議
    d) 監査役会、監査役、その活動に関する情報
    d) 労働者、準公務員大会[97]に関する情報；年平均及び報告時点における労働者数、労働者の年平均給与及びその他の利益に関する情報
    e) 監査機関の結論報告書（もしあれば）及び監査役会、監査役の各報告書
    g) 会社の関係者、会社と関係者との取引に関する情報
    h) 会社の定款に定めるその他の各情報
3. 報告され公表された情報は、法律の規定に従って、十分で、正確で、適時のものでなければならない。
4. 法定代表者又は情報公表につき委任を受けた者は情報公表を実行する。法定代表者は、公表された情報の十分性、適時性、

巻末資料　最新 ベトナム企業法（改正版）

誠実性、正確性に責任を負わなくてはならない
5. 政府はこの条の詳細を定める

第109条　臨時の情報公表
1. 会社は、ウェブサイト及び印刷物（もしあれば）、会社の本店及び経営拠点に掲示する方法で、以下の出来事が発生してから36時間以内に臨時の情報を公表しなければならない。
   a) 封鎖された又は封鎖後に再び活動許可を得た会社の銀行口座
   b) 経営活動の一部又は全部の一時停止；企業登記証明書、設立許可証、設立及び活動許可証、活動許可証又は会社の経営に関係のあるその他の許可証が回収されたこと
   c) 企業登記証明書、設立及び活動許可証、活動許可証又は企業活動に関係のあるその他すべての許可証、証明書の内容の修正、補充
   d) 社員総会の構成員、会長、社長、副社長又は総社長、副総社長、監査役会の長又は監査役、会計部門の長、会計財務部長からなる会社の管理者の変更
   đ) 企業の管理者の一人に対するものであっても、規律違反の処分の決定、提訴、判決、裁判所の決定がなされたこと
   e) 企業の法令違反業務に関する監査機関又は税務機関の結論
   g) 独立会計監査組織の変更の決定又は財務につき報告する会計監査の拒否
   h) 設立、解散、新設合併、吸収合併、子会社の変更の決定；その他の会社への投資、減資又は投資の撤退の決定
2. 政府はこの条の詳細を定める。

第五章　株式会社

第110条　株式会社
1. 株式会社は、企業であり、
   a) 定款資本が株式と呼ばれる均等な多数の部分に分けられている。
   b) 株主には組織、個人がなり得る。株主は最低3人とし、最大数は限定しない。
   c) 株主は、債務及びその他の企業の財産義務につき、企業に出資した額の範囲内で責任を負う。
   d) 株主は自己の株式を他人に自由に譲渡できる権利を有する。ただし、この法律119条3項と126条1項の場合を除く。
2. 株式会社は、企業登記証明書の発給を受けた日から法人格を有する。
3. 株式会社は資本を呼び込むため各種の株式を発行する権利を有する。

第111条　株式会社の資本
1. 株式会社の定款資本は、発行した各種株式の額面額の総額である。企業設立登記の時点で存在する株式会社の定款資本は、購入登録されて会社の定款に記載された各種株式の額面額の総額である。
2. 発行済み株式とは、会社に対し、各株主が全額を払い込んだ引受募集対象株式である。企業設立登記の時点において、発行済み株式は、各種購入登録済み株式の総数である。
3. 株式会社の引受募集対象株式は、株主総会が資本を呼び込むために発行を決定する各種株式の総数である。企業登記の時点における株式会社の引受募集対象株式の総数は、会社が資本を呼び込むために発行する各種株式の総数であり、購入登録済み株式と購入未登録株式からなる。
4. 未発行の株式とは、引受募集対象株式で、まだ払込みがされていないものである。企業設立登記の時点で、未発行の株式は、各購入登録未株式の総数である
5. 会社は以下の各場合において、定款資本を変更できる。
   a) 会社が会社登記の日から2年間以上継続して経営活動を行い、株主への資本返還後も各債務及びその他の各財産義務を確実に全額弁済することができるときは、会社は、株主総会の決定に基づき、株主に対し、会社における保有割合に応じて持分の一部を返還する。
   b) 会社は、この法律第129条及び第130条に規定する発行済み株式の買取りを行う。
   c) 定款資本が、この法律第112条の規定に従って、各株主により全額かつ期限内に払い込まれない。

第112条　企業登記の際に購入登録がされた株式の払込み
1. 各株主は、企業登記証明書の発給の日から90日の期限内において購入登録済み株式につき全額の払込みをしなければならない。ただし、会社の定款又は株式購入登録契約がそれと異なるより短い期限を定める場合を除く。取締役会は監察責任を負い、購入登録をした各株主の各株式につき、全額かつ期限どおりの払込みを督促する。
2. 会社が企業登記証明書の発給を受けた日から、この条第1項に規定する購入登録済み株式につき払い込まなければならない最終日までの期限内においては、各株主の議決票数は、購入登録済み普通株式の数に従って計算される。ただし、会社の定款が異なる定めを有する場合を除く。
3. この条第1項に規定する期限が過ぎても、株主が購入登録済み株式につきまだ払込みしない又は一部だけ払込みした場合、以下の規定に従う。
   a) 購入登録済み株式につきまだ払込みしていない株主は、当然に会社の株主でなくなり、他人に対して株式購入権を譲渡できない。
   b) 購入登録済み株式の一部だけ払込みをした株主は、払い込んだ株式の数に応じて、議決権、利益配当請求権[98]及びその他の各権利を有する。他人に対して、まだ払込みしていない株式購入権を譲渡できない。

c) まだ払込みされていない株式は、未発行の株式とみなされ、取締役会が発行権を得る。
    d) 会社は、この条第1項の規定に従って購入登録済み株式の払込み期限終了の日から30日以内に、全額払込みされた株式の額面額の価値に基づいて、定款資本の調整の登記と、発起株主の変更をしなければならない。
4. 購入登録済み株式の払込みをしていない又は全額の払込みをしていない株主は、この条第1項に規定する期限内に生じた会社の各財務義務について、購入登録済み株式の額面額の総額に応じて責任を負わなくてはならない。取締役、法定代表者は、この条第1項及び第3項d号の規定が実行されない又は適切に実行されないことにより発生した各損害につき連帯責任を負わなくてはならない。

第113条 各種の株式
1. 株式会社は、普通株式を有さなければならない。普通株式を保有する者は普通株主という。
2. 普通株式のほかに、株式会社は優先株式を有することができる。優先株式を保有する者は優先株主という。優先株式は、以下の各種からなる。
    a) 議決権優先株式
    b) 配当優先株式
    c) 償還優先株式
    d) 会社の定款に定めるその他の優先株式
3. 政府の委任を受けた組織及び発起株主のみが議決権優先株式を掌握できる。発起株主の議決権の優先は、企業登記証明書の発給を受けた日から3年以内のみにおいて効力を有する。その期間後は、発起株主の議決権優先株式は普通株式に変更される。
4. 配当優先株式、償還優先株式及びその他の優先株式を購入することができる者は、会社の定款の定め又は株主総会の決定による。
5. 同種の株式を保有する株主は、それぞれ同等の権利、義務及び利益を有する。
6. 普通株式は優先株式に変更することはできない。優先株式は株主総会の決議に従い、普通株式に変更される場合がある。

第114条 普通株主の権利
1. 普通株主は以下の権利を有する。
    a) 株主総会に参加して発言する、議決権を直接に若しくは委任代理人を通じて又は法令、会社の定款が定めるその他の形式に基づいて行使する。一つの普通株式につき一つの議決権が与えられる。
    b) 株主総会の決定に基づいた額の配当を受領する。
    c) 会社における株主ごとの普通株式の割合に応じて、優先的に新規引受募集株式を購入する。
    d) この法律第119条3項及び第126条1項に規定する場合を除き、保有している株式を自由に他者に譲渡する。
    đ) 議決権を有する株主名簿にある情報を検討、調査及び謄本作成し、不正確な情報の修正を請求する。
    e) 会社の定款、株主総会の会合の議事録と、株主総会の決議を検討、調査、謄本作成又は謄写する。
    g) 会社の解散又は破産の際に、会社の株式の保有割合に応じて会社の残余財産の返還を受ける。
2. 6か月間以上継続して普通株式総数の10パーセント以上又は会社の定款に定めるそれよりも小さな他の割合を保有する株主又は株主グループは、以下の権利を有する。
    a) 取締役会と監査役会への人事の推薦
    b) 取締役会の議事録簿及び各決議、ベトナムの会計制度の書式に従った半期及び年次の財務報告書並びに監査役会の各報告書を検討し、謄本を作成する。
    c) この条第3項に規定する場合に、株主総会の会合の招集を請求する。
    d) 必要と認める場合、監査役会に対し、会社の管理運営活動に関わる具体的な事項ごとに検査を請求する。請求は書面によりなされなければならず、個人である株主の氏名、恒久的住所、国籍、公民身分証明カード、人民証明書、旅券又はその他の合法的な個人身分証明書の番号；組織である株主の名称、所在地、国籍、設立決定書又は企業登記の番号；株主ごとの株式の数及び株式登録時点、株主グループの株式総数、会社の株式総数における保有株式の割合；検査すべき事項、検査目的を記載しなければならない。
    đ) この法律及び会社の定款の規定に基づくその他の各権利
3. この条第2項に規定する株主又は株主グループは、以下の場合に株主総会の招集を請求する権利を有する。
    a) 取締役会が株主の権利、管理者の義務に対して重大な違反を行い、又は与えられた権限を越えた決定をした。
    b) 取締役会の任期が6か月を切ったが、まだ新しい取締役会が選任されていない。
    c) 会社の定款の定めに基づくその他の場合　株主総会招集請求は、書面により作成されなければならず、個人である株主の氏名、恒久的住所、公民身分証明カード、人民証明書、旅券その他同等の書類の番号；組織である株主の名称、企業コード又は設立決定書の番号、本店の住所；株主ごとの株式の数及び株式登録時点、株主グループの株式総数、会社の株式総数における保有株式の割合、株主総会招集請求の根拠及び理由が記載されなければならない。総会招集請求書には、取締役会の違反の程度又は権限を越えた決定に関する書類と証拠を添付しなければならない。
4. 会社の定款が異なる定めを有さない場合、この条第2項a号に規定する取締役会と監査役会への人事の推薦が以下のとおり行われる。
    a) 取締役会及び監査役会への人事推薦をするために結成される普通株主グループは、株主総会の開会の前に、グループの結成について、株主総会に出席する株主全員に周知しなければならない。
    b) この条第2項に規定する株主又は株主グループは、取締役及び監査役会の構成員の人数に応じて、株主総会の決定に従い、取締役及び監査役会の構成員の候補者として一人又は数人を推薦する権利を有する。株主又は株主グループが推薦した候補者の人数が、株主総会の決定に従い彼らが推薦可能な候補者の人数よりも少ない場合、残りの候補者は取締役会、監査

役会及びその他の株主が推薦する。
5. この法律及び会社の定款の規定に基づくその他の各権利

第 115 条　普通株主の義務
1. 購入を誓約した株式につき、全額かつ期限内に払込みをする。
　会社又は他の者が買い取る場合を除き、普通株式として出資された資本はいかなる形式であっても会社から引き出してはならない。この項の規定に反して株主が株式として出資した資本の一部又は全部を引き出した場合、その株主と会社における関係利益を有する者は、引き出された株式の価額と発生した損害の範囲内で会社の債務及び他の財産義務に対し連帯して責任を負わなくてはならない。
2. 定款及び会社の内部管理規則を遵守する。
3. 株主総会、取締役会の決議を執行する。
4. この法律及び会社の定款の規定に基づくその他の各義務を履行する。

第 116 条　議決権優先株式及び議決権優先株主の権利
1. 議決権優先株式は、普通株式より多数の議決票数を有する株式である。一つの議決権優先株式の議決票数は会社の定款の定めるところによる。
2. 議決権優先株主は、以下の各権利を有する。
　a) 株主総会の権限に属する事項に関し、この条第 1 項に規定する議決票数で議決する
　b) この条第 3 項に規定する場合を除き、普通株主と同じ各権利を有する。
3. 議決権優先株式を保有する株主は、他人にその株式を譲渡できない。

第 117 条　配当優先株式及び配当優先株主の権利
1. 配当優先株式とは、普通株式の配当又は毎年の安定額[99]より高額の配当が支払われる株式である。毎年支払われる配当には、固定配当と特別配当[100]がある。固定配当は会社の経営結果に左右されない。具体的な固定配当額及び特別配当の算定方法は、配当優先株式の株券に記載される。
2. 配当優先株式を有する株主は以下の各権利を有する。
　a) この条第 1 項に基づき配当を得る。
　b) 会社の解散又は破産の際、会社が債権者及び償還優先株主への各債務の弁済を完了した後、会社における株式保有割合に応じて会社の残余財産の一部の返還を受ける。
　c) この条第 3 項に規定する場合を除き、普通株主と同じ各権利を有する。
3. 配当優先株主は議決権及び株主総会への出席権を有さず、取締役会と監査役会への人事の推薦はできない。

第 118 条　償還優先株式及び償還優先株主の権利
1. 償還優先株式とは、償還優先株式の保有者の請求又は償還優先株式の株券に記載された条件に従って、株式として出資した資本金の償還が受けられる株式である。
2. 償還優先株主は、この条第 3 項に規定する場合を除き、普通株主と同じ権利を有する。
3. 償還優先株主は、議決権及び株主総会への出席権を有さず、取締役会及び監査役会への人事の推薦はできない。

第 119 条　発起株主の普通株式
1. 新しく設立される株式会社は少なくとも 3 人の発起株主がいなければならない。株式会社は、国営企業、有限会社から変更され、その他会社会社から消滅分割、存続分割、新設合併、吸収合併される場合、発起株主は必要ない。
　発起株主がいない場合、企業登記書類中の株式会社の定款には、法定代表者又はその会社の各普通株主の署名がなくてはならない。
2. 各発起株主は、会社登記の時点で、引受募集対象普通株式の少なくとも 20 パーセントを共に購入登録しなくてはならない。
3. 企業登記証明書の発給を受けた日から 3 年以内の間、発起株主は自己の株式を他の発起株主に自由に譲渡する権利を有するが、自己の普通株式を発起株主でない者に譲渡できるのは株主総会の承認を得た場合のみである。この場合、株式の譲渡を予定する株主は当該株式の譲渡につき株主総会で議決権を持たない。
4. 発起株主が保有する普通株式に対する制限は、会社が企業登記証明書の発給を受けた日から 3 年後に破棄される。ここに規定する各制限は、発起株主が企業設立登記後に増加させた株式及び発起株主が会社の発起株主でないその他の者に対して譲渡した株式に対しては適用されない。

第 120 条　株券
1. 株券とは、株式会社が発行する証書、帳簿[101]又は電子データであり、会社の一つ又は複数の株式の所有権を確認するものである。株券には以下の主要な内容を記載しなければならない。
　a) 名称、企業コード、本店の住所
　b) 株式の数及び株式の種類
　c) 一つの株式の額面金額と株券に記載される株式の額面総額
　d) 個人である株主の氏名、恒久的住所、国籍、公民身分証明カード、人民証明書、旅券又はその他の合法的な個人身分証明書の番号；組織である株主の名称、企業コード又は設立決定書の番号、本店の住所
　đ) 株式譲渡手続の概略

e）　法定代表者の署名及び会社の印影（もしあれば）
　　g）　会社の株主登録簿における登録番号と株券の発行日
　　h）　優先株式の株券については、この法律第116条、第117条、第118条の規定に基づくその他の各内容
2.　会社の発行した株券の内容及び形式上の誤りがあっても、保有者の権利と利益は影響を受けない。会社の法定代表者はその誤りにより生じた損害につき責任を負う。
3.　株券が紛失、破棄又はその他の形式により破損された場合、その株主は会社に申請して株券の再発行を受けることができる。株主の申請書には以下の内容が記載されなければならない。
　　a）　株券が紛失、破棄又はその他の形式により破損されたこと。紛失の場合は、全力で探し、かつ、見つかったら会社に返却して処分してもらうことを誓約する。
　　b）　株券再発行により発生する紛争に対して責任を負う。
　　　　株券の額面額の総額が千万ドンを超える場合、株券再発行申請書を受け取る前に、会社の法定代表者は、株券の保有者に対し、新聞で株券の紛失、破棄又はその他の形式による破損を公表するよう請求することができる。株券の保有者は、公表から15日後に会社に株券再発行申請書を提出する。

第121条　株主登録簿
1.　株式会社は、企業登記証明書の発給を受けたときから、株主登録簿を作成して保管しなければならない。株主登録簿は、書面、電子データ又はその双方で作成することができる。
2.　株主登録簿には以下の主要な内容を記載しなければならない。
　　a）　名称、会社の本店の住所
　　b）　引受募集対象株式の総数、種類及び種類ごとの数
　　c）　発行された種類ごとの株式の数、出資された株式資本の価額
　　d）　個人である株主の氏名、恒久的住所、国籍、公民履歴カード、人民証明書、旅券又はその他の合法的な個人身分証明書の番号；組織である株主の名称、企業コード又は設立決定書の番号、本店の住所
　　đ）　それぞれの株主の種類ごとの株式の数、株式登録の日
3.　株主登録簿は本店又は証券保管振替センター[102]で保管する。株主は、会社又は証券保管振替センターの営業時間中において、株主登録簿の内容を検査、調査又は謄本作成、筆写する権利がある。
4.　株主が恒久的住所を変更する場合、株主登録簿を更新するため、遅滞なく会社に通知しなければならない。会社は、株主が住所変更を通知しないために株主に連絡できないことの責任を負わない。

第122条　株式の引受募集
1.　株式の引受募集とは、会社が、定款資本を増加させるために、活動過程において、引受募集対象株式の数を増加させ、その各株式を発行することである。
2.　株式の引受募集は、以下の各形式の一つに従って実行することができる。
　　a）　現在の株主に対する引受募集
　　b）　公募
　　c）　株式の個別引受募集
3.　上場株式会社及び大衆株式会社[103]の公募、株式の引受募集は、証券に関する法令の規定に従う。
4.　会社は、株式の発行期間が終了した日から10日以内に、定款資本の変更登記をする。

第123条　株式の個別引受募集
大衆株式会社ではない株式会社の株式の個別引受募集は以下の各規定に従って実行される
1.　会社が株式の個別引受募集をする決定をした日から5営業日以内において、会社は経営登記機関に対して株式の個別引受募集をすることを通知しなければならない。株式の個別引受募集の通知の添付書類は、以下の資料が必要である。
　　a）　株式の個別引受募集に関する株主総会の決議
　　b）　株主総会が採択した株式の個別引受募集の実施計画案（もしあれば）
2.　株式の個別引受募集の通知は以下の各内容からなる。
　　a）　名称、本店の住所、企業コード
　　b）　引受募集予定株式の総数。引受募集株式の種類と引受募集株式の種類ごとの数
　　c）　株式の引受募集の時点及び形式
　　d）　会社の法定代表者の氏名、署名
3.　会社は、通知を送付した日から5営業日以内に経営登記機関の反対意見がない場合、株式を発行する権利を有する。
4.　会社は、株式の発行期間が終了した日から10日以内に、経営登記機関において定款資本の変更登記を実行する。

第124条　現在の株主に対する株式の引受募集
1.　現在の株主に対する株式の引受募集とは、会社が引受募集対象株式の数を増加させ、その株式全部を、会社における現在の株式保有割合に従って株主全員に発行する場合である。
2.　大衆株式会社でない株式会社の現在の株主に対する株式の引受募集は、次のとおり実行される。
　　a）　会社は書面により、株式購入登録期限終了日の遅くとも15日前に、株主登録簿上の恒久的住所としての住所又は連絡先として届け出た住所に確実に届く方式で株主に報告しなければならない。
　　b）　通知には、個人である株主の氏名、恒久的住所、国籍、公民身分証明カード、旅券又はその他の合法的な個人身分証明

● 巻末資料　最新 ベトナム企業法（改正版）●

書の番号；組織である株主の名称、企業コード又は設立決定書の番号、本店の住所；会社における株主が現在有している株式の数及び割合、引受募集予定株式の総数及び購入権を得た株主の数、株式の引受募集価格、購入登録の期限、会社の法定代表者の氏名、署名がなければならない。通知には、発行会社の株式購入登録票の見本が添付されなくてはならない。株式購入登録票が会社に対して通知どおりの期限内に送付されない場合は、関係する株主は優先購入権を得なかったものとみなされる。

 c）　株主は、他者に自己の株式優先購入権を譲渡する権利を有する。
3.　引受募集予定株式の総数が、株主及び優先購入権の譲渡を受けた者により購入登録し尽くされなかった場合、取締役会は、それらの残余引受募集対象株式を、各株主に対する引受募集を行った条件より有利でない合理的方法で会社の株主又はその他の者に対して発行する権限を有する。ただし、株主総会が異なる承認をする又は株式が証券取引所を通じて発行される場合を除く。
4.　株式は、全額が払い込まれ、この法律第 121 条 2 項に規定する購入者の情報が株主登録簿に記載されたとき、発行済みとみなされる。その時から、株式購入者は会社の株主になる。
5.　株式が全額払い込まれた後、会社は購入者に株券を発行して交付しなければならない。会社は、株券を交付せずに株式を発行することもできるが、この場合、この法律第 121 条 2 項に規定する株主の情報は、会社においてその株主の株式所有権の真正を確認するために株主登録簿に記載される。

第 125 条　株式の発行
 取締役会は株式発行の時点、方法及び価格を決定する。株式の発行価格は引受募集時点における市場価格又は直近の時点における株式帳簿[104] に記載された株式の価額を下回らない。ただし、以下の場合を除く。
1.　発起株主でない者に対し、初めて引受募集する株式
2.　会社における現在の株式保有割合に従って株主全員に対し、引受募集する株式
3.　仲介者又は保証人に対し、引受募集する株式。この場合において、具体的な割引金額又は割引率は、会社の定款が異なる定めをする場合を除き、株主総会の承認を得なければならない。
4.　会社の定款がその他の場合及びそれらの場合における割引額を定める場合

第 126 条　株式の譲渡
1.　株式は、この法律第 119 条 3 項に規定する場合及び会社の定款が株式の譲渡を制限する定めを有する場合を除き、自由に譲渡できる。会社の定款が株式の譲渡の制限する定めを有する場合、当該株式の株券にその旨が明記されているときのみ、その各定めは効力を有する。
2.　譲渡は、通常の方法に従った契約により又は証券市場の取引を通じて行われる。契約による譲渡の場合、譲渡文書には、譲渡者と被譲渡者又はその委任を受けた代理人が署名しなくてはならない。証券市場の取引を通じた譲渡の場合、手順、手続及び所有認定は証券に関する法令に従って実行される。
3.　個人である株主が死亡した場合、株主の遺言による又は法定の相続人が会社の株主となる。
4.　死亡した個人である株主の株式に相続人がいない、相続人が相続の受領を拒否する又は相続権を剥奪された場合、その株式は民事に関する法令の規定に従って解決される。
5.　株主は会社における自己の株式の一部又は全部を他人に贈与する権利、債務の返済のため株式を使用する権利を有する。この場合、贈与を受ける者又は株式による債務返済を受ける者は、会社の株主になる。
6.　株主が株式の一部を譲渡する場合、古い株券は破棄され、会社は譲渡された株式の数とまだ残っている株式の数を記載した新しい株券を発行する。
7.　この条に規定する各場合において株式を受領した人は、この法律第 121 条 2 項に規定する情報が株主登録簿に完全に記載された時点から会社の株主になる。

第 127 条　社債の発行
1.　株式会社は、社債、転換社債並びに法令及び会社の定款の規定に基づくその他の種類の社債を発行する権利を有する
2.　発行した社債の元金及び利息を全額支払わない会社又は過去 3 年間継続して弁済期の到来した債務を弁済しない若しくは十分に支払わない会社は、社債の発行をすることができない。ただし、証券に関する法令が異なる規定を有する場合を除く。
3.　選択された金融機関[105] である債権者に対する社債の発行は、この条第 2 項の制限を受けない。
4.　会社の定款が異なる定めをしない場合、取締役会は社債の種類、社債の総額及び発行時点を決定する権限を有するが、直近の会合において株主総会に報告しなくてはならない。報告は、社債の発行に関する取締役会決議の資料及び説明書類を添えて行わなければならない。
5.　株式会社が株式になる転換社債を発行する場合、この法律の規定及び関係法令のその他の規定に基づく株式の引受募集に対応する手順、手続で実行される。社債から株式への転換が終了した日から 10 日以内に、会社は定款資本の変更登記を実行する。

第 128 条　株式、社債の購入　株式会社の株式、社債は、ベトナムドン、外貨、金、土地使用権、知的財産権、工業技術、技術ノウハウ、会社の定款に定めるその他の財産で購入されることができるが、支払いは一括でなくてはならない。

第 129 条　株主の請求に基づく株式の買取り
1.　会社再編又は会社の定款に定める株主の権利、義務の変更に関する決議に反対票を投じた株主は、自己の株式の買取りを会社に請求することができる。請求は書面によらなければならず、株主の氏名、住所、種類ごとの株式の数、発行予定価格及び会社に買取りを請求する理由を明記しなければならない。請求書は、株主総会がこの項に規定する諸事項に関する決議を採択

167

した日から 10 日以内に、会社へ送付されなければならない。
2. 会社は、この条第1項に規定する株主の請求に基づき、請求を受けた日から 90 日以内に、市場価格又は会社の定款に定める方式により算定された価格で株式を買い取らなければならない。価格について合意に至らない場合、関係者は専門評価組織に価格決定を依頼することができる。会社は、株主が選択するために最低 3 つの専門評価組織を紹介し、株主の選択をもって最終決定とする。

第 130 条 会社の決定に基づく株式の買取り　会社は、以下の規定に従い、発行済み普通株式総数の 30 パーセント以下、発行済み配当優先株式の一部又は全部を買い取る権利を有する。
1. 取締役会は、12 か月ごとに、それまでに引受募集された種類ごとの株式総数の 10 パーセント以下の買取りを決定する権利を有する[106]。その他の場合の株式の買取りは株主総会が決定するものとする。
2. 取締役会は、株式の買取価格を決定する。普通株式の場合、買取価格は、この条第 3 項に規定する場合を除き、買取りの時点の市場価格を上回ってはならない。その他の種類の株式の場合、会社の定款に定めがなく又は会社と関係株主との間に異なる合意がなければ、買取価格は市場価格を下回ってはならない。
3. 会社は、各株主からそれぞれの会社における株式保有割合に応じた株数を買い取ることができる。この場合、会社の株式の買取決定は、決定が採択された日から 30 日以内に株主全員に確実に届く方式により通知されなければならない。通知書には、会社の名称、本店の住所、買取株式の総数、買取株式の種類、買取価格又は買取価格の確定方法、支払の手続及び期限、会社への株式の売却応諾[107] の手続及び期限を記載しなければならない。
　株式の売却に同意した株主は、自己の株式の売却応諾書を、通知の日から 30 日以内に会社へ確実に届く方式により送付しなければならない。売却応諾書には、個人である株主の氏名、恒久的住所、公民身証明カード、人民証明書、旅券又はその他の合法的な個人身分証明書の番号；組織である株主の名称、企業コード又は設立決定書の番号、本店の住所；保有している株式の数、売却応諾する株式の数、支払方法、株主又はその法定代表者の署名がなければならない。会社は、上記の期限内に売却応諾される株式のみを買い取る。

第 131 条 買取りされる株式の支払いと処理の条件
1. 会社は、買取りされた株式の支払いを行った直後においても、会社が各債務及びその他の財産義務を確実に全額支払うことができる場合に限り、この法律第 129 条及び第 130 条の規定に従って買取りされる株式の支払いを行うことができる。
2. この法律第 129 条及び第 130 条の規定により買い取られる株式は、この法律第 111 条 4 項の規定に従って、未発行の株式とみなされる。会社は、株式買取りの支払いを完了した日から 10 日以内に、会社が買い取った各株式の額面額の総額に応じて定款資本を減資して調整する手続をしなければならない。ただし、証券に関する法令が異なる規定を有する場合を除く。
3. 買取りされた株式の所有権を確認する株券は、当該株式が全額支払われた後、直ちに廃棄されなければならない。取締役会の会長及び社長又は総社長は、株券を廃棄しない又は廃棄を遅延したことにより会社に生じた損害について、連帯して責任を負わなければならない。
4. 買取りされた株式の支払いの完了後、会計帳簿に記録される会社の財産の総額が 10 パーセントを超えて減少したときは、会社は、買取りされた株式の支払いを完了した日から 15 日以内に、債権者全員に対し、その旨を通知しなければならない。

第 132 条 配当の支払
1. 優先株式に対する配当の支払いは、各種優先株式に個別に適用される条件に従って行われる。
2. 普通株式に対して支払われる配当は、実現された純利益及び会社に留保される利益を財源として引き出される配当支払のための金額に基づき確定される。株式会社は、以下の各条件を満たす場合においてのみ、普通株式の配当を支払う。
    a) 会社が法令の規定に従って、納税義務及びその他の財務義務を完全に履行した。
    b) 法令及び会社の定款の規定に従って、会社の各基金への積立及び過去の赤字額の補てんを行った。
    c) 予定された配当を支払った直後においても、会社が、弁済期の到来した各債務及びその他の財産義務を確実に全額支払う。
3. 配当は、現金、会社の株式又は会社の定款に定めるその他の財産で支払うことができる。現金で支払う場合は、ベトナムドンによらなければならないが、小切手、振替又は株主の恒久的住所若しくは連絡住所への郵便による支払指図により支払うことが可能である。
4. 配当は、株主総会の年次総会が終結した日から 6 か月以内に全額支払われなければならない。取締役会は、毎回の配当支払より遅くとも 30 日前までに、配当を受ける株主の名簿を作成し、株式ごとの配当額、支払期限及び支払形式を確定する。配当支払の通知書は、配当の支払より遅くとも 15 日前までに、株主登録簿に登録された住所に宛てて、株主に確実に届く方式により送付される。通知は、以下の各内容を有さなくてはならない。
    a) 会社の名称、会社の本店の住所
    b) 個人である株主の氏名、恒久的住所、国籍、公民身証明カード、人民証明書、旅券又はその他の合法的な個人身分証明書の番号
    c) 組織である株主の名称、企業コード又は設立決定書の番号、本店の住所
    d) 株主の種類ごとの株式の数、それぞれの株式に対する配当額及びその株主が受け取ることができる配当の総額
    đ) 配当支払の時点と方式
    e) 取締役会の会長及び会社の法定代表者の氏名、署名
5. 株式名簿の作成が完了してから配当の支払いまでの間に、株主が自己の株式を譲渡する場合、譲渡者が会社からの配当を受け取る。
6. 株式により配当を支払う場合、会社は、この法律第 122 条、第 123 条及び第 124 条の規定に基づく株式の引受募集の手続を行わない。会社は、配当の支払いを完了した日から 10 日以内に、配当支払のために用いた各株式の額面額の総額に応じて、

● 巻末資料　最新 ベトナム企業法（改正版）●

定款資本の増額を登記しなくてはならない。

第 133 条　買取りされた株式の支払金又は配当の回収　買取りされる株式の支払いがこの法律第 131 条 1 項に違反し又は配当の支払いがこの法律第 132 条の規定に違反した場合、各株主は、受け取った金額及びその他の財産を会社へ払い戻さなければならない。株主が会社に払い戻さない場合、全取締役は、払い戻しをしない株主に支払った金額及び財産の価額の範囲内で、会社の各債務及びその他の財産義務に対し、共に連帯して責任を負わなければならない。

第 134 条　株式会社の管理組織機構
1.　株式会社は、証券に関する法令に異なる規定がある場合を除き、以下の二つのモデルのうち一つに基づき、管理組織を選択し、活動する権利を有する。
　　a）　株主総会、取締役会、監査役会及び社長又は総社長。株式会社の株主が 11 人未満であり、各株主が会社の株式総数の 50 パーセント未満を保有する組織である場合、監査役会の設置は強制ではない。
　　b）　株主総会、取締役会及び社長又は総社長。この場合、取締役の 20 パーセント以上が独立取締役[108] でなければならず、また、取締役会に直属する内部会計監査委員会[109] がなくてはならない。各独立取締役は監察機能を果たし、会社の運営管理を監察する。
2.　法定代表者が一人しかいない場合、取締役会の会長又は社長若しくは総社長が会社の法定代表者となる；定款が異なる定めを有しない場合、会社に関する法令に従い、取締役会の会長が会社の法定代表者となる。二人以上の法定代表者がいる場合、取締役会の会長及び社長若しくは総社長が当然に会社の法定代表者となる。

第 135 条　株主総会
1.　株主総会は、議決権を持つ株主全員からなる株式会社の最高決定機関である。
2.　株主総会は、以下の各権限及び義務を有する。
　　a）　会社の発展の方向付けを採択する。
　　b）　引受募集対象株式の種類及び種類ごとの株式総数を決定する。株式の種類ごとの毎年の配当額を決定する。
　　c）　取締役、監査役を選任、免任、罷免する。
　　d）　会社の定款が異なる割合又は価額を定めない場合、会社の直近の財務報告書に記録されている財産の総額の 35 パーセント以上の価額を有する財産の投資、売却を決定する。
　　đ）　会社の定款の修正、補充を決定する。
　　e）　年次財務報告書を採択する。
　　g）　各種発行済み株式総数の 10 パーセントを超える買取りを決定する。
　　h）　会社及び会社の株主に損害を与えた取締役会、監査役会の各違反を検討し、処分する。
　　i）　会社の再編、解散を決定する。
　　k）　この法律及び会社の定款の規定に基づくその他の権限及び義務

第 136 条　株主総会の招集権限
1.　株式総会は、年次総会を毎年一回開催する。年次総会のほか、株式総会は臨時に開催することができる。株主総会の会合地はベトナム国内でなければならない。株主総会が同時にそれぞれ異なる複数の場所で行われれる場合、確定される株主総会の会合地は、議長が会合に出席る場所である。
2.　株主総会は、会計年度が終了した日から 4 か月以内に年次総会を開催しなければならない。取締役会の要請がある場合、経営登記機関はその期限を延長できるが、会計年度が終了した日から 6 か月を超えない。
　　年次総会では、以下の各事項を討論し、決議する。
　　a）　会社の年次経営計画
　　b）　年次財務報告書
　　c）　取締役会及び取締役ごとの管理及び活動結果に関する取締役会の報告書
　　d）　会社の経営結果、取締役会、社長又は総社長の活動結果に関する監査役会の報告書
　　đ）　監査役会及び監査役ごとの活動結果の自己評価の報告書
　　e）　種類ごとの各株式に対する配当額
　　g）　権限に属するその他の各事項
3.　取締役会は、以下の各場合において、株式総会の臨時総会を招集しなければならない。
　　a）　取締役会が、会社の利益のために必要があると認めた。
　　b）　取締役、監査役会の構成員の数が、法令に定める人数より少なくなった。
　　c）　この法律第 114 条 2 項に規定する株主又は株主グループの請求がある。
　　d）　監査役会の請求がある。
　　đ）　法令及び会社の定款の規定に基づくその他の各場合
4.　会社の定款が異なる定めをしない場合、取締役会は、取締役がこの条第 3 項 b 号の規定に基づく数になった日又は同項 c 号及び d 号に規定する請求を受けた日から 30 日以内に、株主総会の会合を招集しなければならない。
　　取締役会が規定に従って株主総会の会合の招集を行わない場合、株主総会の会長及び各取締役は法的責任を負い、会社に生じた損害を賠償しなければならない。
5.　取締役会がこの条第 4 項の規定に従い株主総会の会合を招集しない場合、その後 30 日以内に、監査役会は、この法律の規定に従い、取締役会に代わって株主総会の会合を招集する。

監査役会が規定に従って株式総会の会合を招集しない場合、監査役会は法的責任を負い、会社に生じた損害を賠償しなければならない。
6. 監査役会がこの条第5項の規定に従い株主総会の会合を招集しない場合、この法律第114条2項の規定による株主又は株主グループは、この法律の規定に従い、会社を代表して株主総会の会合を招集する権利を有する。
7. 株主総会の会合を実施するために、招集者は以下の業務を行わなければならない。
    a) 会合への出席権を有する株主名簿の作成
    b) 株主名簿に関係する情報の提供、申し立てられた不服の解決
    c) 総会の議事次第と内容の作成
    d) 総会資料の準備
    đ) 会合の予定内容に基づく株主総会決議案の作成；取締役、監査役を選任する場合における各候補者の名簿及び詳細情報
    e) 会合の日時と場所の確定
    g) この法律に従い会合への出席権を有する各株主への招集通知の送付
    h) 会合のためのその他の各業務
8. この条第4項、第5項及び第6項に規定する株主総会の会合の招集及び実施の費用は会社から返還される。

第137条 株主総会の会合への出席権を有する株主の名簿
1. 株主総会の会合への出席権を有する株主の名簿は、会社の株主登録簿を基に作成される。株主総会の会合への出席権を有する株主の名簿は、会社の定款がより長期の期間を定めていなければ、株主総会の会合の招集状を送付する日の5日より前に作成しなければならない。
2. 株主総会の会合への出席権を有する株主の名簿には、個人である株主の氏名、恒久的住所、国籍、公民身分証明カード、人民証明書、旅券又はその他の合法的な個人身分証明書の番号；組織である株主の名称、企業コード又は設立決定番号、本店の住所；種類ごとの株式の数、株主ごとの株主の登録番号及び日付を記載しなければならない。
3. 株主総会の会合への出席権を有する株主の名簿を検査、調査、謄本作成及び複写し；株主総会の会合への出席権を有する株主の名簿中の自己に関する誤った情報の修正又は必要な情報の補充を請求する権利を有する。会社の管理者は、株主登録簿の情報を遅滞なく提供し、株主の請求に従って誤った情報を修正、補充し；同時に、請求に従って株主登録簿の情報を提供しない、又は時機に後れて、不正確に提供したことにより発生した損害を賠償する責任を負わなければならない。株主登録簿の情報提供請求の手順、手続は会社の定款の定めるところによる。

第138条 株主総会の会合の議事次第及び内容
1. 株主総会の会合を招集する者は、会合の議事次第、内容を準備しなければならない。
2. この法律第114条2項に規定する株主又は株主のグループは、株主総会の会合の議事次第に入れるべき事項を提案する権利を有する。提案は、書面により開会日の遅くとも3営業日前に会社に提出しなければならない。ただし、会社の定款が異なる期限を定める場合を除く。提案には、株主の氏名、株主の株式の種類ごとの数又はそれに相当する情報[110]、議事次第に入れるべき提案事項を明記しなければならない。
3. 株主総会の会合を招集した者は、以下のいずれかの場合の一つに属する場合、この条第2項に規定する提案を拒否する権限を有する。
    a) 提案が期限までに提出されない又は内容が十分でなく適当でない。
    b) 提案事項が株主総会の決定権限に属さない。
    c) 会社の定款に定めるその他の場合。
4. 株主総会の会合を招集した者は、この条第3項に規定する場合を除き、この条第2項に規定する提案を承認し、予定している議事次第に入れなければならない。提案は、株主総会の承認を得たときに正式に会合の議事次第及び内容に追加される。

第139条 株主総会の会合への招集
1. 株主総会の会合を招集する者は、出席権を有する株主の名簿中の株主全員に対し、開会日の遅くとも10日前までに招集通知を送付しなければならない。ただし、会社の定款が異なるより長い期間を定める場合を除く。招集通知には、企業の名称、本店の住所、企業コード；株主の氏名、恒久的住所；会合の日時及び場所；会合の出席者に対する諸請求を記載しなければならない。
2. 通知は、株主の連絡住所に確実に届く方式により送付され；同時に会社の定款に従って必要と認めるときは、会社のウェブサイト上に掲載され、中央又は地方の日刊新聞に掲載される。
3. 招集通知には以下の各資料を添付しなければならない。
    a) 会合の議事次第、会合で使用する各資料及び会合の議事次第中の事項ごとの決議案
    b) 議決票
    c) 会合に出席する委任代理人の指定の雛形
4. 会社がウェブサイトを有する場合、この条第3項に規定する会合への招集通知の添付資料の送付は、会社のウェブサイト上に掲載することで替えることができる。この場合、招集通知には、資料の場所、ダウンロードの方法及び株主が請求すれば会社は株主に会合の資料を送付しなければならない旨を明記しなければならない。

第140条 株主総会の会合への出席権の行使
1. 株主は、会合に直接出席し、あるいは書面により他人に対して会合への出席又はこの条第2項に規定するいずれかの形式によることを委任することができる。株主が組織であり、この法律第15条4項に規定する委任代表者を未だ有しない場合、株

巻末資料　最新 ベトナム企業法（改正版）

主総会の会合への出席を他人に委任する。

株主総会の会合への出席の代理人への委任は、会社が発行した雛形に従った書面によってしなければならない。株主総会の会合への出席の委任を受けた者は、会合場所に入る前に出席を登録する際に委任状を提示しなければならない。

2. 株主は、以下の場合に株主総会の会合に出席し、議決をしたものとみなす。
   a) 会合に直接出席し、議決をした。
   b) 会合に出席し、議決するよう他人に委任した。
   c) オンライン会議、電子投票又はその他の電子的形式により出席し、議決をした。
   d) 郵便、ファクシミリ、電子メールにより会合に議決票を送付した。

第141条　株主総会の会合の実施要件
1. 株主総会の会合は、少なくとも議決票総数の51パーセント又は会社の定款に定める具体的な割合を代表する株主が出席したときに行うことができる。
2. 一回目の会合がこの条第1項に規定する実施要件を満たさない場合、会社の定款に異なる定めがなければ、一回目の会合の予定日から30日以内に二回目の会合の招集を行う。招集された株主総会の二回目の会合は、議決票総数の少なくとも33パーセント又は会社の定款に定める具体的な割合を代表する株主が出席するときに行うことができる。
3. 招集された二回目の会合がこの条第2項a号に規定する実施要件を満たさない場合、会社の定款に異なる定めがなければ、二回目の会合の予定日から20日以内に三回目の会合を招集する。この場合、出席する株主の議決票総数にかかわらず、株主総会を行うことができる。
4. 株主総会が決定した場合に限り、この法律第139条の規定に従って招集通知とともに送付された議事次第を変更することができる。

第142条　株主総会における会合の進行及び議決の方式　会社の定款に異なる定めがない場合、株主総会の会合における会合の進行及び議決の方式は次のとおりである。
1. 会合の開会前に、株主総会の会合への出席登録を行わなければならない。
2. 議長、書記及び開票委員会の選任は、次のとおり規定される。
   a) 取締役会の会長は、取締役会が招集した各会合の議長となる。会長が欠席する又は一時的に職務能力を失っている場合、取締役会の残りの構成員がそのうち一人を多数決の原則に従い会合の議長に選任する。議長を選任することができない場合、監査役会の長が、株主総会に会合の議長を選任させ、最多得票者が会合の議長となる。
   b) その他の場合には、株主総会の会合の招集に署名した者が、株主総会に会合の議長を選任させ、最多得票者が会合の議長となる。
   c) 議長は、一人又は複数の会合の書記となる者を選定する。
   d) 株主総会は会合の議長の要請により一人又は複数の開票委員会に入る者を選任する。
3. 会合の議事次第及び内容は、株主総会の開会時に採択されなければならない。議事次第は、会合の議事次第の内容中の事項ごとの時間を明確かつ詳細に特定しなければならない。
4. 議長は、会合を秩序立てて、採択された議事次第のとおり、会合の出席者の多数の希望を反映して進行するために必要かつ合理的な各措置を取る権限を有する。
5. 株主総会は議事次第の内容中の事項ごとに討論し、議決をする。議決は、決議に賛成する議決票を集め、その後に不賛成の議決票を集め、最後に開票して賛成、不賛成、意見なしの議決票数をとりまとめる方法で進められる。開票の結果は議長が会合の終了直前に公表する。ただし、会社の定款に異なる定めがある場合を除く。
6. 会合が開会した後に到着した株主又は会合への出席の委任を受けた者は、依然として登録を受けることができ、登録の直後から議決に参加する権利を有する。この場合、それ以前に既に議決された内容の効力は変わらない。
7. 株主総会の会合を招集した者は以下の各権限を有する。
   a) 会合の出席者全員に検査又はその他の合法的、合理的な安全のための各措置を受けるよう請求する。
   b) 権限を有する機関に会合の秩序維持を請求する。議長の運営権に従わない者、故意に秩序を乱す者、会合の平常な進行を妨害する者又は安全検査の請求に従わない者を株主総会の会合から退去させる。
8. 議長は、以下の各場合には、規定に基づく会合への出席登録者の数が十分な株主総会の会合を他の日時へ延期し、又は会合の場所を変更する権限を有する。
   a) 会合の場所に会合の出席者全員が座るのに十分な椅子がない。
   b) 会合の場所の情報通信設備は、会合に出席する株主が討論し、議決をするのに適当でない。
   c) 会合の出席者が妨害し、秩序を乱し、会合を公平、合理的に進行することができないおそれがある。
   延期の期間は、最長で会合の開会予定日から3日を超えない。
9. 議長が株主総会の会合をこの条第8項の規定に反して延期し又は一時停止する場合、株主総会は、議長を交替させて終了時まで会合を運営するため、会合の出席者からその他の者一人を選任する。当該会合で採択された各決議はすべて等しく執行力を有する。

第143条　株主総会の決議の採択の形式
1. 株主総会は、会合において議決し、又は書面により意見を聴取する形式により権限に属する各決定を採択する。
2. 会社の定款に異なる定めがない場合、以下の各事項に関する株主総会の決定は、株主総会の会合で議決をする形式により採択されなければならない。
   a) 会社の定款の各内容の修正、補充

b） 会社の発展の方向付け
c） 株式の種類及び種類ごとの株式総数
d） 取締役及び監査役会の構成員の選任、免任、罷免
đ） 会社の直近の財務報告書中に記載された財産の総額の 35 パーセント又は会社の定款に定めるそれよりも小さな割合若しくは価額以上の価額の財産の投資又は財産の売却決定
e） 年次財務報告書の採択
g） 会社の再編、解散

第 144 条　決議の採択要件
1. 以下の内容に関する決議は、会合に出席した株主全員の議決票総数の少なくとも 65 パーセントを代表する株主が賛成したときに採択される。具体的な割合は会社の定款の定めるところによる。
   a） 株式の種類及び種類ごとの株式総数
   b） 経営分野、業種及び領域の変更
   c） 会社の管理組織機構の変更
   d） 会社の直近の財務報告書中に記載された財産の総額の 35 パーセント又は会社の定款に定めるそれよりも小さな割合、価額以上の価額の投資又は財産の売却の計画
   đ） 会社の再編、解散
   e） 会社の定款に定めるその他の各事項
2. この条第 1 項及び第 3 項に規定する場合を除くその他の各決議は、会合に出席した株主全員の議決票総数の少なくとも 51 パーセントを代表する株主が賛成したときに採択される。具体的な割合は会社の定款の定めるところによる。
3. 会社の定款に異なる定めがない場合、取締役及び監査役会の構成員の選任議決は累積投票方式により行われ、それぞれの株主は保有する株式総数に選任される取締役又は監査役の数を乗じた議決票総数を有し、株主は、自己の票の総数の全部又は一部を一人又は複数の候補者に投票する権利を有する。取締役又は監査役会の構成員への当選者は、最多得票の候補者から順に会社の定款に定める構成員の数に達するまで、得票数の多寡に従って確定する。最後の取締役又は監査役会の構成員に対して得票数が等しい候補者が 2 人以上いる場合、得票数が等しい候補者について再投票を行い又は会社の定款若しくは選挙規則の定めるところに従って選択する。
4. 書面による意見聴取の形式により決議を採択する場合、株主総会の決議は、議決票総数の少なくとも 51 パーセントを代表する株主が賛成したときに採択される。具体的な割合は会社の定款の定めるところによる。
5. 株主総会の決議は、決議が採択された日から 15 日以内に株主総会の会合に出席する権利を有する株主に通知しなければならない。会社がウェブサイトを有する場合、決議の送付は会社のウェブサイト上の掲載により代替することができる。

第 145 条　株主総会の決議を採択するために書面により株主の意見を聴取する権限及び方式
会社の定款に異なる定めがない場合、株主総会の決議を採択するために書面により株主の意見を聴取する権限及び方式は、以下に規定するとおりとする。
1. 取締役会は、会社の利益のために必要であるとき、株主総会の決定を採択するために書面により株主の意見を聴取する権限を有する。
2. 取締役会は、意見の聴取票、株主総会の決議案、決議案の各説明資料を準備し、議決権を有する株主全員に対し、会社の定款がより長い期間を定めていなければ、遅くとも意見聴取票を返送すべき期限の 10 日前に送付する。意見聴取票を送付する株主の名簿の作成は、この法律第 137 条 1 項及び 2 項の規定に従って行う。意見聴取票及び添付資料の請求及び送付の方法は、この法律第 139 条の規定に従う。
3. 意見聴取票には、以下の主要な各内容を記載しなければならない。
   a） 企業の名称、本店の住所、コード
   b） 意見聴取の目的
   c） 個人である株主の氏名、恒久的住所、国籍、公民身分証明カード、人民証明書、旅券又はその他の合法的な個人身分証明書の番号；組織である株主の名称、企業コード又は設立決定番号、本店の住所、又は組織である株主の委任代表者の氏名、恒久的住所、国籍、公民身分証明カード、人民証明書、旅券又はその他の合法的な個人身分証明書の番号；種類ごとの株式の数及び株主の議決票数
   d） 採択するために意見聴取が必要な事項
   đ） 賛成、不賛成及び意見なしからなる議決の実施計画案
   e） 回答済みの意見聴取票を会社に返送すべき期限
   g） 取締役会の会長及び会社の法定代表者の氏名、署名
4. 株主は回答済みの意見聴取票を以下のいずれかの形式により会社に返送することができる。
   a） 郵便により送付する。回答済みの意見聴取票には、個人である株主、組織である株主の委任代表者又は法定代表者の署名がなければならない。会社に返送する意見聴取票は密閉された封筒に入れられ、いかなる者も開票前に開封することはできない。
   b） ファクシミリ又は電子メールにより送付する。ファクシミリ又は電子メールにより会社に返送された意見聴取票は、開票の時点まで秘密に保管されなければならない。意見聴取票の内容中で特定された期限後に会社に返送された各意見聴取票、又は郵便により送付された場合に開封された若しくはファクシミリ若しくは電子メールにより送付された場合に漏洩されたものは不適式である。返送されなかった意見聴取票は、議決に参加しない票とみなす。
5. 取締役会は、監査役又は会社の管理職の地位にない株主の立会の下で開票を行い、開票調書を作成する。

巻末資料　最新 ベトナム企業法（改正版）

開票調書には、以下の主要な各内容を記載しなければならない。
a) 企業の名称、本店の住所、企業コード
b) 目的、決議を採択するために意見聴取が必要な各事項
c) 議決に参加した株主の数、議決票総数、そのうち適式な議決票数及び不適式な議決票数の内訳及び議決の送付方式。議決に参加した株主の名簿は開票調書に添付する。
d) 事項ごとに賛成、不賛成、意見なしの投票数
đ) 採択された各事項
e) 取締役会の会長、会社の法定代表者、開票監察者及び開票者の氏名、署名
取締役会の各構成員、開票者及び開票監察者は、開票調書の誠実性、正確性について連帯して責任を負い、不誠実、不正確な開票により採択された各決定から発生した損害について連帯して責任を負わなければならない。
6. 開票調書は、開票が終了した日から15日以内に各株主に送付しなければならない。会社がウェブサイトを有する場合、開票調書の送付は会社のウェブサイト上に掲載することにより替えることができる。
7. 回答済みの意見聴取票、開票調書、採択された決議及び意見聴取票に添付して送付された各関係資料はすべて、会社の本店で保存されなければならない。
8. 書面により株主の意見を聴取する形式により採択された決議は、株主総会の会合で採択された決議と同等の価値を有する。

第146条　株主総会の会合の議事録
1. 株主総会の会合は、議事録に記録されなければならないが、録音又はその他の電子的形式により記録及び保管することができる。議事録は、ベトナム語により作成されなければならないが、外国語を併記することができ、以下の主要な各内容を記載する。
a) 企業の名称、本店の住所、企業コード
b) 株主総会の会合の日時及び場所
c) 会合の議事次第及び内容
d) 議長及び書記の氏名
đ) 会合の進行及び会合の議事次第の内容中の事項ごとの株主総会で発言された各意見の要約
e) 会合に出席した株主数及び議決票総数。会合に出席した株主、株主の代理人の名簿並びにそれぞれの株式数及び議決票数は議事録に添付する。
g) 議決された事項ごとの議決票総数、そこにおける議決の方式、適式、不適式、賛成、不賛成及び意見なしの議決票総数の明記；会合に出席した株主の議決票総数に対する割合
h) 採択された事項及び議決票の割合
i) 議長及び書記の署名　議事録はベトナム語及び外国語で作成することができ、同等の法的効力を有する。ベトナム語及び外国語の議事録の内容に相違点がある場合、ベトナム語の議事録中の内容が効力を有する。
2. 株主総会の会合の議事録は、会合を終結する前に作成され、承認されなければならない。
3. 会合の議長及び書記は、議事録の内容の誠実性、正確性について連帯して責任を負う。
株主総会の会合の議事録は、会合が終了した日から15日以内に株主全員に送付しなければならない。議事録の送付は、会社のウェブサイト上に掲載することにより替えることができる（もしあれば）。
株主総会の会合の議事録、会合に出席登録した株主の名簿、採択された決議及び会合への招集通知に添付して送付された関係資料は、会社の本店で保存されなければならない。

第147条　株主総会の決議の取消請求　株主総会の会合の議事録又は株主総会の意見聴取の開票結果調書を受領した日から90日以内に、この法律第114条2項に規定する株主、株主のグループは、以下の各場合には、株主総会の決議又は決議の内容の一部の審査、取消しを裁判所又は仲裁人に対し請求する権利を有する。
1. 株主総会の会合の招集及び決定の手順及び手続がこの法律及び会社の定款の規定に従って行われなかった。ただし、この法律の第148条2項に規定する場合を除く。
2. 決議の内容が法令又は会社の定款に違反する。

第148条　株主総会の各決議の効力
1. 株主総会の各決議は、採択された日又は当該決議中に記載された効力発生時点から効力を生ずる。
2. 議決権付き株式総数の100パーセントにより採択された株主総会の各決議は、当該決議の採択手順及び手続が規定に従って行われなかったときでも、合法であり、直ちに効力を生ずる。
3. 株主、株主のグループがこの法律第147条の規定に従って株主総会の決議の取消しを裁判所又は仲裁人に対し請求した場合でも、当該各決議、決定は、裁判所、仲裁人が異なる決定をするまで、依然として執行力を有する。ただし、権限を有する機関の決定に基づき一時緊急措置が適用された場合を除く。

第149条　取締役会
1. 取締役会は、会社の管理機関であり、会社の名義で、決定し、株主総会の権限に属さない会社の各権利を行使し、義務を履行する全権を有する。
2. 取締役会は、以下の各権限及び義務を有する。
a) 会社の中期発展戦略、計画及び年次経営計画を決定する。
b) 株式の種類及び種類ごとの引受募集対象株式の総数を提案する。

c) 種類ごとの引受募集対象株式の数の範囲内で、新たな株式の発行を決定する；他の形式による出資の呼び込みを決定する。
d) 会社の株式及び社債の発行価格を決定する。
đ) この法律第130条1項の規定に従い、株式の買取りを決定する。
e) この法律の規定に基づく権限及び限界の範囲内で、投資実施計画案及び投資プロジェクトについて決定する。
g) 市場の開発、マーケティング及び工業技術に関する対策を決定する。
h) 会社の直近の財務報告書中に記載された財産の総額の35パーセント以上の価額の売買、消費貸借及びその他の契約を承認する。ただし、会社の定款が異なる割合又は価額を定めるときを除く。この規定は、この法律第135条2項d号並びに第162条1項及び3項に規定する契約及び取引には適用しない。
i) 取締役会の会長を選任、免任、罷免する。社長又は総社長及び会社の定款に定めるその他の重要な管理者と契約を締結し、契約を終了させる。これらの管理者の給与及びその他の経済的利益の額を決定する。他の会社の社員総会又は株主総会に出席する委任代表者を選定する。これらの者の報酬及びその他の経済的利益の額を決定する。
k) 会社の日常的な経営業務運営について、社長又は総社長及びその他の管理者を監督、指導する。
l) 会社の組織機構、内部管理規則を決定し、子会社の設立、支店、駐在事務所の設立及び他の企業への出資、株式の購入を決定する。
m) 株主総会の会合の議事次第、資料の内容を決済し、株主総会の会合を招集し、又は意見を聴取して株主総会が決定を採択できるようにする。
n) 年次財務決算報告書を株主総会に上程する。
o) 支払うべき配当額を提案し；配当の支払又は経営の過程で発生した損失の処理について期限及び手続を決定する。
p) 会社の再編、解散又は破産の申立てを提案する。
q) この法律及び会社の定款の規定に基づくその他の権限及び義務
3. 取締役会は、会合で議決し、書面により意見を聴取し、又はその他の会社の定款に定める形式により決定を採択する。取締役はそれぞれ議決票を一票有する。
4. 取締役会は、自己の職責を果たし、権限を行使し、義務を履行するに当たり、法令の規定、会社の定款及び株主総会の決議を遵守する。取締役会が採択した決議が法令又は会社の定款の規定に反し、会社に損害を与えた場合、当該決議の採択に賛成した各構成員は、当該決議について連帯して個人責任を負い、会社に対し損害を賠償しなければならない。上記決議の採択に反対した構成員は、責任を免除される。この場合、会社の株式を少なくとも1年間以上継続して保有する株主は、取締役会に対し上記決議の実施を中止するよう請求する権利を有する。

第150条 取締役の任期及び人数
1. 取締役会は3人以上11人以下の取締役を有する。会社の定款は取締役の数を具体的に定める。
2. 取締役、独立取締役の任期は5年を超えないが、回数制限なく再任されることができる。取締役の人数、任期の具体的な期間、ベトナムに常駐すべき人数は、会社の定款の定めるところによる。
3. 取締役会全員の任期が終了した場合でも、新たな構成員が選任され、業務を引き継ぐまで、引き続き取締役となる。ただし、会社の定款に異なる定めがある場合を除く。
4. 株式会社がこの法律第134条1項b号の規定に従って管理される場合、会社の各文書、取引には、対応する取締役の氏名の前に、「独立取締役」と明記しなければならない。
5. 会社の定款は、取締役会の各独立取締役の数、権限、義務、活動の実施及び連携の方法を具体的に定める。

第151条 取締役の機構、資格及び条件
1. 取締役は、以下の資格及び条件を備えなければならない。
   a) 完全民事行為能力を有し、この法律第18条2項に規定する企業を管理することができない対象に属さない。
   b) 経営管理について専門性、経験を有し、必ずしも会社の株主でなくてもよい。ただし、会社の定款に異なる定めがある場合を除く。
   c) 会社の取締役は、同時に他の会社の取締役であってもよい。
   d) 国が定款資本の50パーセントを超えて掌握する子会社については、取締役は、会社の社員又は総社長及びその他の管理者の配偶者、父母、養父母、実子、養子、実兄弟姉妹、義兄弟姉妹であってはならず；親会社の管理者、管理者を任命する権限を有する者の関係者であってはならない。
2. この法律第134条1項b号に規定する独立取締役は、証券に関する法令に異なる規定がある場合を除き、以下の各資格及び条件を備えなければならない。
   a) 会社の子会社のために業務を行っている者でない；少なくとも過去3年間に会社、会社の子会社のために業務を行ったことがある者でない。
   b) 取締役として規定に基づき享受する補助的な各金員を除き、会社から給与、報酬を享受している者でない。
   c) 会社の大株主、会社又は会社の子会社の管理者である配偶者、父母、養父母、実子、養子、実兄弟姉妹を有する者でない。
   d) 会社の議決権付き株式総数の少なくとも1パーセントを直接又は間接に保有する者でない。
   đ) 少なくとも過去5年間に会社の取締役会、監査役会の構成員であったことがある者でない。
3. 独立取締役は、この条第2項に規定する条件を満たさなくなったときは取締役会に通知しなければならず、条件を満たさなくなった日から当然に独立取締役ではなくなる。取締役会は、独立取締役が条件を満たさなくなったことを直近の株主総会の会合で、又は株主総会の会合を招集して通知し、独立取締役の通知を受けた日から6か月以内に当該独立取締役に替わる者を選任しなければならない。

● 巻末資料　最新 ベトナム企業法（改正版）●

第 152 条　取締役会の会長
1. 取締役会は、一人の取締役を会長に選任する。取締役会の会長は、会社の社長又は総社長を兼ねることができる。ただし、この条第 2 項に規定する場合及び会社の定款、証券に関する法令に異なる規定がある場合を除く。
2. 国が議決票総数の 50 パーセントを超えて掌握する株式会社については、取締役会の会長は社長又は総社長を兼ねることができない。
3. 取締役会の会長は、以下の各権限及び義務を有する。
    a) 取締役会の議事次第、活動計画を作成する。
    b) 取締役会の会合の議事次第、内容、資料を準備し、会合を招集して議長を務める。
    c) 取締役会の決議を採択させる。
    d) 取締役会の各決議の実施過程を監察する。
    đ) 株主総会の会合、取締役会の会合で議長を務める。
    e) この法律及び会社の定款の規定に基づくその他の各権限及び義務
4. 取締役会の会長が不在又は自己の任務を遂行することができない場合、会社の定款に定める原則に従い、取締役会の会長の各権限の行使及び義務の履行を他の取締役の一人に書面により委任する。委任を受けた者がいない場合、残りの取締役はそのうち一人を多数決の原則に従って取締役会の会長の地位を一時的に務める者に選任する。
5. 必要と認めるときは、取締役会の会長は、取締役会及び取締役会の会長が法令及び会社の定款の規定に従い権限に属する各義務を履行するのを補佐する会社の書記を採用することができる。会社の書記は、以下の各権限及び義務を有する。
    a) 株主総会、取締役会の会合の招集を補佐し、会合の各議事録を作成する。
    b) 取締役会が与えられた権限を行使し、義務を履行することを補佐する。
    c) 取締役会が会社の管理原則を適用し、実施することを補佐する。
    d) 会社が株主との関係を構築し、株主の権利及び合法的利益を保護することを補佐する。
    d) 会社が情報の提供、情報の公開及び行政手続に関する各義務を遵守することを補助する。
    e) その他の会社の定款に基づく権限及び義務
6. 取締役会の会長は、取締役会の決定により免任され得る。

第 153 条　取締役会の会合
1. 取締役会の会長は、当該任期の取締役会の選挙が終了した日から 7 営業日以内に行われる取締役会の任期の最初の会合で選任される。この会合は、選任の際に最多数又は最多割合の票を得た取締役が招集し、主宰する。選任の際に最多又は最多割合の票を得た取締役が複数いる場合、彼らのうち 1 人を各取締役が多数決の原則に従って取締役会を招集する者として選任する。
2. 取締役会は定期的に又は不定期に開催することができる。取締役会は会社の本店又はその他の場所で開催する。
3. 取締役会の会合は、取締役会の会長がいつでも必要と認めるときに招集するが、四半期ごとに少なくとも一回は会合を開かなければならない。
4. 取締役会の会長は、以下のいずれかの場合には、取締役会の会合を招集しなければならない。
    a) 監査役会又は独立取締役の要請があるとき
    b) 社長若しくは総社長又は少なくとも 5 人のその他の管理者の要請があるとき
    c) 少なくとも 2 人の執行取締役[111]の要請があるとき
    d) 会社の定款に定めるその他の各場合
    要請は書面により、目的、取締役会の権限に属する討論及び決定すべき事項を明記してしなければならない。
5. 取締役会の会長は、この条第 4 項に規定する要請を受けた日から 7 営業日以内に、取締役会の会合を招集しなければならない。会長が要請に従い取締役会の会合を招集しない場合、会長は会社に生じた諸損害について責任を負わなければならない。要請をした者は、取締役会[112]に替わって取締役会の会合を招集する権利を有する。
6. 取締役会の会長又は取締役会の会合を招集する者は、会社の定款に異なる定めがなければ、遅くとも会合の 3 営業日前に会合の招集通知を送付しなければならない。会合の招集通知は、会合の日時及び場所、議事次第、討論及び決定する各事項を具体的に特定しなければならない。会合の招集通知には、会合で使用する各資料及び取締役の議決票を添付しなければならない。
    会合の招集通知は、郵便、ファクシミリ、電子メール又はその他の方法により送付されるが、それぞれの取締役が会社に登録した連絡住所に確実に届かなければならない。
7. 取締役会の会長又は招集者は、会合の招集通知及び各添付資料を各監査役にも取締役と同様に送付する。
    監査役は、取締役会の各会合に出席する権限を有し、討論する権限を有するが議決をすることはできない。
8. 取締役会の会合は、取締役総数の 4 分の 3 以上が出席するときに実施することができる。招集された会合に出席する取締役が規定の数に満たない場合、一回目の会合の予定日から 7 日以内に二回目の招集をする。ただし、定款がより短い期間を定める場合を除く。この場合、取締役の過半数が出席するときに会合を実施することができる。
9. 取締役は、以下の場合に会合に出席し、議決をしたものとみなされる。
    a) 会合に直接出席し、議決をした。
    b) この条第 10 項の規定に従って会合への出席を他人に委任した。
    c) オンライン会議又はその他の類似する形式により出席し、議決をした。
    d) 郵便、ファクシミリ、電子メールにより議決票を会合に送付した。郵便により会合に議決票を送付する場合、議決票は封筒に密閉され、遅くとも開始の 1 時間前に取締役会の会長に届けられなければならない。議決票は、会合の出席者全員の立会いの下でのみ開封することができる。
    会社の定款がより高い割合を定める場合を除き、取締役会の決議は、会合に出席した取締役の多数が賛成したときに採択さ

れる。票数が等しい場合、取締役会の会長と同意見の側が最終決定となる。
10. 取締役は、取締役会の各会合に出席しなければならない。取締役は、取締役の多数の承認を得て会合への出席を他人に委任することができる。

第 154 条　取締役会の会合の議事録
1. 取締役会の各会合は、議事録に記録されなければならず、録音又はその他の電子的形式により記録及び保存することもできる。議事録はベトナム語により作成し、外国語を併記することができるが、以下の主要な各内容を記載しなければならない。
   a) 企業の名称、本店の住所、企業コード
   b) 会合の目的、議事次第及び内容
   c) 会合の日時、場所
   d) 会合に出席した取締役又は会合への出席を委任された者の氏名及び出席の方法；会合に出席しなかった各取締役の氏名及び理由
   đ) 会合で討論及び議決された各事項
   e) 会合の進行手順に従ったそれぞれの取締役の意見発言の要約
   g) 賛成、不賛成及び意見なしの取締役を明記した議決の結果
   h) 採択された各事項
   i) 議長及び議事録作成者の氏名、署名　議長及び議事録作成者は、取締役会の会合の議事録の内容の誠実性及び正確性について責任を負わなければならない。
2. 取締役会の会合の議事録及び会合で使用された資料は、会社の本店で保存されなければならない。
3. 議事録はベトナム語及び外国語で作成することができ、同等の効力を有する。ベトナム語と外国語の議事録の内容に相違点がある場合、ベトナム語の議事録の内容が効力を有する。

第 155 条　取締役の情報提供を受ける権限
1. 取締役は、社長、副社長又は代表社長、副社長、会社の各部局の管理者に対し、会社及び会社の各部局の財務状況、経営活動に関する各情報、資料の提供を請求する権限を有する。
2. 請求を受けた管理者は、取締役の請求に従い、各情報、資料を遅滞なく、完全に、正確に提供しなければならない。請求及び情報提供の手順及び手続は、会社の定款の定めるところによる。

第 156 条　取締役の免任、罷免及び追加
1. 取締役は以下の各場合に免任される。
   a) この法律第 151 条に規定する資格及び条件を満たさなくなった。
   b) 6 か月間継続して取締役会の各活動に出席しない。ただし、不可抗力の場合を除く。
   c) 辞任届を提出した。
   d) 会社の定款に定めるその他の場合
2. 取締役は、株主総会の決議により罷免され得る。
3. 取締役会は、以下の場合、取締役を追加で選任するために株主総会の会合を招集しなければならない。
   a) 取締役の数が会社の定款に定める割合の 3 分の 1 を超えて減少した[113]。この場合、取締役会は、取締役の数が 3 分の 1 を超えて減少した日から 60 日以内に株主総会を招集しなければならない。
   b) 独立取締役の数が減少し、この法律第 134 条 1 項に規定する割合を確保できなくなった。その他の場合には、株主総会は直近の会合で免任、罷免された取締役に替わる新たな取締役を選任する。

第 157 条　会社の社長、総社長
1. 取締役は、そのうち一人を社長若しくは総社長に任命し、又はその他の者を雇用する。
2. 社長又は総社長は、会社の日常的な経営業務を運営する者であり、取締役会の監察を受け、与えられた各権限の行使及び義務の履行について取締役会及び法令の下で責任を負う。
   社長又は総社長の任期は 5 年を超えないものとするが、回数の制限なく再任されることができる。
   社長又は総社長の資格及び条件は、この法律第 65 条の規定に従う。
3. 社長又は総社長は、以下の各権限及び義務を有する。
   a) 取締役会の決定を必要としない会社の日常的な経営業務に関係する各事項について決定する。
   b) 取締役会の各決議を実行する。
   c) 会社の経営計画及び投資実施計画案を実施する。
   d) 会社の組織機構実施計画案、内部管理規則を提案する。
   đ) 会社の各管理職を任命、免任、罷免する。ただし、取締役会の権限に属する役職を除く。
   e) 社長又は総社長の任命権限に属する管理者を含む会社の労働者に対する給与及びその他の経済的利益を決定する。
   g) 労働者を雇用する。
   h) 配当の支払又は経営における損失処理の実施計画案を提案する。
   i) その他の法令の規定、会社の定款及び取締役会の決議に基づく権限及び義務
4. 社長又は総社長は、法令、会社の定款、会社と締結した労働契約の規定及び取締役会の決議に従って会社の日常的な経営業務を運営しなければならない。この規定に反して運営し、会社に損害を与えた場合、社長又は総社長は法令の下で責任を負い、会社に対し損害を賠償しなければならない。

● 巻末資料　最新 ベトナム企業法（改正版）●

第 158 条　取締役、社長、総社長の報酬、給与及びその他の利益
1. 会社は、経営の結果及び効率に従って取締役に報酬を支払い、社長又は総社長及びその他の管理者に対して報酬、給与を支払う権利を有する。
2. 会社の定款に異なる定めがない場合、取締役、社長又は総社長の報酬、給与及びその他の経済的利益は以下の規定に従って支払われる。
   a) 取締役は、業務報酬及び賞与を享受することができる。業務報酬は、取締役の任務を完遂するのに必要な日数及び一日当たりの報酬額に基づいて算定される。取締役会は、全員一致の原則によりそれぞれの取締役に対する報酬額を見積もる。取締役会の報酬総額は、株主総会が年次総会で決定する。
   b) 取締役は、与えられた任務を遂行するに当たり支出した飲食、宿泊、移動費用及びその他の合理的な費用の精算を受ける権利を有する。
   c) 社長又は総社長は、給与及び賞与の支払を受ける。社長又は総社長の給与は、取締役会が決定する。
3. 取締役の報酬並びに社長又は総社長及びその他の管理者の給与は、法人税に関する法令の規定に従って会社の経営費用に算入され、会社の年次財務報告書中で独立した項目として記載され、株主総会に対し、年次総会において報告される。

第 159 条　各利害関係の公開
   会社の定款により厳しい定めがない場合、会社に対する利害及び関係者の公表は、以下の規定に従って行われる。
1. 会社は、この法律第 4 条 17 項に規定する会社の関係者及び彼らと会社の各取引の目録をとりまとめ、更新しなければならない。
2. 会社の取締役、監査役、社長又は総社長及び会社のその他の管理者は、以下のものからなる自己の会社に対する利害関係を申告しなければならない。
   a) 自己が持分又は株式を保有する企業の名称、企業コード、本店の住所、経営分野、業種；当該持分又は株式の割合及び取得日時
   b) 自己の関係者が共同で又は単独で定款資本の 10 パーセントを超える持分又は株式を保有する企業の名称、企業コード、本店の住所、経営分野、業種
3. この条第 2 項に規定する申告は、利害関係が発生した日から 7 営業日以内に行われなければならない。修正、補充は、修正、補充が発生した日から 7 営業日以内に会社に通知しなければならない。
4. この条第 1 項及び第 2 項に規定する関係者の目録及び申告された利害関係の公表、検討、謄本作成及び筆写は、次のとおり行われる。
   a) 会社は、関係者及び利害関係の目録を、株主総会に対し、年次総会において通知しなければならない。
   b) 関係者及び利害関係の目録は、企業の本店で保管される。必要な場合、上記目録の内容の一部又は全部を会社の各支店で保管することができる。
   c) 株主、株主の委任代理人、取締役、監査役会、社長又は総社長及びその他の管理者は、申告内容の一部又は全部を営業時間中に検討し、謄本作成し、複写する権限を有する。
   d) 会社は、この項 c 号に規定する者が会社の関係者の目録及びその他の内容に迅速かつ便宜にアクセスし、閲覧し、謄本作成し、筆写することができるよう環境を整備しなければならず、それらの者の権限行使を妨害し、困難を惹起してはならない。関係者及び利害関係の申告内容の検討、謄本作成及び筆写の手順、手続は、会社の定款の定めるところによる。
5. 取締役、社長又は総社長は、自己の名義、他人の名義を問わず、いかなる形式でも、会社の経営業務の範囲に属する業務を実施するときは、当該業務の性質、内容を取締役会、監査役会に対し説明しなければならず、残りの取締役の多数が承認するときに限り実施することができる。報告せず又は取締役会の承認を得ずに実施したときは、当該活動から得られた収入は全部会社に属する。

第 160 条　会社の管理者の責任
1. 取締役、社長又は総社長及びその他の管理者は、以下の各責任を有する。
   a) この法律、関係法令、会社の定款の規定及び株主総会の決議に従って、与えられた各権限を行使し、義務を履行する。
   b) 会社の合法的利益の最大化の確保のために、誠実、慎重、最善の方法で、与えられた各権限を行使し、義務を履行する。
   c) 会社及び株主の利益に忠実であり、私利のため又は他の組織、個人の利益に資するために、会社の情報、ノウハウ、経営機会、地位、職務を使用せず、及び会社の財産を使用しない。
   d) 自己及び関係者が所有し、又は支配的な持分、株式を有する各企業について遅滞なく、完全に、正確に会社に通知する。この通知は会社の本店及び支店に掲示される。
2. この法律及び会社の定款の規定に基づくその他の各義務

第 161 条　取締役、社長、総社長に対する提訴権
1. 6 か月間継続して普通株式の数の 1 パーセント以上を保有する株主、株主グループは、以下の各場合において、自己又は会社の名義で、取締役、社長又は総社長に対して民事責任を追及するため提訴する権利を有する。
   a) この法律第 160 条の規定に基づく会社の管理人の義務に違反する。
   b) 与えられた各権限の行使及び義務の履行をを正しく行わない；取締役会の決議を実行しない、十分に実行しない、遅滞なく実行しない。
   c) 法令、会社の定款又は株主総会の決議に反して与えられた各権限を行使し、義務を履行する。
   d) 私利のため又は他の組織、個人の利益に資するために、会社の情報、ノウハウ、経営機会を利用する。
   đ) 私利のため又は他の組織、個人の利益に資するために、地位、職務を使用し、及び会社の財産を使用する。

177

e）　法令及び会社の定款の規定に基づくその他の各場合
2.　提訴の手順、手続は、民事訴訟に関する法令の規定に従って実行される。会社の名前で提訴した株主、株主グループの提訴費用は、社員[114]が訴え提起の申立てを却下された場合を除き、会社の費用となる。

第162条　株主総会又は取締役会の承認を必要とする契約、取引
1.　以下の対象者と会社との間の契約、取引は、株主総会又は取締役会の承認を得なくてはならない。
　　a）　会社の普通株式総数の10パーセントを超えて保有する株主、その株主が委任した代理人及びこれらの者と関係を有する者
　　b）　取締役、社長又は総社長及びこれらの者と関係を有する者
　　c）　この法律第159条2項に規定する企業
2.　取締役会は、直近の財務報告書における企業財産の総額の35パーセント又は会社の定款に定めるそれよりも小さな割合未満の価額を有する各契約及び取引を承認する。この場合において、契約に署名した会社の代表者は、各取締役、監査役に対し、その契約、取引と関係を有する各対象者について通知しなければならない。同時に、その通知には契約書の案又は取引の主要な内容を添付する。取締役会は、会社の定款がその他の期限を定める場合を除き、通知を受けた日から15日以内に契約又は取引の承認をする決定をする。当該契約、取引と関係を有する利益を有する取締役は議決権がない。
3.　株主総会はこの条第2項に規定する各取引のほか、その他の契約及び取引を承認する。この場合、契約に署名した会社の代表者は、取締役会及び監査役に対し、その契約、取引に関係を有する対象者について通知しなければならない。同時に、その通知には、契約書の案又は取引の主要な内容の通知を添付する。取締役会は、株主総会の会合において、契約書の案を提出し若しくは取引の主要な内容について解説する、又は書面により株主の意見を集める。この場合、当該契約、取引に関係する利益を有する株主は議決権がない。会社の定款が異なる定めをする場合を除き、議決票総数の65パーセントを代表する株主が賛成した時に、その契約又は取引は承認される。
4.　契約、取引は、締結又は履行されたもののまだこの条第2項及び第3項に従った承認を得ておらず会社に損害を与えたときは無効であり、法令の規定に従って処理される。契約締結者、関係する株主、取締役又は社長若しくは総社長は、発生した損害を連帯して賠償しなければならず、締結又は履行された契約、取引から得た利益を会社に対して返還しなければならない。

第163条　監査役会
1.　監査役会は3人から5人の構成員を有し、監査役の任期は5年以内とし、監査役の再任は可能であり、再任回数に制限はない。
2.　監査役会は、多数決の原則に従って、彼らのうちから1人の監査役会の長を選任する。監査役会の長の権限及び義務は会社の定款による。監査役会の過半数はベトナムに常駐している者でなければならない。監査役会の長は、会社の定款がより高い資格を定める場合を除き、専門職の会計士又は会計監査官でなければならず、会社の専任でなければならない。
3.　監査役が任期を終了した時点で、新任期の監査役が選任されていない場合、任期を終えた監査役は、新任期の監査役が選任されて着任するまで、引き続きその権限を行使し、義務を履行する。

第164条　監査役の資格及び条件
1.　監査役は、以下の資格及び条件を備えなければならない。
　　a）　完全民事行為能力を有し、この法律の規定に基づき企業の設立及び管理を禁じられた対象に属さない。
　　b）　取締役、社長又は総社長及びその他の管理者の妻、夫、父、養父、母、養母、実子、養子、実の兄弟姉妹でない。
　　c）　会社の管理職に就任していない；会社の定款が異なる定めを有する場合を除き、必ずしも会社の株主又は労働者でなくてもよい。
　　d）　関係法令及び会社の定款のその他の規定に基づくその他の各資格及び条件
2.　上場株式会社、国が定款資本の50パーセントを超えて掌握する会社の監査役は、会計監査官又は会計士でなくてはならない。

第165条　監査役会の権限及び義務
1.　監査役会は、取締役会、社長又は総社長による会社の管理及び運営を監査する。
2.　経営活動の管理、運営における合理性、合法性、誠実性及び慎重さの程度；会計、計算の処理及び財務報告書の作成における体系性、一貫性、整合性を検査する。
3.　経営状況報告書、会社の年次及び半期の財務報告書、取締役会の管理業務評価報告書の十分性、合法性、誠実性を審査し、株主総会の年次総会において審査報告書を提出する。
4.　会社の内部監査、内部会計監査、不測の事態の管理及び早期警戒のシステムの効力と効果を精査、検査及び評価する。
5.　必要と認めるとき又は株主総会の決議若しくはこの法律第114条2項に規定する株主若しくは株主グループの請求に従い、会社の会計帳簿、会計記録及び会社のその他の各資料、会社の活動の各管理、運営業務を検討する。
6.　この法律第114条2項に規定する株主又は株主グループの請求があった場合、監査役会は、請求を受けた日から7営業日以内に検査を行なう。監査役会は、検査が終了した日から15日以内に検査請求を受けた事項に関する説明報告書を、取締役会及び請求した株主、株主グループへ送付しなければならない。
　　この項に規定する監査役会の監査は、取締役会の通常活動を妨害したり、会社の経営活動の運営を中断させたりするものであってはならない。
7.　会社の経営活動の管理組織、監察及び運営機構の修正、補充、改善に係る方案を、取締役会又は株主総会に提案する。
8.　取締役、社長又は総社長がこの法律第160条の規定に違反したことを発見した場合、直ちに、取締役会へ書面により報告し、違反者に違反行為の終了及びその悪影響の克服解決を請求しなければならない。
9.　株主総会、取締役会、会社のその他の会合に出席して討論に参加する権限を有する。

巻末資料　最新　ベトナム企業法（改正版）

10. 与えられた任務を遂行するため、独立した諮問機関、会社の内部会計監査部門を利用する権限がある。
11. 監査役会は、株主総会へ報告書、結論書[115]、提案書を提出する前に取締役会の意見を参考にすることができる。
12. この法律、会社の定款の規定及び株主総会の決議に基づくその他の各権限を行使し、義務を履行する。

第166条　監査役会の情報提供を受ける権限

1. 取締役への招集通知、意見聴取票及び各添付資料は、取締役に対するものと同じ時に同じ方法で各監査役へ送付されなければならない。
2. 株主総会及び取締役会の決議、議事録は、株主と取締役に対するものと同じ時に同じ方法で監査役会へ送付されなければならない。
3. 社長又は総社長が取締役会へ提出する報告書及び会社の発行するその他の資料は、取締役に対するものと同じ時に同じ方法で各監査役へ送付されなければならない。
4. 監査役は、本店、支店及びその他の場所で保管されている各書類、資料にアクセスすることができ、営業時間内に会社の管理者及び従業員の勤務場所に立ち入ることができる。
5. 取締役会、取締役、社長又は総社長、その他の管理者は、監査役会の構成員及び監査役会の請求に従って、会社の管理、運営及び経営活動業務に関係する情報及び資料を十分に、正確に、かつ遅滞なく提供しなければならない。

第167条　監査役の給与とその他の経済的利益

会社の定款が異なる定めを有しない場合において、監査役の給与及びその他の経済的利益は以下の規定に従う。

1. 株主総会の決定により、給与又は報酬及びその他の経済的利益を受ける。株主総会は、監査役会の給与、報酬及び年次活動予算の総額を決定する。
2. 監査役は、合理的な水準において、食事代、宿泊代、交通費、独立した諮問機関の使用料金などの支払を受けられる。ただし、株主総会の異なる決定がある場合を除き、その総額は株主総会の承認した監査役会の年次活動予算を超えてはならない。
3. 監査役会の給与及び活動費用は、企業所得税に関する法令、その関係法令の規定に従って会社の経費に計上することができ、会社の年次財務報告書で特別な項目に記録されなければならない。

第168条　監査役の責任

1. 与えられた各権限の行使及び義務の履行に当たり、法令、会社の定款、株主総会の決議及び職業倫理を遵守する。
2. 会社の合法的利益の最大化の確保のために、誠実、慎重、最善の方法で、与えられた各権限を行使し、義務を履行する。
3. 会社及び株主の利益に忠実であり、私利のため又は他の組織、個人の利益に資するために、会社の情報、ノウハウ、経営機会、地位、職務を使用せず、及び会社の財産を使用しない。
4. この法律及び会社の定款の規定に基づくその他の義務
5. 監査役は、この条第1項から第4項までの規定に違反して会社又は他者に損害を与えた場合、違反行為により発生した損害の賠償について個人責任又は連帯責任を負う。監査役が得たすべての収入及びその他の利益は会社に返還されなければならない。
6. 監査役が与えられた権限の行使及び義務の履行に当たり違反したことを発見した場合、取締役会は、監査役会へ書面により通知し、違反者に違反行為の終了及びその悪影響の克服解決を請求しなければならない。

第169条　監査役の免任、罷免

1. 監査役は、以下の場合に免任される。
    a) この法律第164条に規定する監査役の資格及び条件を満たさなくなった。
    b) 不可抗力の場合を除き、6か月間継続して自己の権限を行使せず、義務を履行しない。
    c) 辞任を申し出て承認された。
    d) 会社の定款に定めるその他の場合
2. 監査役は、以下の場合に罷免される。
    a) 割り当てられた任務、業務を完成しない。
    b) この法律及び会社の定款に定める監査役の義務の重大な違反又は複数回の違反
    c) 株主総会の決定に基づく場合。

第170条　年次報告書の提出

1. 財務年度の終了時点に、取締役会は以下の報告書と資料を準備しなければならない。
    a) 会社の経営結果の報告書
    b) 財務報告書
    c) 会社の管理、運営業務の評価報告書
2. 法律の規定に基づく会計監査を必要とする株式会社の年次財務報告書は、株主総会の審査、採択のために提出する前に会計監査を受けなければならない。
3. この条第1項に規定する報告書及び資料は、会社の定款に異なる定めのない限り、株主総会の年次総会の開会日より遅くとも30日前に、審査のために監査役会へ送付されなければならない。
4. 取締役会の準備した報告書、監査役会の審査報告書及び会計監査報告書は、会社の定款がより長い期間を定める場合を除き、株主総会の年次総会の開会日より遅くとも10日前に会社の本店及び支店に到着しなければならない。
    1年間以上継続して株式を保有する株主は、自ら一人で、又は弁護士若しくは営業免許を持つ会計士及び会計監査官を伴って、直接、合理的時間内に、この条に規定する各報告書を検討する権利がある。

第 171 条　株式会社の情報の公開
1. 株式会社は、会計に関する法律及び関係法令の規定に従って、権限を有する国家機関に対して株主総会の承認を得た年次財務報告書を送付しなければならない。
2. 株式会社は、自社のウェブサイト（もしあれば）において、以下の情報を公表する。
   a) 会社の定款
   b) 取締役、監査役、社長又は総社長の履歴、学問と職業経験の程度の概略
   c) 株主総会が承認した年次財務報告書
   d) 取締役会と監査役会の年次活動結果評価報告書
3. 上場会社でない株式会社は、外国の個人である株主の氏名、国籍、旅券番号、恒久的住所地の住所、株式の数及び種類；外国の組織である株主の名称、企業コード、本店の住所、株式の数及び種類並びに株主から委任を受けた代理人の氏名、国籍、旅券番号、恒久的住所に関する情報を得たとき又はそれらの情報を変更したときから遅くとも3日以内に、会社の本店が所在する省級の経営登記機関に通知しなくてはならない。
4. 大衆株式会社は証券に関する法令に従って情報を公表、公開する。国が定款資本の 50 パーセントを超えて掌握する会社は、この法律第 108 条及び第 109 条の規定に従って情報を公表、公開する。

第六章　合名会社

第 172 条　合名会社
1. 合名会社は、企業であり、
   a) 会社の共同所有者であり、同一の名前で共同経営する社員（以下「合名社員」という。）を少なくとも2人有する。合名社員のほか、会社は出資社員を追加することができる。
   b) 合名社員は個人でなければならず、自己の全財産をもって会社の義務につき責任を負う。
   c) 出資社員は、出資額の範囲内でのみ会社の債務について責任を負う。
2. 合名会社は企業登記証明書の発給を受けた日から法人資格を有する。
3. 合名会社は、いかなる種類の証券も発行することができない。

第 173 条　出資の履行及び持分証明書の発給
1. 合名社員及び出資社員は、誓約したとおりの期限、金額で、完全かつ適切な出資をしなければならない。
2. 誓約した期限、金額で完全かつ適切な出資をせず会社に損害を与えた合名社員は、会社に対して損害賠償責任を負わなければならない。
3. 出資社員が誓約した期限、金額で完全かつ適切な出資をしない場合、未出資金額は当該社員の会社に対する債務とみなされる；この場合において、関係する出資社員は、社員総会の決定により会社から除名される可能性がある。
4. 誓約したとおりに完全な出資をした時点において、社員は持分証明書の発給を受ける。持分証明書には以下の主要内容の記載がなければならない。
   a) 名称、企業コード、会社の本店の住所
   b) 会社の定款資本
   c) 社員の氏名、恒久的住所、国籍、公民身分証明カード、人民証明書、旅券又はその他の合法的個人確認書の番号；社員の種類
   d) 持分価格及び社員の出資財産の種類
   d) 持分証明書の番号及び発給日
   e) 持分証明書所有者の権利及び義務
   g) 持分証明書所有者及び会社の各合名社員の氏名、署名
5. 持分証明書が紛失、破棄、破損又はその他の形態により滅失された場合、社員は会社から持分証明書の再発給を受ける。

第 174 条　合名会社の財産　合名会社の財産は以下のものからなる。
1. 会社に所有権が移転された各社員の出資財産
2. 会社名によりもたらされた創設財産
3. 各合名社員が会社の名義で行った経営活動及び各合名社員が個人の名義で行った会社の経営活動から得られた財産
4. 法令が定めるその他の各財産

第 175 条　合名社員に対する権利制限
1. 合名社員は、その他の各合名社員の全員一致の賛同を得た場合を除き、私人企業を所有することができず、また、その他の合名会社の合名社員となることができない。
2. 合名社員は、私利のため又は他の組織、個人の利益に資するために、個人の又は他者の名義で、当該会社と同一の経営分野、業種の経営を行うことはできない。
3. 合名社員は、その他の各合名社員の承認を得ない限り、会社における自己の持分の一部又は全部を他人に譲渡することはできない。

第 176 条　合名社員の権利及び義務
1. 合名社員は、以下の各権利を有する。

● 巻末資料　最新 ベトナム企業法（改正版）●

　　a）会社の各事項に関する会合、討論及び議決に加わる；各合名社員は一票又は会社の定款で定めるその他の数の議決票を持つ。
　　b）会社の名義で、会社の各経営分野、業種の経営活動を行う；合名社員が会社の最善の利益になると認める諸条件につき契約、合意、約束の交渉、締結を行う。
　　c）会社の各経営分野、業種の経営活動のために会社の印章、財産を使用する；会社の経営業務を行うために自己の金銭を前払いした場合、会社に対し、その元本の全額及び前払いされた元本額に対する市場金利に従った利息の償還を請求する権利を有する。
　　d）当該社員自身の個人的誤りにより発生した損害でない限り、会社に対し、権限の範囲内の経営活動から生じた損害の補てんを請求する。
　　đ）会社、その他の合名社員に対し、会社の経営状況に関する情報を提供するよう請求する；必要と認めるときは会社の財産、会計帳簿及びその他の資料を検査する。
　　e）出資割合に応じて又は会社の定款が定める合意に従って利益の分配を受ける。
　　g）会社が解散し又は破産したときは、会社の定款が異なる割合を定めていない限り、会社への持分割合に応じて残存財産価額の一部の分配を受ける。
　　h）合名社員が死亡した場合、社員の相続人は、その社員の責任に属する債務を控除した後の会社財産価額の一部を受け取る。相続人は、社員総会の承認を得れば合名社員になることができる。
　　i）この法律及び会社の定款の規定に基づくその他の各権利
2. 合名社員は以下の各義務を負う。
　　a）会社にとって最大の合法的利益を確保するため、誠実、慎重及び最善のやり方で経営業務の管理及び実行を行う。
　　b）法令、会社の定款の規定及び社員総会の決議に従って、会社の経営管理及び活動を行う；この条の規定に違反し、会社に損害を与えたときは、損害賠償責任を負わなければならない。
　　c）私利のため又は他の組織、個人の利益に資するために会社の財産を使用してはならない。
　　d）会社の経営活動からの金銭又はその他の財産であって会社に納められなかったものを得るために、会社の名義、個人の名義又はその他の者の名義で行動した場合において、得た金額、財産を会社に償還し、会社に生じた損害を賠償する。
　　đ）会社の財産が会社の債務を完済するのに十分でないときは、連帯して会社の残存債務の清算責任を負う。
　　e）会社の経営が赤字となった場合、会社の持分に応じて又は会社の定款が定める合意に従って損失を被る。
　　g）会社に対し、自己の経営の状況及び結果を書面により誠実、正確に月次報告する；請求する社員に対し、自己の経営の状況及び結果につき情報を提供する
　　h）この法律及び会社の定款の規定に基づくその他の各義務

第177条　社員総会

1. 社員総会はすべての社員からなる。社員総会は、社員総会の会長を務める合名社員を1人選ぶ。その者は、会社の定款に異なる定めがない限り、同時に会社の社長又は総社長を兼務する。
2. 合名社員は、会社の経営業務を討論、決定するために、社員総会の招集を請求する権利を有する。招集を請求した社員は会合の議題、議事次第及び資料を準備しなければならない。
3. 社員総会は、会社のすべての経営業務を決定する権限を有する。会社の定款に定めがないときは、以下の各事項に関する決定は少なくとも合名社員総数の4分の3の承認を得なければならない。
　　a）会社の発展の方向性
　　b）会社の定款の修正、補充
　　c）新たな合名社員の追加
　　d）合名社員の脱退[116]の承認又は社員の除名の決定
　　đ）投資案件の決定
　　e）借入れ及びその他の形式での資本の呼込み、会社の定款がより高い割合を定めている場合を除く会社の定款資本の50パーセント以上の価額の貸付けの決定
　　g）会社の定款がより高い割合を定めている場合を除き、会社の定款資本以上の価額を有する財産の売買の決定
　　h）年次財務報告書、分配される利益総額及び各社員に対して分配される利益額の採択の決定
　　i）会社解散の決定
4. この条第3項に規定していないその他の各事項に関する決定は、少なくとも合名社員総数の3分の2の賛成を得ることで採択できる；具体的な割合は会社の定款の定めるところによる。
5. 出資社員の議決参加権は、この法律及び会社の定款の規定に従って行使することができる。

第178条　社員総会の招集

1. 社員総会の会長は、必要と認めるとき又は合名社員の請求により、社員総会を招集することができる。社員総会の会長が合名社員の請求による招集を行わない場合は、当該社員は社員総会を招集することができる。
2. 招集通知は、招集状、電話、ファックス又はその他の電子的手段によることができる。招集通知は、会合の目的、請求及び内容、議事次第及び会合の地点、会合の招集を請求した社員の氏名等を明記しなければならない。
　　この法律第177条3項に規定する各事項について決定するために使用する各討論資料は、すべての社員に対して事前送付されなければならない；事前送付期限は会社の定款の定めるところによる。
3. 社員総会の会長又は会合の招集を請求した社員は、会合の議長を務める。社員総会の会合は、会社の議事録に記録されなければならない。議事録の内容には以下の主要な各内容が記載されねばならない。

a) 名称、企業コード、本店の住所
b) 会合の目的、議事次第及び内容
c) 会合時間、地点
d) 議長、出席社員の氏名
đ) 出席社員の各意見
e) 採択された各決議、賛成した社員の数及びその各決議の基本的内容
g) 各出席社員の氏名、署名

第 179 条　合名会社の経営運営
1. 各合名社員は法定代表権を持ち、会社の日常的な経営活動を運営する権限を有する。会社の日常的な経営業務の実施における合名社員に対するすべての制限は、第三者に対しては、その者がその制限があることを知り得たときのみ効力を有する。
2. 会社の経営活動の運営において、合名社員は、会社の管理及び監査の各役職担当を相互に割り当てる。
何人かの又はすべての合名社員が一緒にいくつかの経営業務を行うときは、決定は多数決の原則に従って採択される。
合名社員が行った、会社の経営活動の範囲外の活動は、当該活動が他の社員の承認を得ていた場合を除き、いずれも会社の責任には属さない。
3. 会社は1つ又はいくつかの銀行口座を開設することができる。社員総会は、それらの各口座における預金の預入れ及び引出し[117]の委任を受ける社員を指名する。
4. 社員総会の会長、社長又は会長は以下の各任務を有する。
a) 合名社員の資格をもってする会社の日常的な経営業務の管理及び運営
b) 社員総会の会合の招集及び実施；社員総会の各決議に署名する。
c) 各合名社員の間の経営業務の割当、協調を行う。
d) 法令の規定に従って、会社の会計帳簿、領収書、証憑その他の各資料を完全かつ誠実に調整、保管する。
đ) 国家機関との関係において会社を代表する；各訴訟案件、商業紛争又はその他の紛争において、被告又は原告としての資格で会社を代表する。
e) 会社の定款に定めるその他の各義務

第 180 条　合名社員の資格の終了
1. 合名社員の資格は以下の各場合において終了する。
a) 自ら進んで会社から資本を引き出す。
b) 死亡する又は裁判所の失踪宣告、制限民事行為能力者である旨の宣告若しくは民事行為能力喪失宣告を受ける。
c) 会社から除名される。
d) 会社の定款に定めるその他の各場合
2. 合名社員は、社員総会の承認を得ることができれば、会社から資本を引き出す権利を有する。この場合、会社から資本を引き出したい社員は、遅くとも資本引出日の6ヶ月前までに資本引出しを請求する書面により通知しなければならない；財務年度の終了時及び採択済みの当該財務年度の財務報告時においてのみ資本を引き出すことができる。
3. 合名社員は以下の各場合において会社から除名される。
a) 出資する能力がない又は会社が2回請求しても誓約したとおりに出資しない。
b) この法律第 175 条の規定に違反する。
c) 経営業務を不誠実、不慎重に遂行し、又はその他の不適切な行為により、会社又は他の各社員の利益に重大な損害を与える。
d) 合名社員の各義務を適切に履行しない。
4. 民事行為能力の制限を受けた又は喪失した社員の社員資格を終了する場合、当該社員の持分は公平妥当に償還される
5. この条の第1項a号及びc号の規定により合名社員の資格を終了した日から2年間は、その者は引き続き自己の全財産をもって、会社資格終了の日以前に発生した会社の各債務につき連帯して責任を負わなければならない。
6. 社員資格の終了後、終了した社員の氏名が会社の名称の一部又は全部を成すものとして使われたときは、その者、その者の相続人又はそれらの者の法定代理人は、会社に対し、当該氏名の使用をやめるよう請求する権利を有する。

第 181 条　新たな社員の受入れ
1. 会社は合名社員又は出資社員を追加することができる；会社の新たな社員の追加は社員総会の承認を得なければならない。
2. 合名社員又は出資社員は、社員総会が異なる期限を決定した場合を除き、承認を得た日から 15 日以内に、会社に対し、誓約した出資額を全額納付しなければならない。
3. 新たな合名社員は、当該社員及び残りの各社員が異なる合意をした場合を除き、自己の全財産をもって、会社の各債務及びその他の財産義務につき同様に連帯して責任を負わなければならない。

第 182 条　出資社員の権利及び義務
1. 出資社員は以下の各権利を有する。
a) 会社の定款の修正、補充、出資社員の各権利義務の修正、補充、会社の再編若しくは解散又は出資社員の権利義務に直接関係する会社の定款のその他の各内容に関する社員総会の会合、討論及び議決に加わる。
b) 会社の定款資本における出資割合に応じて毎年の利益の分配を受ける。
c) 会社の年次財務報告書の提供を受ける；社員総会の会長、合名社員に対し、会社の経営状況及び結果にする各情報の十

巻末資料　最新 ベトナム企業法（改正版）

分かつ誠実な提供を請求する権利を有する；会社の会計帳簿、議事録、契約、取引、その他の書類及び資料を検討する。
- d) 会社における自己の持分を他人に譲渡する。
- đ) 個人又は他人の名義で、会社の各経営分野、業種の経営を遂行する。
- e) 法令及び会社の定款の規定に従い、自己の持分を、相続、贈与、抵当、買入及びその他の各形式で処分[118]する；死亡した場合、相続人は死亡した社員に代わり会社の出資社員になる。
- g) 会社が解散又は破産したときは、会社の定款における出資割合に応じて会社の残存財産価額の一部の分配を受ける。
- h) この法律及び会社の定款の規定に基づくその他の各権利

2. 出資社員は以下の各義務を負う。
- a) 誓約した出資額の範囲内において、会社の各債務及びその他の財産義務につき責任を負う。
- b) 会社管理に参加することはできず、会社の名義で経営業務を遂行することはできない。
- c) 会社の定款、内規及び社員総会の決定を遵守する。
- d) この法律及び会社の定款の規定に基づくその他の各義務

第七章　私人企業

第 183 条　私人企業
1. 私人企業とは、一人の個人が主体的に営み、企業の全活動に関し、自己の全財産をもって自ら責任を負う企業である。
2. 私人企業は、いかなる種類の証券も発行することができない。
3. 各個人は、私人企業を一つに限り設立する権利を有する。私人企業主は、同時に、経営世帯主及び合名会社の社員になることができない。
4. 私人企業は、設立出資又は合名会社、有限責任会社若しくは株式会社における株式若しくは持分の購入をすることはできない。

第 184 条　私人企業の投資資本
1. 私人企業主の投資資本は企業主が自ら登記するところによる。私人企業主は、投資資本の総数を正確に登記する義務を負い、その中では、ベトナムドン、両替自由な外貨、金及びその他の財産による資本総数を明記する；その他の財産による資本については、各種財産ごとに財産の種類、数量及び残余価額を明記しなければならない。
2. 企業の経営活動に使われる借入金及び借入財産を含む資本及び財産のすべては、法令の規定に従い、会計帳簿及び企業の財務報告書に十分に記録されなければならない。
3. 活動の過程において、私人企業主は、企業の経営活動に対する自己の投資資本を増額又は減額する権利を有する。企業主の投資資本の増額又は減額は全額会計帳簿に記録されなければならない。投資資本を登記額よりも減額する場合、私人企業主は経営登記機関で登記をした後においてのみ減らすことができる。

第 185 条　企業の管理
1. 私人企業主は、企業のすべての経営活動並びに納税及びその他法令の規定に従った財産義務の履行後の利益の使用を決定する全権を有する。
2. 私人企業主は、直接又は他人を雇用して経営活動を管理、運営する。他の従業員が社長として企業を管理する場合であっても、依然として企業のすべての経営活動について責任を負わなければならない。
3. 私人企業主は、企業に関係する各紛争において、仲裁人又は裁判所に対し、原告、被告又は利害関係者となる。
4. 私人企業主は、企業の法定代表者である。

第 186 条　企業の貸付
私人企業主は、自己の企業全部を貸与する権利を有するが、貸与契約が効力を生じた日から 3 営業日以内に、経営登記機関、税務機関に対し、公証を受けた貸与契約書の写しを添付した書面により通知しなければならない。貸与期間中、私人企業主は、依然として企業所有者としての資格に基づき法令上の責任を負わなければならない。企業の経営活動に対する所有者及び借用者の権利及び責任は貸与契約書において定められる。

第 187 条　企業の売却
1. 私人企業主は、自己の企業を他人に売却する権利を有する。
2. 企業の購入者、売却者及び債権者が異なる合意をする場合を除き、私人企業主は、企業売却後も引き続き、企業譲渡日前に発生した企業の各債務及びその他の財産義務について責任を負わなければならない。
3. 企業の売却者、購入者は労働者に関する法令の各規定を遵守しなければならない。
4. 企業の購入者はこの法律の規定に従い、私人企業主の変更登記をしなければならない。

第八章　会社グループ

第 188 条　経済グループ、総会社
1. 各経済セクターに属する経済グループ[119]、総会社[120] は、株式、持分の保有又はその他の連結を通じて相互関係を有する会社グループである。経済グループ、総会社は、一つの企業形態ではなく、法人資格もなく、この法律の規定による設立登記もしない。
2. 経済グループ、総会社は、親会社、子会社及びその他の社員会社を有する。経済グループ、総会社内の親会社、子会社及び各社員会社は、法令の規定に従い、独立した企業の権利及び義務を有する。

第189条 親会社、子会社
1. ある会社は、以下の各場合に当たるときは、他の会社の親会社とみなされる。
   a) その会社の定款資本又は普通株式総数の50パーセントを超えて保有する。
   b) 直接又は間接に、その会社の取締役、社長又は総社長の多数又は全員の任命を決定する。
   c) その会社の定款の修正、補充を決定する権限を有する。
2. 子会社は親会社へ出資し、親会社の株式の購入をすることができない。一つの親会社の各子会社は、相互保有し合うために、共に出資し、株式を購入することができない。
3. 65パーセント以上の国家資本を有する同じ親会社を持つ各子会社は、この法律の規定に従い、共に企業設立投資をすることができない。
4. 政府はこの条第2項及び第3項の詳細を定める。

第190条 子会社に対する親会社の権利及び責任
1. 子会社の法的類型に応じ、親会社は、この法律の対応する規定及び関係法令のその他の規定に基づき、子会社との関係において、社員、所有者又は株主としての資格で自己の権利を行使し、義務を履行する。
2. 親会社と子会社の間の契約、取引及びその他の関係は、独立した各法的主体に対する適用条件[121]に従って、いずれも独立、平等に設立、履行されなければならない。
3. 親会社が、所有者、社員又は株主の権能を超えて干渉し、通常の経営慣例[122]に反する経営活動又は利益を生まない活動を行うよう子会社を束縛した上、関係財務年度において合理的に賠償をせず、子会社に損害を与える場合、親会社はその損害について責任を負う。
4. この条第3項に規定する経営活動の実施を干渉、束縛したことつき責任を負う親会社の管理者は、その各損害について親会社と共に連帯して責任を負う。
5. 親会社がこの条第3項の規定に従って子会社に賠償しない場合、債権者又は子会社の定款資本の1パーセント以上を保有する社員、株主は、自己の名義で又は子会社の名義で、親会社に対し、子会社に対する損害を賠償するよう請求する権利を有する。
6. 子会社が行ったこの条第3項に規定するような経営活動が同一親会社の他の子会社に利益をもたらした場合、その利益を得た子会社は、損害を被った子会社に対し、親会社と共に連帯してその得た利益額を償還しなければならない。

第191条 親会社-子会社の財務報告
1. 財務年度が終了した時点で、法令の規定による報告書及び資料のほか、親会社は以下の各報告書を作成しなければならない。
   a) 会計に関する法令の規定に基づく親会社の連結財務報告書
   b) 親会社及び子会社の年次経営結果統合報告書
   c) 親会社及び子会社の管理、運営業務統合報告書
2. この条第1項に規定する報告書の作成責任者は、各子会社の財務報告書を完全に受け取っていないときは、これらの各報告書を作成、提出してはならない。
3. 親会社の法定代表者の請求があるときは、子会社の法定代表者は、親会社及び子会社の連結財務報告書及び統合報告書の作成のため、必要な各報告書、資料並びに情報を規定どおりに提供しなければならない。
4. 子会社が作成、提出した報告書に、誤った、正確でない又は偽りの情報があることに不審を抱かないときは、親会社の管理者は、親会社及び子会社の連結財務報告書及び統合報告書の作成のためにその各報告書を使用する。
5. 親会社の管理者が、権限の範囲内で、各必要な措置を適用したが、依然として子会社から必要な報告書、資料及び情報を規定どおりに受け取ることができない場合において、親会社の管理者は、引き続き親会社及び子会社の連結財務報告書、統合報告書を作成、提出する。報告書はその子会社からの各情報を含むことも含まないこともあり得るが、勘違い又は誤解を避けるため、必要な解説を含まなければならない。
6. 親会社、子会社の各年次財務決算報告書、資料及び親会社、子会社の各連結財務報告書、統合報告書は、親会社の本店で保管されなければならない。この項に規定する各報告書、資料の写しは、ベトナム領土上にある親会社の各支店に置かれなければならない。
7. 各子会社については、法令の規定による各報告書、資料のほか、親会社との売買及びその他の各取引に関する統合報告書も作成しなければならない。

第九章 企業の再編、解散及び破産

第192条 企業の消滅分割
1. 有限責任会社、株式会社は、以下の各場合のいずれかにおいて、二つ又は多くの新会社を設立するために、各株主、社員及び会社財産を分割することができる。
   a) 各社員、株主の持分、株式の一部は、持分、株式の価額に応じた財産とともに、被分割会社における保有割合に従い、新会社へ移される財産価額に応じて、各新会社へ分割される。
   b) 一人又は複数の社員、株主の持分、株式の全部が、彼らの株式、持分の価額に対応する財産とともに、各新会社に移転される。
   c) この項a号及びb号に規定する双方の場合の組み合わせ
2. 有限責任会社、株式会社の消滅分割の手続は次のとおり定められる。
   a) 被消滅分割会社の社員総会、会社所有者又は株主総会は、この法律又は会社の定款の規定に従い、会社の消滅分割の決議を採択する。会社の消滅分割の決議は、名称、被消滅分割会社の本店の住所；設立予定の各会社の名称；会社財産の分

巻末資料　最新 ベトナム企業法（改正版）

　　割の原則、方式及び手続；労働者使用実施計画案；被消滅会社の持分、株式、債券を各新設会社へ移行させるに当たっての分割方式、期限及び手続；被消滅会社の各義務の解決原則；会社の消滅分割の実行期限に関する各主要内容をふくまなければならない。会社の消滅分割決議は、決議が採択された日から15日以内に、すべての債権者に送付され、労働者に周知されなければならない。
　b）　新設された会社の社員、会社所有者又は株主は、この法律の規定に従って、定款の採択、社員総会の会長、会社の会長、取締役会、社長又は総社長を選任又は任命し、企業登記を行う。この場合において、新会社の企業登記書類にはこの項a号に規定する会社の消滅分割決議を添付しなければならない。
3. 社員、株主の数及び社員、株主の株式、持分の保有数、割合並びに各新設会社の定款資本は、この条第1項の規定する各場合に相応し、分割方法及び各新設会社へ移行する被分割消滅会社の持分、株式の変更[123]に応じて記載されるものとする。
4. 被消滅分割会社は、新会社が企業登記証明書の発給を受けた後に存在を終える[124]。各新会社は、被消滅分割会社の各未返済債務、労働契約及びその他の財産義務につき連帯して責任を負わなければならず、又はその各会社の中で1社がこの各義務を履行することについて債権者、顧客及び労働者と合意しなければならない。
5. 経営登記機関は、新会社に対して企業登記証明書を発給する際、国家企業登記データベース中の被消滅分割会社の法的状態を更新する。新会社の本店の住所が、被消滅分割会社[125]の本店所在地の省、中央直轄市の外にある場合、新会社の本店所在地の経営登記機関は、国家企業登記データベース上の被消滅分割会社の法的状態を更新するため、被分割会社の本店所在地の経営登記機関に対し、新会社の企業登記の事実を通知しなければならない。

第193条　企業の存続分割

1. 有限責任会社、株式会社は、既存会社[126]（以下「被存続分割会社」という。）が有する財産、権利及び義務の一部を、一つ又は複数の新たな有限責任会社、株式会社（以下「存続会社」という。）を設立するために移転し、かつ、被存続分割会社の存在を終えないという方法で存続分割することができる。
2. 存続分割は、以下のいずれかの方法に従って行われる。
　a）　各社員、株主の持分、株式の一部が、株式の価額に応じた財産とともに、被存続分割会社における保有割合に従い、新会社へ移される財産価額に応じて、各新会社へ移転される。
　b）　一人又は複数の社員、株主の持分、株式の全部が、彼らの株式、持分の価額に応じた財産とともに新会社へ移転される。
　c）　この項a号及びb号に規定する双方の場合の組み合わせ
3. 被存続分割会社は、新会社の企業登記と同時に、減少した持分、株式及び社員数に応じて定款資本及び社員数の変更登記をしなければならない。
4. 有限責任会社及び株式会社の存続分割の手続は次のとおり定められる。
　a）　被存続分割会社の社員総会、会社所有者又は株主会は、この法律及び会社の定款の規定に従い、会社の存続分割決議を採択する。会社の存続分割決議は、被存続分割会社の名称、本店の住所；設立予定の存続設立会社の名称；労働者使用実施計画案；会社の存続分割の方式；被存続分割会社から存続会社へ移転される財産、権利及び義務の価額；会社の存続分割の実行期限に関する各主要内容を含まなければならない。会社の存続分割決議は、決議が採択された日から15日以内に、すべての債権者に送付され、労働者に周知されなければならない。
　b）　存続分割会社の各社員、会社所有者又は各株主は、この法律の規定に従って、定款を採択し、社員総会の会長、会社の会長、取締役会、社長又は総社長を選任又は任命し、企業登記を行う。この場合、企業登記書類にはこの項a号に規定する会社の存続分割決議を添付しなければならない。
5. 企業登記後、被存続分割会社及び存続会社は、被存続分割会社、新設会社、被存続分割会社の債権者、顧客及び労働者が異なる合意をする場合を除き、被存続分割会社の各未返済債務、労働契約及びその他の財産義務につき連帯して責任を負わなければならない。

第194条　企業の新設合併

1. 二つ又は複数の会社（以下「被新設合併会社」という。）は、新設合併をして一つの新会社（以下「新設合併会社」という。）となり、それと同時に各被新設合併会社の存在を終えることができる。
2. 会社の新設合併の手続は次のとおり定められる。
　a）　各被新設合併会社は新設合併契約を準備する。新設合併契約は、各被新設合併会社の名称、本店の住所；新設合併会社の名称、本店の住所；新設合併の手続及び条件；労働者使用実施計画案；被新設合併会社の財産、持分、株式、債券を移転して新設合併会社の持分、株式、債券とする期限、手続及び条件；新設合併の実行期限；新設合併会社の定款案に関する各主要内容を含まなければならない。
　b）　各被新設合併会社の各社員、会社所有者又は各株主は、この法律の規定に従って、新設合併契約、新設合併会社の定款を採択し、新設合併会社の社員総会の会長、会社の会長、取締役会、社長又は総社長を選任又は任命し、新設合併会社の企業登記を行う。新設合併契約は、採択された日から15日以内に、各債権者に送付され、労働者に周知されなければならない。
3. 新設合併により新設合併会社が関係市場における30パーセントから50パーセントの市場占有率[127]を有することとなる場合、被新設合併会社の法的代表者[128]は、競争に関する法律に異なる規定がある場合を除き、新設合併の実施前に競争管理機関へ通知しなければならない。
　　新設合併により新設合併会社が関係市場において50パーセントを超える市場占有率を有することとなる場合、競争に関する法令に異なる規定がある場合を除き、新設合併は許されない。
4. 新会社の企業登記書類、手順は、この法律の対応する各規定に従って行われ、以下の各文書の写しを添付しなければならない。
　a）　新設合併契約書

b) 新設合併契約を採択した各被新設合併会社の決議及び会合の議事録
5. 企業登記後、各被新設合併会社は存在を終える；新設合併会社は、各被新設合併会社の各権利及び合法的利益を享受し、各未返済債務、労働契約及びその他の各財産義務につき責任を負う。
6. 経営登記機関は、新設合併会社に対して企業登記証明書を発給する際、国家企業登記データベース上の被新設合併会社の法的状態を更新する。被新設合併会社の本店の住所が、新設合併会社の本店所在地の省、中央直轄市の外にある場合、新設合併会社の経営登記機関は、国家企業登記データベース上の被新設合併会社の法的状態を更新するため、被新設合併会社の本店所在地の経営登記機関に対し、新会社の企業登記の事実を通知しなければならない。

第 195 条　企業の吸収合併
1. 一つ又は複数の会社（以下「被吸収合併会社」という。）は、財産、権利、義務及び合法的利益の全部を一つの他の会社（以下「吸収合併受入会社」という。）へ移転し、同時に被吸収合併会社の存在を終える方法により、吸収合併受入会社へと吸収合併をすることができる。
2. 会社の吸収合併の手続は次のとおり定められる。
    a) 各関係会社は吸収合併契約及び吸収合併受入会社の定款案を準備する。吸収合併契約は、吸収合併受入会社の名称、本店の住所；被吸収合併会社の名称、本店の住所；吸収合併の手続及び条件；労働者使用実施計画案；吸収合併会社の財産、持分、株式、債券を移転して吸収合併受入会社の持分、株式、債券とする方式、手続、期限及び条件；吸収合併の実行期限に関する各主要内容を含まなければならない。
    b) 各関係会社の各社員、会社所有者又は各株主は、この法律の規定に従って、吸収合併契約、吸収合併受入会社の定款を採択し、吸収合併受入会社の企業登記を行う。吸収合併契約は、採択された日から 15 日以内に、すべての債権者に送付され、労働者に周知されなければならない。
    c) 企業登記後、被吸収合併会社は存在を終える；吸収合併受入会社は、被吸収合併会社の各権利及び合法的利益を享受し、各未返済債務、労働契約及びその他の財産義務につき責任を負う。
3. 吸収合併により吸収合併受入会社が関係市場における 30 パーセントから 50 パーセントの市場占有率を有することとなる場合、会社の法的代表者は、競争に関する法律に異なる規定がある場合を除き、吸収合併の実施前に競争管理機関へ通知しなければならない。
    吸収合併により吸収合併受入会社が関係市場において 50 パーセントを超える市場占有率を有することとなる場合、競争に関する法律に異なる規定がある場合を除き、各会社の吸収合併は許されない。
4. 吸収合併受入会社の企業登記書類、手順は、この法律の対応する各規定に従って行われ、以下の各文書の写しを添付しなければならない。
    a) 吸収合併契約書
    b) 吸収合併契約を採択した各吸収合併受入会社の決議及び会合の議事録
    c) 吸収合併契約を採択した各被吸収合併会社の決議及び会合の議事録。ただし、吸収合併受入会社が 65 パーセントを超える定款資本又は株式を保有する又は被吸収合併会社の議決権を有する社員、株主である場合を除く。
5. 経営登記機関は、国家企業登記データベース上の被吸収合併会社の法的状態の更新を行い、吸収合併受入会社に対する企業登記を変更する。
    被吸収合併会社の本店の住所が、吸収合併受入会社の本店所在地の省、中央直轄市の外にある場合、吸収合併受入会社の経営登記機関は、国家企業登記データベース上の被吸収合併会社の法的状態を更新するため、被吸収合併会社の本店所在地の経営登記機関に対し、企業登記の事実を通知する。

第 196 条　有限責任会社から株式会社への転換
1. 国営企業の株式会社への転換は、国営会社から株式会社への転換に関する法令の規定に従って実現される。
2. 有限責任会社は、以下の方式に従って、株式会社へ転換することができる。
    a) 他の組織、個人からの出資を追加して呼び021込まず、他の組織、個人へ持分を売却しない株式会社への転換
    b) 他の組織、個人からの出資を追加して呼び込む方法による株式会社への転換
    c) 持分の全部又は一部を他の一つ又は複数の組織、個人に売却する方法による株式会社への転換
    d) この項 a 号、b 号及び c 号に規定する方法の組み合わせ
3. 会社は、転換が終了した日から 10 日以内に、経営登記機関において会社転換登記をしなければならない。経営登記機関は、転換書類を受領した日から 5 営業日以内に、企業登記証明書を再発給する。
4. 転換会社は、被転換会社の各権利及び合法的利益の全部を当然に承継し、納税債務、労働契約及びその他の義務を含む各債務につき責任を負う。
5. 経営登記機関は、企業登記証明書を発給した日から 7 営業日以内に、この法律第 34 条 1 項の規定に従って、各関係国家機関に通知し、同時に国家企業登記データベース上の会社の法的状態を更新しなければならない。

第 197 条　株式会社から一人社員有限責任会社への転換
1. 株式会社は、以下の方式に従って、一人社員有限責任会社へ転換することができる。
    a) 一人の株主が、残りの全株主から株式、持分全部の譲渡を受ける。
    b) 株主でない一つの組織又は一人の個人が、会社の全株主の株式全部の譲渡を受ける。
    c) 会社が、この法律第 110 条の規定に基づく株式会社の最低数の請求期限を超過した期間において、一人だけの株主を残す。[129]
2. この条第 1 項に規定する株式、持分による投資資本の譲渡又は受領は、市場価格に従って行われなければならず、その価格

巻末資料　最新 ベトナム企業法（改正版）

は、財産による方法、手形割引金[130]による方法又はその他の方法により定められる。
3. この条第1項a号及びb号の規定に従って株式譲渡を完了した日又はこの条第1項c号の場合が生じた日から15日以内に、会社は転換書類を企業が登記をした地の経営登記機関に送付し又は納付する。経営登記機関は、転換書類を受領した日から5営業日以内に、企業登記証明書を発給する。
4. 転換会社は、被転換会社の各権利及び合法的利益の全部を当然に承継し、納税債務、労働契約及びその他の義務を含む各債務につき責任を負う。
5. 経営登記機関は、企業登記証明書を発給した日から7営業日以内に、この法律第34条1項の規定に従って、各関係国家機関に通知し、同時に国家企業登記データベース上の会社の法的状態を更新しなければならない。

第198条　株式会社から二人以上社員有限責任会社への転換
1. 株式会社は、以下の方式により、二人以上社員有限責任会社へ転換することができる。
   a) 他の組織、個人からの追加呼込み又は他の組織、個人への株式譲渡を行わない有限責任会社への転換
   b) 他の組織、個人からの出資の追加呼び込みを同時に伴う有限責任会社への転換
   c) 他の組織、個人への株式の全部又は一部[131]の譲渡を同時に伴う有限責任会社への転換
   d) この項1号、b号及びc号に規定する各方法を組み合わせた有限責任会社への転換
2. 会社は、転換が完了した日から10日以内に、経営登記機関において、企業転換の登記をしなければならない。経営登記機関は、転換書類を受領した日から5営業日以内に、企業登記証明書を発給する。
3. 転換会社は、被転換会社の各権利及び合法的利益の全部を当然に承継し、納税債務、労働契約及びその他の義務を含む債務につき責任を負う。
4. 経営登記機関は、企業登記証明書を発給した日から7営業日以内に、この法律第34条1項の規定に従って、各関係国家機関に通知し、同時に国家企業登記データベース上の会社の法的状態を更新しなければならない。

第199条　私人企業から有限責任会社への転換
1. 私人企業は、以下の各条件を満たす場合、私人企業主の決定に従い、有限責任会社に転換することができる。
   a) この法律第28条1項に規定する各条件を完全に満たす。
   b) 私人企業主は会社所有者（個人が所有者となる一人有限責任会社への転換の場合）又は社員（二人以上有限責任会社への転換の場合）とならなければならない。
   c) 私人企業主が、自己の全財産をもって私人企業のすべての未返済債務につき個人責任を負うこと及び弁済期の到来時に債務を全額弁済することを書面により誓約する。
   d) 私人企業主が、未履行の契約の各当事者に対し、転換した有限責任会社がその各契約を引き続き受け入れ、履行することを書面により合意する。
   đ) 私人企業主が、他の各出資社員に対し、私人企業が現在有する労働者を引き続き受け入れ、使用することを書面により誓約又は合意する。
2. 経営登記機関は、この条第1項に規定する各条件が十分にあるとき、書類を受領した日から5営業日以内に、企業登記証明書の発給を検討する。
3. 経営登記機関は、この条第2項に規定する企業登記証明書の発給日から7営業日以内に、この法律第34条1項の規定に従って、各関係国家機関に通知し、同時に国家企業登記データベース上の会社の法的状態を更新しなければならない。

第200条　経営の一時停止
1. 企業は、経営を一時停止する権利を有するが、遅くとも一時停止日又は経営再開[132]日の15日前までに、経営登記機関に対し、一時停止又は経営再開の時点及び期間について書面により通知しなければならない。
2. 経営登記機関、権限を有する機関は、企業が法令の規定に従った条件を十分に有さないことを発見したときは、企業に対し、条件付き経営分野、業種の一時停止を請求する。
3. 経営の一時停止期間中も、企業は残存税額を全額納付し、引き続き各債務を弁済し、顧客及び労働者と締結済みの契約の履行を遂げなければならない。ただし、企業、債権者、顧客及び労働者が異なる合意をした場合を除く。

第201条　企業の解散の各場合及び条件
1. 企業は以下の各場合において解散される。
   a) 会社の定款に記載された活動期間が終了し、延長決定がない。
   b) 私人企業では企業主の、合名会社では全合名社員の、有限責任会社では社員総会の、会社所有者の、株式会社では株主総会の決定がある。
   c) 会社が6か月間継続してこの法律の規定による最低社員数を満たさず、企業形態の転換手続を行わない。
   d) 企業登記証明書が回収された。
2. 企業は、各債務及びその他の財産義務を確実に完済することができ、裁判所又は仲裁機関における紛争解決過程中でないときに限り解散することができる。この条第1項d号に規定する解散の場合、関係管理者及び企業は[133]、企業の各債務につき連帯して責任を負う。

第202条　企業の解散手順、手続
この法律第201条1項a号、b号及びc号に規定する各場合における企業の解散は、以下の規定に従って行われる。
1. 企業の解散決定を採択する。企業の解散決定は以下の各主要内容を含まなければならない。

a) 企業の名称、本店の住所
b) 解散の理由
c) 企業の契約の履行及び各債務の弁済期限、手続；債務の弁済、契約の履行期限は、解散決定を採択した日から6か月を超えることはできない。
d) 労働契約から発生した各義務の処理実施計画案
đ) 企業の法定代表者の名称、署名
2. 私人企業主、社員総会又は会社所有者、取締役会は、会社の定款が独自の清算組織の設立を定める場合を除き、直接に企業財産を清算する。
3. 解散決定及び会合の議事録は、採択された日から7営業日以内に、経営登記機関、税務機関、企業の労働者に送付され、解散決定が国家企業登記ポータル上に掲載されなければならず、また、企業の本店、支店、駐在事務所において公に掲示されなければならない。
企業が未返済財務義務[134]を残している場合、解散決定に債務解決実施計画案を添付して、各債権者、利害関係者に送付しなければならない。通知は、債権者の名称、住所、債務額、期限、その債務額の弁済地点及び方式、債権者の不服申立ての解決方式及び期限を含まなければならない。
4. 経営登記機関は、企業の解散決定の受領後直ちに、解散手続中の企業の状況を国家企業登記ポータル上で通知しなければならない。通知は解散決定及び債務解決実施計画案（もしあれば）を添付して発行[135]しなければならない。
5. 企業の債務は以下の順序に従い弁済される。
a) 法令の規定に基づく各給与債務、退職手当[136]、社会保険並びに締結済みの集団労働協約[137]及び労働契約に基づく労働者のその他の各権利利益
b) 租税債務
c) その他の各債務
6. 各債務及び企業の解散経費の弁済が終了した後、残余部分は、持分、株式の保有割合に従って、私人企業主、各社員、株主又は会社所有者に分配される
7. 企業の法定代表者は、企業の債務の弁済を終了した日から5営業日以内に、経営登記機関に対し、解散申請書[138]を送付する
8. この条第3項による解散決定を受領した日から、企業から解散に関する意見若しくは関係当事者[139]の書面による反対を受けずに180日が経過した後、又は解散書類を受領した日から5営業日以内に、経営登記機関は、国家企業登記データベース上の企業の法的状態を更新する。
9. 政府は企業の解散手順、手続の詳細を定める。

第203条 企業登記証明書が回収された又は裁判所の決定による場合における企業の解散
この法律第201条1項d号の規定による企業の解散は、以下の手順、手続に従って行われる。
1. 経営登記機関は、企業登記証明書の回収決定を出すと同時に又は執行力を有する裁判所の解散決定を受領した後直ちに、解散手続中の企業の状況を国家企業登記ポータル上で通知しなければならない。通知は企業登記証明書の回収決定又は効力を有する裁判所の決定を添付して発行しなければならない。
2. 企業登記証明書の回収決定又は効力を有する裁判所の決定を受領した日から10日以内に、企業は、解散を決定するための会合を招集しなければならない。解散決定及び企業登記証明書の回収決定又は効力を有する裁判所の決定の写しは、経営登記機関、税務機関、企業の労働者に送付されなければならず、企業の本店及び支店において公に掲示されなければならない。法令が公に発行[140]するよう求めている場合、企業の解散決定は、少なくとも一つの新聞又は電子新聞に3回連続で掲載されなければならない。
企業が未返済財務義務を残している場合、同時に、各債権者、利害関係者に対し、債務解決実施計画案を添付した企業の解散決定を送付しなければならない。通知は、債権者の氏名、住所、債務額、期限、その債務額の弁済地点及び方式、債権者の不服申立ての解決手続及び期限を含まなければならない。
3. 企業の各債務の弁済は、この法律第202条5項の規定に基づき行われる。
4. 企業の法的代表者は、企業の各債務額を完済した日から5営業日以内に、経営登記機関に対し、解散申請書を送付する。
5. この条第1項による企業解散状況を通知した日から、関係当事者の書面による反対を受けずに180日が経過したとき、又は解散書類を受領した日から5営業日以内に、経営登記機関は、国家企業登記データベース上の企業の法的状態を更新する。
6. 関係会社の管理者である個人は、この条の規定を実行しない又は適切に実行しないことによる損害につき個人責任を負わない。

第204条 企業の解散書類
1. 企業の解散書類は以下の文書からなる。
a) 企業の解散に関する通知
b) 企業財産清算報告書；債権者名簿並びに弁済済みの各租税債務及び社会保険料債務を含む弁済済み債務額のリスト、企業の解散決定後の労働者名簿（もしあれば）
c) 印章及び印章証明書（もしあれば）
d) 企業登記証明書
2. 株式会社の取締役、有限責任会社の社員総会の構成員、会社所有者、私人企業主、社長又は総社長、合名社員、企業の法定代表者は、企業解散書類の誠実性、正確性につき責任を負う。
3. 解散書類が正確でなく、偽りがある場合、この条第2項に規定する者は、未返済債務額、未納付租税額及び未解決の労働者の権利利益につき連帯して弁済責任を負わなければならず、経営登記機関へ企業解散書類を提出した日から5日以内に発生し

た諸帰結[141]につき法令の下で個人責任を負う。

第205条　解散決定後に禁止される各活動
1. 企業の解散決定後、企業、企業の管理者が以下の各活動を行うことは厳禁する。
   a) 財産の隠匿[142]、分散[143]
   b) 債務返済請求権[144]の放棄又は減額
   c) 無担保債務から企業財産による担保付債務への変更
   d) 企業の解散を行うためにする場合を除く新規契約の締結
   đ) 財産の質入れ、抵当、贈与、貸与
   e) 効力を有する契約の履行の終了
   g) すべての形式の下での資本の呼込み
2. この条第1項の禁止行為を行った個人は、違反の性質及び程度に応じ、行政違反処罰又は刑事責任を追及されることがあり、損害を与えたときは賠償しなければならない。

第206条　支店、駐在事務所の活動の終了
1. 企業の支店、駐在事務所は、その企業自身の決定又は権限を有する国家機関の支店、駐在事務所活動登記証明書の回収決定により活動を終了する。
2. 支店、駐在事務所の活動終了書類は以下のものからなる。
   a) 支店、駐在事務所の活動終了に関する企業の決定又は権限を有する国家機関の支店、駐在事務所活動登記証明書の回収決定
   b) 債権者名簿及び支店の租税債務及び社会保険料債務を含む未返済債務のリスト
   c) 労働者名簿及び労働者が現在受けている権利利益
   d) 支店、駐在事務所の活動登記証明書
   đ) 支店、駐在事務所の印章（もしあれば）
3. 企業の法定代表者及び解散する支店、駐在事務所の指導者は、支店、駐在事務所の活動終了書類の誠実性及び正確性につき連帯して責任を負う。
4. 活動を終了した支店を有する企業は、支店の各契約を履行し、租税債務を含む各債務を弁済する責任を負い、また、法令の規定に従って、労働者を引き続き使用する又は支店で働いていた労働者の合法的権利利益を十分に解決する責任を負う。
5. この条第2項に規定する支店の活動終了書類を十分に受領した日から5営業日以内に、経営登記機関は、国家企業登記データベース上の支店、駐在事務所の法的状態を更新する。

第207条　企業の破産　企業の破産は、破産に関する法令の規定に従って行われる。

第十章　執行

第208条　各国家管理機関の責任
1. 政府は企業に対する国家管理を統括する。
2. 各省、省同等機関は、政府に対し、企業に対する国家管理において割り当てられた任務の遂行につき責任を負う。
3. 割り当てられた任務、権限の範囲内で、各省、省同等機関は、各専門機関が、企業の本店がある地の経営登記機関に対して以下の各情報を送付するよう定期的に指導する。
   a) 経営許可証[145]、経営条件充足証明書[146]、営業免許[147]、企業に発給された営業条件に関する証明書又は承認書及び企業の行政違反行為に対する処罰決定に関する情報
   b) 企業の活動状況及び企業の税務報告書[148]からの納税状況に関する情報
   c) 国家管理の効果を向上させるための企業の活動状況に関する情報の連携、共有
4. 省、中央直轄市の人民委員会は、地方の範囲内において、企業に対する国家管理を実施する。
5. 省、中央直轄市の人民委員会は、割り当てられた任務、権限の範囲で、直轄する各専門機関及び県級人民委員会が、企業の本店のある地の経営登記機関いに対してこの条第2項の規定に従った各情報を送付するよう定期的に指導する責任を負う。
6. 政府はこの条の詳細を定める。

第209条　経営登記機関
1. 経営登記機関は以下の任務、権限を有する。
   a) 法令の規定に従って、企業登記及び企業登記証明書の発給を解決する。
   b) 国家登記企業登記情報システムの構築、管理について連携し、法令の規定に従って、国家機関、組織及び個人の求めに応じて情報を提供する。
   c) 必要と認めるときは、企業に対し、この法律の各規定の遵守につき報告を求め、企業の報告義務を履行するよう督促する。
   d) 企業登記書類の内容に従って、企業を直接検査する又は権限を有する国家機関が検査するよう要請する。
   đ) 企業登記書類の適式性につき責任を負い、企業登記の前後に生じた企業の違反については責任を負わない。
   e) 法令の規定に従って企業登記に関する各規定の違反を処理し、企業登記証明書を回収し、この法律の規定に従って解散手続を取るよう企業に求める。
   g) この法律の規定及び関係法令のその他の規定に従って、その他の各任務を遂行し、権限を行使する。

2. 政府は経営登記機関の組織系統を定める。

第210条　違反処理
1. この法律の規定に違反した機関、組織、個人は、その違反の性質及び程度に応じ、懲戒処分、行政違反処罰を問われ、損害を与えた場合は賠償しなければならず、個人は、法令の規定に従って、刑事責任を追及されることがある。
2. 政府はこの法律の諸規定に違反する行為に対する行政違反処罰の詳細を定める。

第211条　企業登記証明書の回収
1. 企業は以下の各場合において、企業登記証明書を回収される。
   a) 企業登記書類の申告内容が偽りである。
   b) 企業がこの法律第18条2項により企業の設立を禁じられている者により設立された。
   c) 企業が1年間経営活動を停止し、経営登記機関及び税務機関に通知しない。
   d) 企業が、この法律第209条1項c号の規定に従って、報告書送付期限の日又は書面による要求のあった日から6か月以内に、経営登記機関に報告書を送付しない。
   d) 裁判所の決定によるその他の場合
2. 政府は企業登記証明書の回収の手順、手続を定める。

第212条　施行効力
1. この法律は2015年7月1日から施行効力を有する。企業法（2005年11月29日付け、60/2005/QH11）及び企業法第170条を修正、補充する法律（2013年6月20日付け、37/2013/QH）は、以下の各場合を除き、この法律が発効した日から施行効力を失う。
   a) この法律が効力を有するより前に設立された有限責任会社については、出資の期限は会社の定款の定めるところによる。
   b) 国が定款資本を掌握する各企業は、2017年7月1日より前に、この法律第189条2項及び3項の規定を確実に遵守するため、再構成149を行わなければならない。
   c) 2015年7月1日以前に出資、株式買入を行った国が掌握する株式又は持分を有さない各会社は、この法律第189条2項の規定に従う必要はないが、相互保有の割合を増やしてはならない。
2. 常時10人以上の労働者を使用する経営世帯は、この法律の規定に従って、企業活動の設立登記をしなければならない。小規模経営世帯は、政府の規定に従って経営及び活動登記を行う。
3. この法律の規定に基づき、政府は、国防、治安又は国防、治安との経済結合に直接奉仕する国営企業の管理組織及び活動の詳細を定める。

第213条　詳細規定　政府は法律の中で委ねられた各条項の詳細を定める。

この法律は、2014年11月26日、ベトナム社会主義共和国国会第13期国会第8会期において採択された。

国会議長
グエン・シン・フン

[1] 本翻訳は2014年1月9日付けの仮訳である。
[2] 「有限責任会社」は、原文では "công ty trách nhiệm hữu hạn" である。
[3] 「株式会社」は、原文では "công ty cổ phần" である。
[4] 「合名会社」は、原文では "công ty hợp danh" である。
[5] 「私人企業」は、原文では "doanh nghiệp tư nhân" である。
[6] 「設立」は、原文では "thành lập" である。
[7] 「管理」は、原文では "tổ chức quản lý" である。なお、"tổ chức quản lý" が名詞として使われている箇所では「管理組織」と訳出している。
[8] 「再編」は、原文では "tổ chức lại" である。
[9] 「解散」は、原文では "giải thể" である。
[10] 「関係活動」は、原文では "hoạt động có liên quan" である。
[11] 「会社グループ」は、原文では "nhóm công ty" である。
[12] 「専門的法律」は、原文では "luật chuyên ngành" である。
[13] 「外国の個人」は、原文では "cá nhân nước ngoài" である。
[14] 「株主」は、原文では "cổ đông" である。
[15] 「株式」は、原文では "cổ phần" である。
[16] 「発起株主」は、原文では "cổ đông sáng lập" である。
[17] 「普通株式」は、原文では "cổ phần phổ thông" である。
[18] 「配当」は、原文では "cổ tức" である。
[19] 「一人社員有限責任会社」は、原文では "công ty trách nhiệm hữu hạn một thành viên" である。
[20] 「二人以上社員有限責任会社」は、原文では "cong ty trách nhiệm hữu hạn hai thành viên trở lên" である。
[21] 「国家企業登記企業登記ポータル」は、原文では "cổng thông tin quốc gia về đăng ký doanh nghiệp" である。
[22] 「国家企業登記企業登記データベース」は、原文では "cơ sở dữ liệu quốc gia về đăng ký doanh nghiệp" である。

● 巻末資料　最新 ベトナム企業法（改正版）●

23 「営業所」は、原文では "trụ sở giao dịch" である。
24 「国営企業」は、原文では "doanh nghiệp nhà nước" である。
25 「定款資本」は、原文では "vốn điều lệ" である。
26 「掌握する」は、原文では "nắm giữ" である。
27 「ベトナム企業」は、原文では "doanh nghiệp Việt Nam" である。
28 「本店」は、原文では "trụ sở chính" である。
29 「恒久的住所」は、原文では "địa chỉ thường trú" である。
30 「戸籍」は、原文では "họ khẩu thường trú" である。
31 「事業所」は、原文では "nơi làm việc" である。
32 「連絡住所」は、原文では "địa chỉ liên lạc" である。
33 「持分又は株式の市場価格」は、原文では "giá thị trường của phần vốn góp hoặc cổ phần" である。
34 「専門価格査定組織」は、原文では "tổ chức thẩm định giá chuyên nghiệp" である。
35 「企業登記証明書」は、原文では "giấy chứng nhận đăng ký doanh nghiệp" である。
36 「出資」は、原文では "góp vốn" である。
37 「増資」は、原文では "góp thêm vốn" である。
38 「国家企業登記情報システム」は、原文では "Hệ thống thông tin quốc gia về đăng ký doanh nghiệp" である。
39 「適式な記録」は、原文では "hồ sơ hợp lệ" である。
40 「経営」は、原文では "kinh doanh" である。
41 「関係者」は、原文では "người có liên quan" である。
42 「親会社」は、原文では "công ty mẹ" である。
43 「子会社」は、原文では "công ty con" である。
44 「支配する」は、原文では "chi phối" である。
45 「配偶者」は、原文では "vợ, chồng" である。
46 「父母、養父母」は、原文では "cha, cha nuôi, mẹ, mẹ nuôi" である。
47 「実子、養子」は、原文では "con đẻ, con nuôi" である。
48 「実兄弟姉妹」は、原文では "anh ruột, chị ruột, em ruột" である。
49 「義兄弟姉妹」は、原文では "anh rể, em rể, chị dâu, em dâu" である。
50 「一手に集める」は、原文では "thâu tóm" である。
51 「協同する」は、原文では "cùng phối hợp" である。
52 「企業の管理者」は、原文では "người quản lý doanh nghiệp" である。
53 「合名社員」は、原文では "thành viên hợp danh" である。
54 「社員総会の会長」は、原文では "Chủ tịch Hội đồng thành viên" である。
55 「社員総会の構成員」は、原文では "thành viên Hội đồng thành viên" である。
56 「会社の会長」は、原文では "Chủ tịch công ty" である。
57 「取締役会の会長」は、原文では "chủ tịch Hội đồng quản trị" である。
58 「取締役」は、原文では "thành viên Hội đồng quản trị" である。
59 「社長」は、原文では "Giám đốc" である。
60 「総社長」は、原文では "Tổng Giám đốc" である。
61 「企業の発起人」は、原文では "người thành lập doanh nghiệp" である。
62 「外国投資家」は、原文では "nhà đầu tư nước ngoài" である。
63 「持分」は、原文では "phần vốn góp" である。
64 「持分割合」は、原文では "tỷ lệ phần vốn góp" である。
65 「公益製品、役務」は、原文では "sản phẩm, dịch vụ công ích" である。
66 「会社の社員」は、原文では "thành viên công ty" である。
67 「合名会社の社員」は、原文では "thành viên công ty hợp danh" である。
68 「出資社員」は、原文では "thành viên góp vốn" である。
69 「企業の再編」は、原文では "tổ chức lại doanh nghiệp" である。
70 「消滅分割」は、原文では "chia" である。
71 「存続分割」は、原文では "tách" である。
72 「新設合併」は、原文では "hợp nhất" である。
73 「吸収合併」は、原文では "sáp nhập" である。
74 「形態の転換」は、原文では "chuyển đổi loại hình" である。
75 「外国組織」は、原文では "tổ chức nước ngoài" である。
76 「外国投資家の持分、株式保有割合」は、原文では "tỷ lệ sở hữu cổ phần, phần vốn góp của nhà đầu tư nước ngoài" である。
77 「議決権付き資本」は、原文では "vốn có quyền biểu quyết" である。
78 「社員総会」は、原文では "Hội đồng thành viên" である。
79 「株主総会」は、原文では "Đại hội đồng cổ đông" である。
80 「額面額」は、原文では "mệnh giá" である。
81 「会計及び計算に関する法令」は、原文では "pháp luật về kế toán, thống kê" である。

82 この「会社」は，直前の「国が定款資本の 50 パーセントを超える持分又は株式を掌握する会社」を指すと思われる。
83 この「他の会社」は，前注の会社が社員等になっている先の会社のことを指すと思われる。
84 「幹部，公務員，準公務員」は，原文では "cán bộ, công chức, viên chức" である。それぞれの定義は「幹部，公務員法」(22/2008/QH12) 及び「準公務員法」(58/2010/QH12) を参照されたい。
85 「引受募集対象株式」は，原文では "cổ phần được quyền chào bán" である。
86 「上場会社」は，原文では "công ty niêm yết" である。
87 「多数」は，原文では "đa số" である。"đa số" には「過半数」の意味合いもあるが，過半数を示す用語は "đa số quá bán" など他にもあるため，ここでは単に「多数」と訳出した。
88 「決議の内容を実現すること」を指す言葉として，この法律では "chấp hành"，"thi hành" 及び "thực hiện" の 3 種類の用語が用いられているが，使い分けの区別が明らかでないため，前二者は「執行」，後者は「実行」と訳出した。
89 ベトナムにおける相続順位や親等の数え方は民法及び婚姻家族法を参照されたい。
90 「過半数」は，原文では "đa số quá bán" である。
91 「企業所得税」は，日本の法人税に相当するものと思われる。
92 「定款資本の増額」は，原文では "tăng thêm vốn điều lệ" である。
93 「所有者代表機関」は，原文では "cơ quan đại diện chủ sở hữu" である。
94 「構成員の企業」は，原文では "doanh nghiệp thành viên" であるが，具体的に何を意味するのかは不明である。
95 「直接所有者代表者」は，原文では "người đại diện chủ sở hữu trực tiếp" であり，企業における経営，生産に投資する国家資本の管理，使用に関する法律 (69/2014/QH13) に規定される概念である。
96 「独立会計監査組織」は，原文では "tổ chức kiểm toán độc lập" である。
97 「労働者，準公務員大会」は，原文では "Đại hội công nhân, viên chức" である。
98 「利益配当請求権」は，原文では "quyền nhận lợi tức" である。
99 「毎年の安定額」は，原文では "mức ổn định hằng năm" であるがその具体的意味内容は不明である。次の文にある「毎年支払われる配当」("cổ tức được chia hằng năm") や「固定配当」("cổ tức cố định") との異同も文面上は明らかでない。
100 「特別配当」は，原文では "cổ tức thưởng" である。
101 「帳簿」は，原文では "bút toán ghi sổ" である。
102 「証券保管振替センター」は，原文では "Trung tâm lưu ký chứng khoán" である。
103 「大衆株式会社」は，原文では "công ty cổ phần đại chúng" である。
104 「株式帳簿」は，原文では "sổ sách của cổ phần" である。
105 「選択された金融機関」は，原文では "tổ chức tài chính được lựa chọn" である。
106 この項の意味内容については研究者の間でも見解が分かれており，証券法に係る政府議定で明確にこの旨が定められている大衆株式会社以外の株式会社については，「過去 12 か月内において引受募集された種類ごとの株式総数の 10 パーセント以下の買取りを決定する権利を有する。」と理解する立場も有力とのことである。
107 「売却応諾」は原文では "chào bán" であり，「引受募集」と同じ用語が充てられているが，この項では株主側からの行為について使われているため訳文を変えた。
108 「独立取締役」は，原文では "thành viên độc lập" であり，財政省通達 (121/2012/TT-BTC) にて規定される概念である。
109 「会計監査委員会」は，原文では "Ban kiểm toán" である。
110 「相当する情報」は，原文では "thông tin tương đương" であるが，具体的にどのような情報であるかは不明である。
111 「執行取締役」は，原文では "thành viên điều hành của Hội đồng quản trị" である。
112 原文ママで訳出したが，「取締役会の会長」とすべき箇所であろうと思われる。
113 「定款に定める数の 3 分の 1 を超えて減少した」は減少幅に着目した表現であり，すなわち「定款に定める数の 3 分の 2 未満に減少した」と同義である。
114 原文ママで訳出したが，「提訴者」とすべき箇所であろうと思われる。
115 「結論書」は，原文では "kết luận" である。
116 「脱退」は，原文では "rút khỏi" である。
117 「預入及び引出」は，原文では "gửi và rút tiền" である。
118 「処分」は，原文では "định đoạt" である。
119 「経済グループ」は，原文では "tập đoàn kinh tế" である。
120 「総会社」は，原文では "tổng công ty" である。経済グループとの相違点はこの法律の中では規定されていない。
121 「適用条件」は，原文では "điều kiện áp dụng" である。
122 「経営慣例」は，原文では "thông lệ kinh doanh" である。
123 「変更」は，原文では "chuyển đổi" である。
124 「存在を終える」は，原文では "chấm dứt tồn tại" である。
125 原文に脱字あり ("công bị chia" でなく "công ty bị chia" のはず)。
126 「既存会社」は，原文では "công ty hiện" である。
127 「市場占有率」は，原文では "thị phần" である。
128 「法的代表者」は，原文では "đại diện hợp pháp" である。
129 この号については，文意が通るように訳出することは不可能である。研究者の間では，「最低数」については第 110 条 1 項 b 号の規定を，「期限」については第 201 条 1 項 c 号を指すものと解した上で，株式会社は同号に定める期間経過後も当然には解散するのではなく一人社員有限責任会社へ転換する余地を認める条文と解されているようであるが，法文上の表現は明らかに舌足らずである。立法上の過誤ともいい得るところであり，本来の立法趣旨の探求を含めた今後の研究が待たれる。

巻末資料　最新 ベトナム企業法（改正版）

130 「手形割引金」は，原文では "dòng tiền chiết khấu" である。
131 原文のこの箇所に誤記（不要な言葉の重複）あり。
132 「経営再開」は，原文では "tiếp tục kinh doanh" である。
133 原文を直訳すると，この項の主語は「この条第1項d号に規定する関係管理者及び企業は」となる。文脈に照らして「解散の場合，」という文言を補ったが，単に参照する条文を誤っただけという可能性も完全には否定できない。
134 「未返済財務義務」は，原文では "nghĩa vụ tài chính chưa thanh toán" である。
135 「発行」は，原文では "đăng tải" である。
136 「退職手当」は，原文では "trợ cấp thôi việc" である。
137 「集団労働協約」は，原文では "thoả ước lao động tập thể" である。
138 「解散申請書」は，原文では "đề nghị giải thể" である。
139 「関係当事者」は，原文では "bên có liên quan" である。
140 「発行」は，原文では "đăng báo" である。
141 「諸帰結」は，原文では "những hệ quả" である。
142 「隠匿」は，原文では "cất giấu" である。
143 「分散」は，原文では "tẩu tán" である。
144 「債務返済請求権」は，原文では "quyền đòi nợ" である。
145 「経営許可証」は，原文では "giấy phép kinh doanh" である。
146 「経営条件充足証明書」は，原文では "giấy chứng nhận đủ điều kiện kinh doanh" である。
147 「営業免許」は，原文では "chứng chỉ hành nghề" である。
148 「税務報告書」は，原文では "báo cáo thuế" である。
149 「再構成」は，原文では "tái cơ cấu" である。

注：本翻訳は，独立行政法人国際協力機構（JICA）のベトナム国「法・司法制度改革支援プロジェクト（フェーズ2）」の活動の一環として，田丸祐輔　名古屋大学日本法教育研究センター（ベトナム）特任講師の監修の下，同プロジェクトの長期専門家により作成されたものです。なお，本翻訳の著作権は，JICAに帰属します。

おわりに

現地法人社長から見たベトナム　～ベトナムを知り、日本を考える～

　雲南に発して東に向かい広大なデルタを形成してトンキン湾に注ぐホン河を挟んで、ハノイ中心部から北西約 40km の位置にビンフック省ビンスェン工業団地はある。空港を出てハノイ方面に向かい約 1km 先を右折して 20 分ほど走れば、その工業団地の一角にある私の工場に着く。アジアの発展途上の国々の中において最も日本との協力関係が強まり、親日的な感情を強めていくのがベトナムであるだろうとの考えから、最初の海外生産拠点としてベトナムを選ぶことになった。今の時代、日本が西洋を近代国家の参考にしたようには単純ではないにしろ、恐らくベトナムが近代化において手本とするのは日本であるだろうし、地理的条件としてその背後には成長を続ける東南アジアがある。そこには多くの人口を養える肥沃な土地と豊かな水がある。

　2007 年から準備を始め、今年で法人設立 7 年目を迎える。若くて安価な労働力の豊富さ、識字率の高さ、儒教を背景とする日本人とのメンタリティーの近さ、親日的な政府、それは確かにその通りだろう。しかし街は法規を守る意識の低いバイクの群れで溢れ、行政手続きは非効率的であり、法律やディシジョン、サーキュラーと呼ばれる守るべき規則は煩雑であり、さまざまな場面で予期せぬ金銭が必要となることもある。交通に関して当社の従業員の例でも両親が 1 台のバイクで移動中、2 人とも亡くなるという事故が起きた。遵法意識の低さによる交通事情の悪さはベトナム国家にとって大きな損失であろう。日本の明治政府が行った遵法精神を植え付けるための強権的とも言えるような手法も必要なのではないかと思うこともある。行政的な非効率さについては現場を担当する公務員の不慣れさ、不勉強さを感じるが背景には公務員給与の低さがあり、国家財政の脆弱さがあるのだと思う。市場経済を取り入れてからの時間の短さもあるだろう。個々人の中に国家とはどうあるべきかという国家観が全体として醸成されていないようにも感じられる。

　人事に関する例として当社の日本人スタッフがビンフック省の省都ビンイエンで暴行を受けるという事件もあった。小さな不正の発覚から日本人のベトナ

ム人スタッフに対する不信感が高まり、解雇するに至ったのが原因ではないかと推測されている。嫌がらせのような事件が数カ月続き神経を擦り減らしたが、現地スタッフ、ワーカーと話し合い、しっかりとコミュニケーションを取ることで鎮静化していった。この件で感じたのは異国での緊張と言語の障害があるにせよ、日本人スタッフのコミュニケーション能力の低さである。教養の問題かもしれないが、何かが起きれば固まってしまう、ある固定した観念の中で個人を見られて愉快に思う人はいないだろう。国民や社会の後進性、固有性を見る前に人間と社会の普遍性に対する信頼を持つべきだ。どの社会においても問題はリーガルにだけ解決を図れるものではなく、感情もあれば文化習慣の違いもある。

　ベトナムに対し今後は単なる安い労働力を求めて進出を考えるのでなく、ベトナムと一緒になって働くという感覚が必要だと思う。日本人の指示通りに働くのが良いという意識ではなく、将来は起業してみようと思うような進取の気性に富んだ若者を育てることも必要である。ベトナムの産業構造の厚み、社会の安定のためにも裾野産業育成の重要性は以前から指摘されていて、その意味でも今後は中小企業の進出が重要になると思う。大きな歴史の転換点を思わせる今、互いに新しい時代を作るため一緒になって努力してみたい。資本主義が全てにおいて社会主義より優れているわけではなく、日本の社会が全てにおいてベトナム社会より優れているわけでもないはずだ。日本もさまざまな行き詰まりを露呈し始めている気がするが、成熟した国と若い国、持ち過ぎた国と足りない国、ベトナムと日本の間には互いに補完し合えるものが多くある。ベトナムを知ることは日本を理解することにつながるだろう。

　余話だが、鬱陶しい湿度の高い夏の昼が過ぎてビンイエンの市場から街に出ると、空気中の水蒸気を夕日が染めて街は淡く赤い霧に包まれている。このホン河デルタの風土の中にワーカー達は暮らしているのだと思うとさまざまな感慨が込み上げて来て、感傷的な気分に自分を染めていくようである。

ベトナム経済研究所　筆頭理事
株式会社　シンク代表取締役社長
小林　敏明

〈著者紹介〉

窪田　光純（くぼた　てるよし）

ベトナム経済研究所所長
1934年　埼玉県生まれ。北海道大学卒業。海外経済調査会でアジア（主として朝鮮半島と中国・アセアン）の調査を担当。海外経済調査会専務理事を経て、1991年のベトナム経済研究所設立に参画。副所長を経て現職。
主な著書…韓国の農地改革と工業化発展
　　　　　中国の自動車産業のほかベトナム関係の著書多数（ドイモイの国ベトナム、躍動する国ベトナム、六面体のベトナムなど）

ベトナム経済研究所

1991年ベトナム政府と共同で設立した研究機関で日本企業の対越ビジネスを支援している。(各種資料〈会員誌、諸法令、統計集など〉の発行、現地調査（FS、市場）、投資申請書作成、要路紹介、訪問先手配、セミナー開催、講師派遣、視察団派遣、翻・通訳などを行う）
また、ダナン駐日代表部を併設している。

ダナン（Danang）駐日代表部

2004年11月、ダナン市人民委員会から委嘱を受け日本外務省から認可を受けて開設。

早わかり　ベトナムビジネス—第3版—　　　NDC 332

2006年 3月 1日　初版1刷発行
2007年 8月 1日　初版3刷発行
2008年10月30日　第2版1刷発行
2015年 2月25日　第3版1刷発行

Ⓒ　編　者　ベトナム経済研究所
　　著　者　窪　田　光　純
　　発行者　井　水　治　博
　　発行所　日　刊　工　業　新　聞　社
　　東京都中央区日本橋小網町 14-1
　　（郵便番号 103-8548）
　　電　話　書籍編集部　03 (5644) 7490
　　　　　　販売・管理部　03 (5644) 7410
　　FAX　　　　　　　　 03 (5644) 7400
　　振替口座　00190-2-186076
　　URL　　http://pub.nikkan.co.jp/
　　e-mail　info@media.nikkan.co.jp

定価はカバーに表示してあります。

印刷・製本　美研プリンティング

落丁・乱丁本はお取り替えいたします。　2015 Printed in Japan
ISBN 978-4-526-07377-9

本書の無断複写は、著作権法上での例外を除き、禁じられています。